HALLS and WALLS

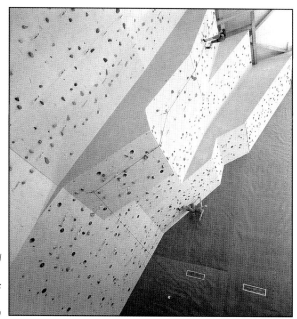

Deutschland

Schweiz

Österreich

TIMO MARSCHNER

Bild Seite 5: Kletterhalle imPulsiv in Emmendingen
Foto: Archiv imPulsiv

Timo Marschner,

Halls and Walls

ROTPUNKT VERLAG, Fellbach

2. Auflage, Oktober 1999

ISBN 3-928899-28-7

Copyright bei ROTPUNKT VERLAG

Postfach 18 28, D-70708 Fellbach, Tel.: 07 11/95 79 75-0

Alle Rechte, auch auszugsweise, vorbehalten

Produktion/Layout: Rotpunkt Medien Produktions GmbH

Gedruckt auf sauerstoffgebleichtem Papier

das ist der Gipfel!

Unser neues **Globetrotter Handbuch**
Mit 528 farbigen Seiten, dick wie nie zuvor,
bietet es das wohl umfangreichste Angebot
an Dingen für das Leben im Freien.

Fordern Sie unser Globetrotter Handbuch **kostenlos** an

Die Experten für das Leben im Freien!

Geschäfte in Hamburg, Berlin, Dresden und Frankfurt

Denart & Lechhart GmbH,
Bargkoppelstieg 12, 22145 Hamburg,
Tel.: 040 / 679 66 179, Fax.: 040 / 679 66 186

Schweiz, Tel.: 026 / 492 97 97, Fax.: 026 / 492 97 90
Internet: http://www.globetrotter.de

Klettern intensiv erleben

- Kletteranlagen
- Klettergriffe
- Trainingboards
- mobile Kletterwände
- Höhenarbeiten

- Planung
- Hochseilgärten
- Consulting
- Events
- Sonderkonstruktionen

Seit 10 Jahren die Kompetenz im Klettersport

T-Wall Equipment Uwe Tisch KG
Wächtersbacher Straße 74
D-60386 Frankfurt/Main

TEL   +49 (0)69 41 90 91
FAX   +49 (0)69 41 86 36

Inhalt

Länderübersicht 11

Vorwort..12

Gebrauch des Führers 13

Abkürzungen 15

Übersicht Deutschland 16

Kletteranlagen Deutschland....................22

Übersicht Schweiz 248

Kletteranlagen Schweiz 250

Übersicht Österreich............................290

Kletteranlagen Österreich 292

Alphabetische Auflistung 332

Wir sind da!

Klettercenter Freiburg

Hans-Bunte-Straße 10c
79108 Freiburg
www.eigernord.de
e-mail:
eigernord@t-online.
Tel. 07 61 / 5 56 27
Fax 07 61 / 5 56 11

**täglich geöffne
von 10 – 22 Uh**

EIGER NORD

Vorwort

Vor genau drei Jahren erschien im ROTPUNKT VERLAG der erste Führer über künstliche In- und Outdoorkletterwände in Deutschland, der Schweiz, Österreich und den Benelux-Ländern. Mittlerweile kamen unglaublich viele neue Anlagen hinzu und einige Kletterwände wurden erweitert, was sich natürlich auf die Seitenzahl dieser Neuauflage niederschlägt. Es entstanden große Kletterzentren wie die „Sportalm" in Scheidegg, in der des öfteren Mitglieder der Nationalmannschaft des DAV ihre Trainingseinheiten abspulen. Brandneu sind die Kletteranlagen „Climax" in Ottobeuren und „EigerNord" in Freiburg, für die eigens eine Halle errichtet wurde. Nicht zu vergessen die Mega-Anlage des Trägervereins Thalkirchen, die dem Besucher 3600 m² Kletterfläche bietet. Desweiteren errichtete der Deutsche Alpenverein Sektion Augsburg eine In- und Outdooranlage mit insgesamt 1400 m². ImPULSIV in Emmendingen baute extra einen 17 m hohen Turm und erweiterte somit die gesamte Kletterfläche auf über 800 m².

Auch im Norden Deutschlands gibt es im Indoor-Kletterbereich etliche Neuigkeiten: Da wäre z.B. in Hamburg die Anlage „Meridian" mit 250 m², die Sektion Essen errichtete in der „Zeche Helene" die Anlage „Kletterpütt" mit mehr als 600 m², selbst auf der Insel Rügen kann man sich neuerdings im Sport- und Freizeitzentrum „Tiet un Wiel" an 260 m² die Finger lang ziehen und auf der Insel Fehmarn gibt es im „Silo Climbing Fehmarn" an knapp 500 m² Klettermöglichkeiten. Nicht zu vergessen die Firma Brand und Schluttig, die vor allem im Osten Deutschlands aktiv ist und alte Betonbalkonplatten aufeinander stapelt, diese mit Spritzbeton übergießt und so kletterbare Türme errichtet.

In der Schweiz und Österreich gibt es auch Neues zu berichten: So erweiterte zum Beispiel Patrick Hilber sein „Gaswerk" mit einer dritten Halle auf 3200 m² und in Luzern wurde der „Rollerpalast" nach langer Zeit wieder eröffnet. In Österreich kamen zum Beispiel der „Playstation Funpark" bei Salzburg, die Anlage im „Playcastle" bei Seefeld, die Kletterhalle „Sport-Aktiv" bei Judenberg sowie die große Imster Indoor-Anlage hinzu.

In puncto Klettergriffe hat sich ebenfalls einiges getan: Scharfe Kanten, Ecken und zu kleine Fingerlöcher gehören der Vergangenheit an. Ergonomische Formen dominieren den Markt.

Anhand dieser Fülle von Kletteranlagen erübrigt sich die Begründung, warum in dieser Neuauflage die Kletterhallen der Benelux-Länder nicht berücksichtigt wurden, denn dann würde dieses Buch die Seitenzahl von 400 bei weitem überschreiten.

Bleibt nur zu hoffen, daß alle Hallenbesitzer mit ihren Angaben, besonders mit der Größe der Anlage, nicht übertrieben haben.

Abschließend wünsche ich allen „In- und Outdoorkunstwandliebhabern" viel Spaß und Freude an den bunten Knobs.

Timo Marschner

Gebrauch des Führers

Alle künstlichen Kletteranlagen sind nach Ländern und Postleitzahlen geordnet. Damit man die geographische Lage und die Plazierung im Buch schneller finden kann, gibt es zu jedem Land eine Übersichtskarte. Auf dieser sind alle Anlagen numerisch aufgezeichnet. Diese Nummern erscheinen auf jeder Seite (oben links oder oben rechts). Um bei allen Anlagen sofort festzustellen, um welches Land es sich handelt, werden vor den Nummern alle jeweiligen Länder angegeben (z. B.: CH-9).
Die entsprechenden Aufschlüsselungen der gebrauchten Abkürzungen findet ihr auf Seite 15.

Alle Anlagen werden nach folgendem Schema aufgelistet:

Name der Anlage:
Sollte es sich hierbei um eine Boulderhalle, bzw. Boulderanlage oder um eine Außenanlage handeln, so wird dies immer zusätzlich angegeben.

Anschrift/Ansprechpartner:
Bei Fragen, Lob oder Tadel über die entsprechende Halle, findet Ihr hier den Adressaten.

Zufahrt mit öffentl. Verkehrsmitteln:
Wenn möglich, müssen nähere Auskünfte bei den jeweiligen Hallen eingeholt werden.

Zufahrt mit dem Pkw:
Stichworte sollten genügen. Für unpräzise Angaben sind die jeweiligen Anlagen verantwortlich.

Größe:
Ich hoffe, die Besitzer der Anlagen haben mit den Angaben nicht übertrieben.

Dachbereich:
Besonders für Bizeps-Spezialisten wichtig.

Boulderbereich:
Für jene, die nicht schwindelfrei sind.

Wandhöhe:
Je höher, desto mehr Fun!

Max. Kletterlänge:
Wie lange muß mein Seil sein?

Schwierigkeiten der Routen:
Lohnt es sich für mich, mit meinem Kletterkönnen die Anlage zu besuchen?

Anzahl der Routen:
Mit ein bißchen Fantasie läßt sich die Anzahl verdoppeln.

Vorstieg möglich:
Muß ich ein Seil mitbringen?

Toprope-Seile vorhanden:
Meine Nerven bleiben geschont!

Hersteller Strukturplatten:
Damit man bereits zu Hause die richtige Schuhauswahl treffen kann.

Hersteller Griffe:
Je größer die Auswahl, desto besser.

Zugang nur für AV-Mitglieder:
Werdet Mitglied beim Alpenverein und ihr habt bei allen Anlagen Zutritt!

Wandbetreuung vorhanden:
Gut für Rat und Tips.

Öffnungszeiten:
Wann und wie lange ist die Anlage geöffnet. Wenn keine Tage angegeben sind, bedeutet dies „täglich".

Eintrittspreise:
„Quanta costa questo?" Die Angaben in Klammern sind die ermäßigten Preise.

Leihausrüstung:
Besonders wichtig for Beginners.

Angebote:
Was kann ich sonst noch tun?

Sonstiges:
Weitere Infos!
Nun dürften alle Unklarheiten beseitigt sein. Für Fehlinformationen bitten wir vorsorglich um Nachsicht! Natürlich wäre ich dankbar, wenn Ihr mich in solchen Fällen oder bei Änderungen informieren würdet.

Abk. – Abkürzungen

A	Österreich, bzw. Autobahn	**m**	Meter
A-Brücke	Autobahnbrücke	max.	maximal
A-Kreuz	Autobahnkreuz	Mi.	Mittwoch
A-Unterführung	Autobahnunterführung	Mo.	Montag
Abf.	Abfahrt		
Anf.	Anfang	**N**	Nationalstraße
Apr.	April	n.	nach
Aug.	August	Nov.	November
Ausf.	Ausfahrt	n. Vereinb.	nach Vereinbarung
AV	Alpenverein (DAV; ÖAV; SAC)		
Aussch.	Ausschilderung	**od.**	oder
		öffentl.	öffentlich
B	Bundesstraße	Okt.	Oktober
bzw.	beziehungsweise	Ortseing.	Ortseingang
		Ortsausg.	Ortsausgang
ca.	cirka	öS	österreichische Schilling
CH	Schweiz		
		P	Parken
D	Deutschland	Pkw	Personenkraftwagen
Dez.	Dezember	PLZ	Postleitzahl
Di.	Dienstag		
dir.	direkt	**qm**	Quadratmeter
DM	Deutsche Mark		
Do.	Donnerstag	**re.**	rechts
		Rest.	Restaurant
E	Europastraße	Richt.	Richtung
Fa.	Firma	**Sa.**	Samstag
Febr.	Februar	sFr.	Schweizer Franken
Fr.	Freitag	Sekt.	Sektor
		Sept.	September
geschl.	geschlossen	So.	Sonntag
		Str.	Straße
h	Stunde		
halbre.	halbrechts	**Tel.**	Telefon
hydr.	hydraulisch	tgl.	täglich
Industriegeb.	Industriegebiet	**u.**	und
inkl.	inklusive		
		verstellb.	verstellbar
k. A.	keine Angaben		
km	Kilometer	**z. B.**	zum Beispiel
li.	links		
lt.	laut		

DEUTSCHLAND

D-1	XXL „DIE WAND"
D-2	„KLETTERN UNTERM DACH"
D-3	HAUPTTURNHALLE ZITTAU
D-4	BRASCHEL-STEIN (Außenanlage)
D-5	DAV-KLETTERWAND JENA
D-6	JAHNSPORTHALLE
D-7	KLETTERTURM IM SPORTJUGENDCLUB PENZLAUER BERG (Außenanlage)
D-8	MT. KÖPENICK (Außenanlage)
D-9	KLETTERHALLE HÜTTENWEG
D-10	KLETTERTURM MARZAHN (Außenanlage)
D-11	WUHLETALWÄCHTER (Außenanlage)
D-12	MONTE BALKON (Außenanlage)
D-13	KLETTERTURM REINICKENDORF (Außenanlage)
D-14	SATORI
D-15	KLETTERHALLE ZIEGELSTRASSE
D-16	„RÜGEN - TIET UN WIEL"
D-17	SIEBEN-SEEN-SPORTPARK SCHWERIN
D-18	MERIDIAN-EPPENDORF
D-19	SHAPE SPORT
D-20	SILO CLIMBING FEHMARN (Außenanlage)
D-21	FUN & SPORT CENTER
D-22	MONTE PINNOW (Außenanlage)
D-23	DAV-KLETTERHALLE BEI 1860 BREMEN
D-24	SPORT SCHECK - HANNOVER
D-25	SPORTHALLE DER UNI HILDESHEIM
D-26	SPORT-SCHECK BIELEFELD
D-27	TRANS-GLOBE
D-28	EURO EDDY'S FAMILY FUN CENTER
D-29	SPORT- U. FITNESSCENTER SONNENSCHEIN
D-30	BERGSPORTSCHULE RÖHN
D-31	FAMILY-FITNESS
D-32	APAO FITNESS UND FREIZEITLAND
D-33	BUGAGELÄNDE MAGDEBURG
D-34	COSMO SPORTS
D-35	SPORTPARK WEST "THE WALL"
D-36	DAV-KLETTERWAND WUPPERTAL
D-37	KLETTER-MAX
D-38	ARS VIVENDI
D-39	KLETTERPÜTT
D-40	KLETTERANLAGE NORDSTERN (Außenanlage)
D-41	OPEN AIREA (Außenanlage)
D-42	SPORTHALLE SÜD-WEST (Außenanlage)
D-43	SPORT-LIVE
D-44	KLETTER- U. ALPINZENTRUM DAV SEKTION DUISBURG (Außenanlage)
D-45	FREIZEIT-TREFF HÜLSER STRASSE
D-46	BIG WALL KLETTERCENTRUM MÜNSTERLAND
D-47	CHIMPANZODROME
D-48	BRONX ROCK
D-49	TIVOLI ROCK
D-50	ZELTE WEBER (Außenanlage)
D-51	SPORT-TREFF
D-52	RHEIN-NAHE SPORT + FITNESSCENTER
D-53	KANDI-TURM
D-54	HOHENZOLLERNBRÜCKE (Außenanlage)
D-55	BERGSTADT HOTEL

D-1 bis D-55

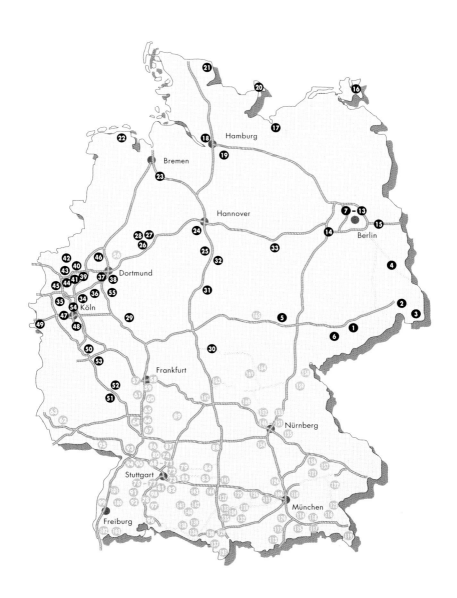

DEUTSCHLAND

D-56	PHOENIX-FREIZEITPARK (Außenanlage)
D-57	T-HALL
D-58	KLETTERWAND IM FRITZ-PETERS-HAUS
D-59	SQUASH INN
D-60	TV-ROCK-KLETTERANLAGE
D-61	KLETTERTURM BAUSCHHEIM/RÜSSELSHEIM (Außenanlage)
D-62	TIME TO CLIMB-BOULDERHÖHLE/KLETTERANLAGE NOTOUR
D-63	SPORTHALLE ENSDORF
D-64	EXTREM - DAS KLETTERZENTRUM
D-65	ENGELHORN SPORTS
D-66	TOP FIT MULTISPORTANLAGE
D-67	KLETTERGARTEN JAKOBSWAND (Außenanlage)
D-68	CITYROCK
D-69	MERZSCHULE (Boulderhalle)
D-70	VITADROM
D-71	KLETTERANLAGE WALDAU (Außenanlage)
D-72	TSV BEWEGUNGSLANDSCHAFT
D-73	REMS-MURR-SPORTCENTER (Boulderanlage)
D-74	TVK FUN SPORTS ZENTRUM
D-75	PINK POWER
D-76	FREIZEITANLAGE ZIMMERSCHLAG (Außenanlage)
D-77	SPORTPARK VFL SINDELFINGEN
D-78	SPORTHOTEL ARAMIS
D-79	ACTIVE GARDEN
D-80	MTV BEWEGUNGSZENTRUM / OUTDOOR KLETTERHOF
D-81	EMKA
D-82	KLETTERWAND DES TUS METZINGEN
D-83	FITNESSPARK GYMNASION
D-84	KLETTERSCHULE TORRE GRANDE
D-85	PETER DI CARLO-WAND
D-86	CANYON-KLETTERHALLE
D-87	MONTANA-KLETTERHALLE
D-88	KLETTERHALLE VERTIKAL
D-89	TENNIS- UND SPORTZENTRUM
D-90	WALTER-WITZENMANN-HAUS
D-91	TOM`S BERGSPORTLADEN
D-92	SPORTHALLE NEUBULACH
D-93	imPULSIV SPORTCENTER KARLSRUHE
D-94	ALOYS-HENHÖFER-SCHULE
D-95	IN DER FABRIK/WASGAU KLETTERSCHULE
D-96	UHLANDHALLE
D-97	aquaMONTE
D-98	NECKARHALLE
D-99	EIGERNORD KLETTERCENTER
D-100	a.R.3 MERZHAUSER NORDWAND
D-101	imPULSIV SPORTCENTER EMMENDINGEN
D-102	imPULSIV FREIZEITCENTER WEIL AM RHEIN
D-103	PROTEUS
D-104	MTV MÜNCHEN
D-105	SCHULSPORTHALLE NYMPHENBURG
D-106	KLETTERHALLE IM ESV MÜNCHEN
D-107	DAV-KLETTERANLAGE THALKIRCHEN (Außenanlage)
D-108	DAV-KLETTERANLAGE THALKIRCHEN (Indoor)
D-109	HEAVENS GATE
D-110	GRÜNWALDER FREIZEITPARK

D-56 bis D-110

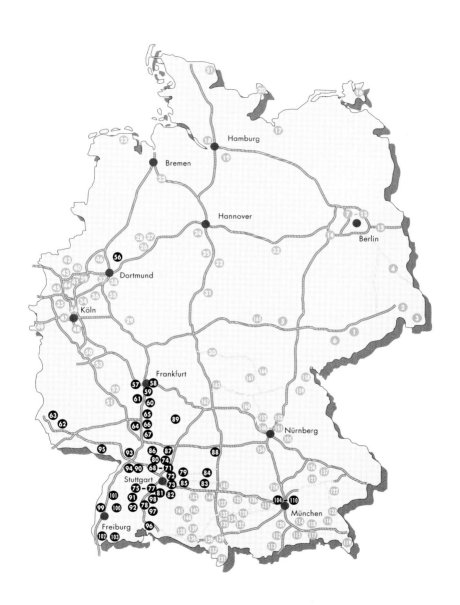

DEUTSCHLAND

D-111   CLIMB IN
D-112   KLETTERWELT TRIFTHOF
D-113   KLETTERHALLE DAV PEISSENBERG
D-114   DAV-ROSENHEIM
D-115   DAV KLETTERHALLE PRIEN
D-116   ALOIS-BÖCK-TURNHALLE
D-117   SKATE- UND KLETTERHALLE RUHPOLDING
D-118   BOULDERRAUM DER SEKT. FREILASSING (BOULDERANLAGE)
D-119   BERGSTEIGERHAUS GANZ
D-120   KLETTERHALLE TÖLZ
D-121   SPORTHALLE SCHOCHKASERNE
D-122   GYMNASIUM EGGENFELDEN
D-123   KLETTERHALLE DAV BURGHAUSEN
D-124   INFORM-SPORTSTUDIO-PFAFFENHOFEN
D-125   DER SPORTKREISEL
D-126   KLETTERCENTER DAV AUGSBURG
D-127   KLETTERTURM DAV KRUMBACH
D-128   FREIZEIT GYM BENNY
D-129   SPORTPARK WALTENHOFEN
D-130   1. ALLGÄUER SPORTKLETTERCLUB
D-131   EISSPORTZENTRUM OBERSTDORF
D-132   SPORT-TREFF
D-133   STADIONHALLE MEMMINGEN
D-134   TENNIS FREIZEITCENTER
D-135   CLIMAX FREIZEITPARK
D-136   DAV FRIEDRICHSHAFEN
D-137   SPORTALM SCHEIDEGG
D-138   SPORTHAUS REISCHMANN
D-139   RED ROOSTER KLETTERHALLE AMTZELL
D-140   FITNESSPOINT SPORTPALAST
D-141   KLETTERANLAGE DAV SAULGAU
D-142   SQUASH & FITNESS TREFF
D-143   HANS-LORENSER-SPORTZENTRUM
D-144   RATIOPHARM-HALLE
D-145   JAHN-TURNHALLE
D-146   SQUASH PARK FREIZEIT 2000
D-147   CITY TOWER
D-148   KLETTERHALLE DES TSV 1846 NÜRNBERG
D-149   SPORTZENTRUM NÜRNBERG
D-150   MATCHPOINT-SPORTZENTRUM
D-151   DAV-ANLAGE RÖTHENBACH
D-152   INTERSPORT EISERT
D-153   HANNE-JUNG-KLETTERHALLE
D-154   DAV SEKTIONSWAND GUNZENHAUSEN (Außenanlage)
D-155   KLETTERWAND DAV SEKTION AMBERG
D-156   FUNTASTIC-SPORTS
D-157   DAV KLETTERHALLE VOLKSSCHULE ITTLING
D-158   JAHNTURNHALLE
D-159   TURNHALLE DÖRFLAS
D-160   KLETTERSTUDIO GEISELWIND
D-161   DAV KLETTERKELLER COBURG
D-162   SPORTCENTER HEINZ SCHÄFER
D-163   KLETTERHALLE IM SPORTTREFF 2000
D-164   SPORTHALLE FRIEDBERG
D-165   KLETTERTURM „EGA" (Außenanlage)

D-111 bis D-165

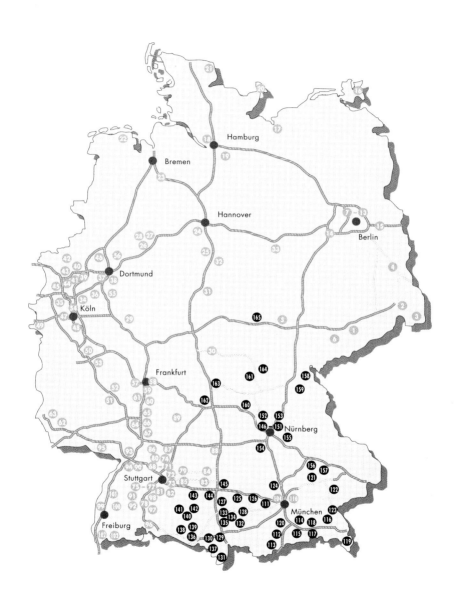

D - 1

Name der Anlage: XXL „DIE WAND"

Anschrift: Breitscheidstr. 40

PLZ/Ort: D-01237 Dresden
Tel./Fax: Tel.: 03 51/25 45 80

E-Mail: alexander.adler@t-online.de
Internet: http//www.xxl-sports.de

Ansprechpartner: Alexander Adler

Öffnungszeiten: tgl. 9.00 - 24.00 h

Eintrittspreise: DM 12,- bzw. DM 15,- (DM 12,- bzw. DM 13,-)

Zufahrt mit öffentl. Verkehrsmitteln möglich:
☒ Ja   ☐ Nein

Zufahrt mit dem PKW:
Aussch. Großmarkt „Selgross"/ „Pferderennbahn" (S-Bahnhaltestelle „Dobritz")

Größe/Kletterfläche:	650 m²
Größe/Grundfläche:	k.A.
Dachbereich:	50 m²
Boulderbereich:	150 m²
Wandhöhe:	10 m
max. Kletterlänge:	28 m

Schwierigkeiten der Routen: von 3 bis 10
Anzahl der Routen: 100 Stück
Vorstieg möglich: ☒ Ja   ☐ Nein
Toprope-Seile vorhanden: ☒ Ja   ☐ Nein

Hersteller Kletterwand:
Herlt

Hersteller Griffe:
T-Wall, Makak

Zugang nur für AV-Mitglieder:
☐ Ja   ☒ Nein

Wandbetreuung vorhanden:
☒ Ja   ☐ Nein

Leihausrüstung:
☒ Ja   ☐ Nein

Übernachtungsmöglichkeiten:
☐ Ja   ☒ Nein

Weitere Angebote:

Kinderkurse:	☒ Ja	☐ Nein
Anfängerkurse:	☒ Ja	☐ Nein
Fortgeschrittenenkurse:	☒ Ja	☐ Nein
Klettershop:	☐ Ja	☒ Nein
Restaurant od. Bistro:	☒ Ja	☐ Nein
Sauna:	☒ Ja	☐ Nein
Dampfbad:	☒ Ja	☐ Nein
Solarium:	☒ Ja	☐ Nein
Squash:	☒ Ja	☐ Nein
Badminton:	☒ Ja	☐ Nein
Streetball:	☒ Ja	☐ Nein
Fitness:	☒ Ja	☐ Nein
Aerobic:	☒ Ja	☐ Nein
Tennis:	☒ Ja	☐ Nein
Billard:	☒ Ja	☐ Nein
Tischfußball:	☒ Ja	☐ Nein

Sonstiges:
Fußball, Volleyball, Bowling

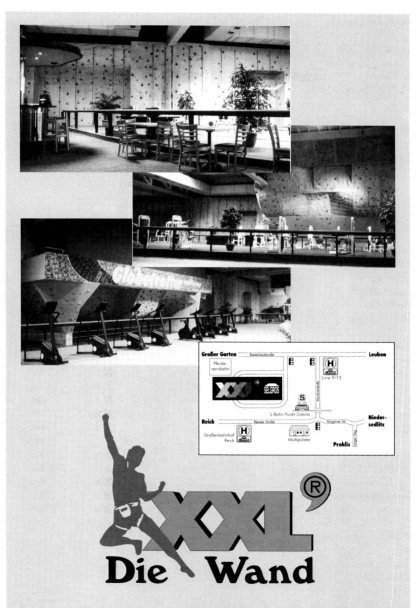

Breitscheidstraße 40 - 01237 Dresden - Telefon 0351/25458-0

D - 2

Name der Anlage: „KLETTERN UNTERM DACH"

Anschrift: im Soli Vital Sport- und Freizeitzentrum Sebnitz
Schandauer Str. 100
PLZ/Ort: D-01855 Sebnitz
Tel./Fax: 03 59 71/5 74 98

E-Mail: -
Internet: -

Ansprechpartner: Bernd Arnold

Öffnungszeiten: tgl. 10.00 - 23.00 h

Eintrittspreise: DM 10,- bis DM 13,- (DM 6,- bis DM 10,-)

Zufahrt mit öffentl. Verkehrsmitteln möglich:
☒ Ja   ☐ Nein

Zufahrt mit dem PKW:
k.A.

Größe/Kletterfläche:	250 m²
Größe/Grundfläche:	k.A.
Dachbereich:	23 m²
Boulderbereich:	40 m²
Wandhöhe:	10 m
max. Kletterlänge:	20 m

Schwierigkeiten der Routen: von 2 bis 10
Anzahl der Routen: 100 Stück
Vorstieg möglich: ☒ Ja ☐ Nein
Toprope-Seile vorhanden: ☒ Ja ☐ Nein

Hersteller Kletterwand:
Entre Prises

Hersteller Griffe:
Entre Prises

Zugang nur für AV-Mitglieder:
☐ Ja   ☒ Nein

Wandbetreuung vorhanden:
☒ Ja   ☐ Nein

Leihausrüstung:
☒ Ja   ☐ Nein

Übernachtungsmöglichkeiten:
☐ Ja   ☒ Nein

Weitere Angebote:

Kinderkurse:	☒ Ja	☐ Nein
Anfängerkurse:	☒ Ja	☐ Nein
Fortgeschrittenenkurse:	☒ Ja	☐ Nein
Klettershop:	☐ Ja	☒ Nein
Restaurant od. Bistro:	☒ Ja	☐ Nein
Sauna:	☒ Ja	☐ Nein
Dampfbad:	☐ Ja	☒ Nein
Solarium:	☒ Ja	☐ Nein
Squash:	☒ Ja	☐ Nein
Badminton:	☒ Ja	☐ Nein
Streetball:	☒ Ja	☐ Nein
Fitness:	☒ Ja	☐ Nein
Aerobic:	☐ Ja	☒ Nein
Tennis:	☒ Ja	☐ Nein
Billard:	☒ Ja	☐ Nein
Tischfußball:	☐ Ja	☒ Nein

Sonstiges:

D - 3

Name der Anlage: HAUPTTURNHALLE ZITTAU

Anschrift: Theaterring 10

PLZ/Ort: D-02763 Zittau
Tel./Fax: 0 35 83/51 25 59

E-Mail: AMFau@online.de
Internet: -

Ansprechpartner: August Fau

Öffnungszeiten: im Winterhalbjahr
Mi. u. Do. 18.00 - 22.00 h

Eintrittspreise: DM 3,-

Zufahrt mit öffentl. Verkehrsmitteln möglich:
☐ Ja   ☒ Nein

Zufahrt mit dem PKW:
B 178 aus Richt. Löbau; 75 m vor deren Ende am Theaterring li. über Bürgersteig auf unbefestigte Hoffläche

---

Größe/Kletterfläche:	145 m²	
Größe/Grundfläche:	140 m²	
Dachbereich:	-	
Boulderbereich:	34 m²	
Wandhöhe:	7,5 m	
max. Kletterlänge:	8 m	

Schwierigkeiten der Routen: von 3 bis 10+
Anzahl der Routen: 11 Stück
Vorstieg möglich: ☒ Ja ☐ Nein
Toprope-Seile vorhanden: ☒ Ja ☐ Nein

Hersteller Kletterwand:
Pyramide S.A., Eigenbau

Hersteller Griffe:
verschiedene

Zugang nur für AV-Mitglieder:
☒ Ja   ☐ Nein

Wandbetreuung vorhanden:
☐ Ja   ☒ Nein

Leihausrüstung:
☐ Ja   ☒ Nein

Übernachtungsmöglichkeiten:
☐ Ja   ☒ Nein

Weitere Angebote:

Kinderkurse:	☐ Ja	☒ Nein
Anfängerkurse:	☐ Ja	☒ Nein
Fortgeschrittenenkurse:	☐ Ja	☒ Nein
Klettershop:	☐ Ja	☒ Nein
Restaurant od. Bistro:	☐ Ja	☒ Nein
Sauna:	☒ Ja	☐ Nein
Dampfbad:	☐ Ja	☒ Nein
Solarium:	☐ Ja	☒ Nein
Squash:	☐ Ja	☒ Nein
Badminton:	☐ Ja	☒ Nein
Streetball:	☐ Ja	☒ Nein
Fitness:	☒ Ja	☐ Nein
Aerobic:	☐ Ja	☒ Nein
Tennis:	☐ Ja	☒ Nein
Billard:	☐ Ja	☒ Nein
Tischfußball:	☐ Ja	☒ Nein

Sonstiges:

D - 4

Name der Anlage: BRASCHEL-STEIN (Außenanlage)

Anschrift: Gewerbeparkstr. 8

PLZ/Ort: D-03099 Kolkwitz b. Cottbus
Tel./Fax: Tel.: 03 55/28 78 72
Fax: 03 55/28 78 71
E-Mail: 0355287871-0001@t-online.de
Internet: -

Ansprechpartner: Herr Brand, Herr Schluttig

Öffnungszeiten: tgl. 9.00 h - Sonnenuntergang

Eintrittspreise: DM 5,-

Zufahrt mit öffentl. Verkehrsmitteln möglich:
☒ Ja ☐ Nein

Zufahrt mit dem PKW:
Über A 13 Ausf. Cottbus-West in Richt. Senftenberg, dann 1. Ampelkreuzung re. in Richt. Hähnchen, bis Ortseing. Kolkwitz, li. ab in Gewerbegebiet

---

Größe/Kletterfläche: 300 m²
Größe/Grundfläche: k.A.
Dachbereich: - m²
Boulderbereich: 150 m²
Wandhöhe: 15 m
max. Kletterlänge: 15 m

Schwierigkeiten der Routen: von 2 bis 8
Anzahl der Routen: 30 Stück
Vorstieg möglich: ☒ Ja ☐ Nein
Toprope-Seile vorhanden: ☐ Ja ☒ Nein

Hersteller Kletterwand:
Brand & Schluttig

Hersteller Griffe:
Volx

Zugang nur für AV-Mitglieder:
☐ Ja ☒ Nein

Wandbetreuung vorhanden:
☐ Ja ☒ Nein

Leihausrüstung:
☐ Ja ☒ Nein

Übernachtungsmöglichkeiten:
☐ Ja ☒ Nein

Weitere Angebote:
Kinderkurse:	☒ Ja	☐ Nein
Anfängerkurse:	☒ Ja	☐ Nein
Fortgeschrittenenkurse:	☒ Ja	☐ Nein
Klettershop:	☐ Ja	☒ Nein
Restaurant od. Bistro:	☐ Ja	☒ Nein
Sauna:	☐ Ja	☒ Nein
Dampfbad:	☐ Ja	☒ Nein
Solarium:	☐ Ja	☒ Nein
Squash:	☐ Ja	☒ Nein
Badminton:	☐ Ja	☒ Nein
Streetball:	☐ Ja	☒ Nein
Fitness:	☐ Ja	☒ Nein
Aerobic:	☐ Ja	☒ Nein
Tennis:	☐ Ja	☒ Nein
Billard:	☐ Ja	☒ Nein
Tischfußball:	☐ Ja	☒ Nein

Sonstiges:
Sandkasten

Ost BRASCHEL-STEIN Nord

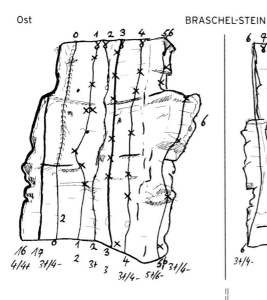
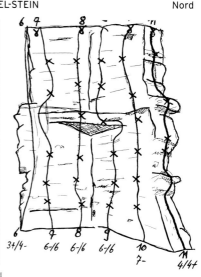

Südwest

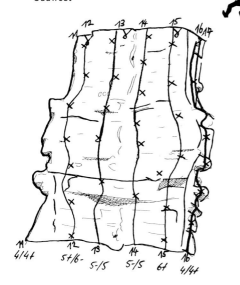

BRAND & SCHLUTTIG
Felsenbau • Alpintechnik

Wir bauen Felswände

- aus Stahlbeton als Monolith oder aus Abbruchelementen
- in beliebiger Form, Farbe, Größe
- mit verschiedenen Oberflächenstrukturen
- Indoor und Outdoor
- viele Klettertechniken anwendbar
- Ausrüstung nach Wunsch
- Komplett oder Teilleistung
- Kombination mit Seilbrücken möglich

Bei der Finanzierung können wir vermittelnd beraten.

Telefon: 03 55 / 2 87 87 2

D - 5

Name der Anlage: DAV-KLETTERWAND JENA

Anschrift: Am Stadion 1
PLZ/Ort: D-07743 Jena
Tel./Fax: Tel.: 0 36 41/39 47 97

E-Mail: Andreas@spider-net.de
Internet: http://www.climb.spider-net.de/wand/jena.html
Ansprechpartner: Uwe Kotkamp, Andreas Fröde, Hendrik Schneidewind

Öffnungszeiten: Mo. 17.00 - 22.00 h, Do. 17.00 - 22.00 h, während der Schulferien sowie Juli bis Mitte Sept. geschl.
Eintrittspreise: DM 8,- (DM 6,-)

Zufahrt mit öffentl. Verkehrsmitteln möglich:
☒ Ja ☐ Nein

Zufahrt mit dem PKW:
k.A. Die Anlage befindet sich in der Mehrzweckhalle des Sportgymnasiums

---

Größe/Kletterfläche: 110 m²
Größe/Grundfläche: 80 m²
Dachbereich: 20 m²
Boulderbereich: - m²
Wandhöhe: 7 m
max. Kletterlänge: 10 m

Schwierigkeiten der Routen: von 1 bis 9
Anzahl der Routen: 30 Stück
Vorstieg möglich: ☐ Ja ☒ Nein
Toprope-Seile vorhanden: ☒ Ja ☐ Nein

Hersteller Kletterwand:
Herlt

Hersteller Griffe:
Hudy-Sport

Zugang nur für AV-Mitglieder:
☐ Ja ☒ Nein

Wandbetreuung vorhanden:
☒ Ja ☐ Nein

Leihausrüstung:
☐ Ja ☒ Nein

Übernachtungsmöglichkeiten:
☐ Ja ☒ Nein

Weitere Angebote:
Kinderkurse:	☐ Ja	☒ Nein
Anfängerkurse:	☐ Ja	☒ Nein
Fortgeschrittenenkurse:	☐ Ja	☒ Nein
Klettershop:	☐ Ja	☒ Nein
Restaurant od. Bistro:	☐ Ja	☒ Nein
Sauna:	☐ Ja	☒ Nein
Dampfbad:	☐ Ja	☒ Nein
Solarium:	☐ Ja	☒ Nein
Squash:	☐ Ja	☒ Nein
Badminton:	☐ Ja	☒ Nein
Streetball:	☐ Ja	☒ Nein
Fitness:	☐ Ja	☒ Nein
Aerobic:	☐ Ja	☒ Nein
Tennis:	☐ Ja	☒ Nein
Billard:	☐ Ja	☒ Nein
Tischfußball:	☐ Ja	☒ Nein

Sonstiges:

RENT A ROCK

Dipl.-Ing. Andreas Herlt
Heinrichstraße 7
01445 Radebeul

Telefon 03 51 / 8 36 45 60 / 5 65
Mobil 01 72 / 4 06 52 19
www.herlt.de

Barbarine 9 m hoch

Nachbau des 42 m hohen Originales in der Sächsischen Schweiz

Planung
Herstellung
Verkauf
Vermietung

Wandplatten
Kletterwandsysteme
Türme
Zubehör

Jena • Dresden • Sebnitz • Freiberg • Berlin • Apolda
Radebeul • Gera • Suhl • Turku • Schönebeck
Leipzig • Werder • Zittau • Oybin • Frankfurt/O.
Cottbus • Chemnitz • Pirna • Erfurt • Bad Blankenburg • Magdeburg

D - 6

Name der Anlage: JAHNSPORTHALLE

Anschrift: Turnerstr. 3

PLZ/Ort: D-09599 Freiberg
Tel./Fax: 0 37 31/24 88 97

E-Mail: ralph.dietrich@t-online.de
Internet: -

Ansprechpartner: Ralph Dietrich

Öffnungszeiten: Di. 18.00 - 22.00 h, Mi. 19.00 - 22.00 h, Sa. 14.00 - 20.00 h, So. n. Vereinb.

Eintrittspreise: DM 10,- (DM 8,-)

Zufahrt mit öffentl. Verkehrsmitteln möglich:
☒ Ja   ☐ Nein

Zufahrt mit dem PKW:
Von Chemnitz od. Dresden auf B 173 bis große Kreuzung (Kaufland), weiter Richt. Annaberg (100 m) an nächster Ampel li. in Turnerstr.

Größe/Kletterfläche: 250 m²
Größe/Grundfläche: 100 m²
Dachbereich: 50 m²
Boulderbereich: 50 m²
Wandhöhe: 7,5 m
max. Kletterlänge: 25 m

Schwierigkeiten der Routen: von 1 bis 10
Anzahl der Routen: 20 Stück
Vorstieg möglich: ☒ Ja ☐ Nein
Toprope-Seile vorhanden: ☒ Ja ☐ Nein

Hersteller Kletterwand:
Herlt, Eigenbau

Hersteller Griffe:
verschiedene

Zugang nur für AV-Mitglieder:
☐ Ja   ☒ Nein

Wandbetreuung vorhanden:
☒ Ja   ☐ Nein

Leihausrüstung:
☒ Ja   ☐ Nein

Übernachtungsmöglichkeiten:
☐ Ja   ☒ Nein

Weitere Angebote:

Kinderkurse:	☐ Ja	☒ Nein
Anfängerkurse:	☐ Ja	☒ Nein
Fortgeschrittenenkurse:	☐ Ja	☒ Nein
Klettershop:	☐ Ja	☒ Nein
Restaurant od. Bistro:	☐ Ja	☒ Nein
Sauna:	☐ Ja	☒ Nein
Dampfbad:	☐ Ja	☒ Nein
Solarium:	☐ Ja	☒ Nein
Squash:	☐ Ja	☒ Nein
Badminton:	☐ Ja	☒ Nein
Streetball:	☐ Ja	☒ Nein
Fitness:	☐ Ja	☒ Nein
Aerobic:	☐ Ja	☒ Nein
Tennis:	☐ Ja	☒ Nein
Billard:	☐ Ja	☒ Nein
Tischfußball:	☐ Ja	☒ Nein

Sonstiges:

D - 7

Name der Anlage: KLETTERTURM IM SPORTJUGENDCLUB PENZLAUER BERG (Außenanlage)

Anschrift:	Sportjugendclub Kollwitzer Straße 8	**Öffnungszeiten:**	Mo. - Fr. 8.00 - 20.00 h, Sa. - So. lt. Anfrage
PLZ/Ort:	D-10405 Berlin		
Tel./Fax:	Tel.: 0 30/4 42 13 70	**Eintrittspreise:**	kostenlos
E-Mail:	-	**Zufahrt mit öffentl. Verkehrsmitteln möglich:**	
Internet:	Sportjugend Berlin.de	☒ Ja ☐ Nein	
Ansprech-partner:	Sportjugendclub Penzlauer Berg	**Zufahrt mit dem PKW:** k. A.	

Größe/Kletterfläche: 133 m²
Größe/Grundfläche: k.A.
Dachbereich: - m²
Boulderbereich: 20 m²
Wandhöhe: 8 m
max. Kletterlänge: 8 m

Schwierigkeiten der Routen: von 2 bis 7
Anzahl der Routen: 8 Stück
Vorstieg möglich: ☒ Ja   ☐ Nein
Toprope-Seile vorhanden: ☐ Ja   ☒ Nein

Hersteller Kletterwand:
T-Wall

Hersteller Griffe:
T-Wall

Zugang nur für AV-Mitglieder:
☐ Ja   ☒ Nein

Wandbetreuung vorhanden:
☒ Ja   ☐ Nein

Leihausrüstung:
☐ Ja   ☒ Nein

Übernachtungsmöglichkeiten:
☐ Ja   ☒ Nein

Weitere Angebote:

Kinderkurse:	☒ Ja	☐ Nein
Anfängerkurse:	☒ Ja	☐ Nein
Fortgeschrittenenkurse:	☒ Ja	☐ Nein
Klettershop:	☐ Ja	☒ Nein
Restaurant od. Bistro:	☐ Ja	☒ Nein
Sauna:	☐ Ja	☒ Nein
Dampfbad:	☐ Ja	☒ Nein
Solarium:	☐ Ja	☒ Nein
Squash:	☐ Ja	☒ Nein
Badminton:	☐ Ja	☒ Nein
Streetball:	☒ Ja	☐ Nein
Fitness:	☒ Ja	☐ Nein
Aerobic:	☐ Ja	☒ Nein
Tennis:	☐ Ja	☒ Nein
Billard:	☒ Ja	☐ Nein
Tischfußball:	☒ Ja	☐ Nein

Sonstiges:
Ball- und Rückschlagspiele

D - 8

Name der Anlage: MT. KÖPENICK (Außenanlage)

Anschrift:	Sportjugendclub Wuhlheide	**Öffnungszeiten:**	Mo. - Fr. 14.00 - 20.30 h,
	Am Eichgestell 161		Sa. - So. 10.00 - 18.30 h
PLZ/Ort:	D-12459 Berlin		
Tel./Fax:	Tel.: 0 30/6 35 15 49	**Eintrittspreise:**	auf Anfrage
	Fax: 0 30/6 35 15 72		
E-Mail:	-	**Zufahrt mit öffentl. Verkehrsmitteln möglich:**	
Internet:	-	☒ Ja ☐ Nein	
Ansprech-		**Zufahrt mit dem PKW:**	
partner:	Kl.-Dieter Melchior	Str. an der Wuhlheide - Wirtschaftseingang vom FEZ	

Größe/Kletterfläche:	120 m²	**Übernachtungsmöglichkeiten:**		
Größe/Grundfläche:	- m²	☐ Ja	☒ Nein	
Dachbereich:	- m²			
Boulderbereich:	39 m²	**Weitere Angebote:**		
Wandhöhe:	8 m	Kinderkurse:	☒ Ja	☐ Nein
max. Kletterlänge:	8 m	Anfängerkurse:	☒ Ja	☐ Nein
		Fortgeschrittenenkurse:	☒ Ja	☐ Nein
Schwierigkeiten der Routen:	von 2 bis 7	Klettershop:	☐ Ja	☒ Nein
Anzahl der Routen:	17 Stück	Restaurant od. Bistro:	☐ Ja	☒ Nein
Vorstieg möglich:	☒ Ja ☐ Nein	Sauna:	☐ Ja	☒ Nein
Toprope-Seile vorhanden:	☒ Ja ☐ Nein	Dampfbad:	☐ Ja	☒ Nein
		Solarium:	☐ Ja	☒ Nein
Hersteller Kletterwand:		Squash:	☐ Ja	☒ Nein
T-Wall		Badminton:	☒ Ja	☐ Nein
		Streetball:	☒ Ja	☐ Nein
Hersteller Griffe:		Fitness:	☒ Ja	☐ Nein
T-Wall		Aerobic:	☒ Ja	☐ Nein
		Tennis:	☒ Ja	☐ Nein
Zugang nur für AV-Mitglieder:		Billard:	☒ Ja	☐ Nein
☐ Ja ☒ Nein		Tischfußball:	☐ Ja	☒ Nein
Wandbetreuung vorhanden:		**Sonstiges:**		
☒ Ja ☐ Nein		Tanzen, Inline-Skating, Fußball, BMX, Mountainbiking, Judo,		
		Tischtennis, Streettennis		
Leihausrüstung:				
☒ Ja ☐ Nein				

D - 9

Name der Anlage: KLETTERHALLE HÜTTENWEG

Anschrift:	Hüttenweg 42	**Öffnungszeiten:**	Di., Fr. 16.00 - 22.00 h, Sa. 13.00 - 22.00 h
PLZ/Ort:	D-14195 Berlin Zehlendorf		
Tel./Fax:	Tel.: 0 30/ 8 13 98 77	**Eintrittspreise:**	DM 9,- bis DM 18,- (DM 6,- bis DM 12,-)
	Fax: 0 30/25 29 99 89		
E-Mail:	DAV-Berlin@t-online.de	**Zufahrt mit öffentl. Verkehrsmitteln möglich:**	
Internet:	alpenverein-berlin.de	☒ Ja ☐ Nein	

Ansprechpartner: Oliver Heimrod

Zufahrt mit dem PKW:
Von Berlin auf A 2 Ausf. „Hüttenweg"; auf Hüttenweg bis Marshallstr.

Größe/Kletterfläche:	300 m²	**Übernachtungsmöglichkeiten:**		
Größe/Grundfläche:	80 m²	☐ Ja	☒ Nein	
Dachbereich:	12 m²			
Boulderbereich:	- m²	**Weitere Angebote:**		
Wandhöhe:	6,5 m	Kinderkurse:	☒ Ja	☐ Nein
max. Kletterlänge:	12 m	Anfängerkurse:	☒ Ja	☐ Nein
		Fortgeschrittenenkurse:	☒ Ja	☐ Nein
Schwierigkeiten der Routen: von 1 bis 9+		Klettershop:	☐ Ja	☒ Nein
Anzahl der Routen: 50 Stück		Restaurant od. Bistro:	☐ Ja	☒ Nein
Vorstieg möglich: ☒ Ja ☐ Nein		Sauna:	☐ Ja	☒ Nein
Toprope-Seile vorhanden: ☒ Ja ☐ Nein		Dampfbad:	☐ Ja	☒ Nein
		Solarium:	☐ Ja	☒ Nein
Hersteller Kletterwand:		Squash:	☐ Ja	☒ Nein
Pyramide S.A.		Badminton:	☐ Ja	☒ Nein
		Streetball:	☐ Ja	☒ Nein
Hersteller Griffe:		Fitness:	☐ Ja	☒ Nein
Pyramide S.A.		Aerobic:	☐ Ja	☒ Nein
		Tennis:	☐ Ja	☒ Nein
Zugang nur für AV-Mitglieder:		Billard:	☐ Ja	☒ Nein
☐ Ja ☒ Nein		Tischfußball:	☐ Ja	☒ Nein
Wandbetreuung vorhanden:		**Sonstiges:**		
☒ Ja ☐ Nein				
Leihausrüstung:				
☒ Ja ☐ Nein				

Rotpunkt Verlag   Halls and Walls   **33**

D - 10

Name der Anlage: **KLETTERTURM MARZAHN (Außenanlage)**

Anschrift:	Sportjugendclub Marzahn	**Öffnungszeiten:**	Mo. - Fr. 16.00 - 19.00 h,
	Franz-Stenzer-Str. 39		Sa. - So. nach Absprache
PLZ/Ort:	D-12679 Berlin		
Tel./Fax:	Tel.: 0 30/9 35 04 25	**Eintrittspreise:**	kostenlos

E-Mail: -
Internet: -

Zufahrt mit öffentl. Verkehrsmitteln möglich:
☒ Ja ☐ Nein

Ansprechpartner: Hartmut Block, Frank Lippold

Zufahrt mit dem PKW:
Berlin Marzahn Richt. Märkische Allee - Richt. Wallenberg Str. - Richt. Franz- Stenzer-Str.

Größe/Kletterfläche:	100 m²	**Übernachtungsmöglichkeiten:**		
Größe/Grundfläche:	900 m²	☐ Ja	☒ Nein	
Dachbereich:	- m²			
Boulderbereich:	25 m²	**Weitere Angebote:**		
Wandhöhe:	8 m	Kinderkurse:	☒ Ja	☐ Nein
max. Kletterlänge:	12 m	Anfängerkurse:	☒ Ja	☐ Nein
		Fortgeschrittenenkurse:	☐ Ja	☒ Nein
Schwierigkeiten der Routen: von 3 bis 8		Klettershop:	☐ Ja	☒ Nein
Anzahl der Routen:	20 Stück	Restaurant od. Bistro:	☐ Ja	☒ Nein
Vorstieg möglich:	☒ Ja ☐ Nein	Sauna:	☐ Ja	☒ Nein
Toprope-Seile vorhanden:	☒ Ja ☐ Nein	Dampfbad:	☐ Ja	☒ Nein
		Solarium:	☐ Ja	☒ Nein
Hersteller Kletterwand:		Squash:	☐ Ja	☒ Nein
T-Wall		Badminton:	☐ Ja	☒ Nein
		Streetball:	☐ Ja	☒ Nein
Hersteller Griffe:		Fitness:	☒ Ja	☐ Nein
T-Wall		Aerobic:	☐ Ja	☒ Nein
		Tennis:	☒ Ja	☐ Nein
Zugang nur für AV-Mitglieder:		Billard:	☒ Ja	☐ Nein
☐ Ja ☒ Nein		Tischfußball:	☒ Ja	☐ Nein
Wandbetreuung vorhanden:		**Sonstiges:**		
☒ Ja ☐ Nein		Tanzen, Fußball		
Leihausrüstung:				
☒ Ja ☐ Nein				

D-11

Name der Anlage: WUHLETALWÄCHTER (Außenanlage)

Anschrift: Havemannstr./Kemberger Str.

PLZ/Ort: D-12689 Berlin (Marzahn)
Tel./Fax: Tel.: 0 30/9 98 87 33
Fax: 0 30/7 46 16 15
E-Mail: -
Internet: www.berlin-alpin.de

Ansprechpartner: Angela Kannis, Joachim Rosenthal

Öffnungszeiten: tgl. rund um die Uhr

Eintrittspreise: kostenlos

Zufahrt mit öffentl. Verkehrsmitteln möglich:
☒ Ja ☐ Nein

Zufahrt mit dem PKW:
Von Süden: Blumberger Damm - Kemberger Str.
Von Norden: Havemannstr.

Größe/Kletterfläche: 500 m²
Größe/Grundfläche: 100 m²
Dachbereich: - m²
Boulderbereich: 150 m²
Wandhöhe: 17 m
max. Kletterlänge: 17 m

Schwierigkeiten der Routen: von 4 bis 8
Anzahl der Routen: 20 Stück
Vorstieg möglich: ☒ Ja ☐ Nein
Toprope-Seile vorhanden: ☐ Ja ☒ Nein

Hersteller Kletterwand:
Brand & Schluttig

Hersteller Griffe:
k.A.

Zugang nur für AV-Mitglieder:
☐ Ja ☒ Nein

Wandbetreuung vorhanden:
☒ Ja ☐ Nein

Leihausrüstung:
☐ Ja ☒ Nein

Übernachtungsmöglichkeiten:
☐ Ja ☒ Nein

Weitere Angebote:
Kinderkurse: ☐ Ja ☒ Nein
Anfängerkurse: ☐ Ja ☒ Nein
Fortgeschrittenenkurse: ☐ Ja ☒ Nein
Klettershop: ☐ Ja ☒ Nein
Restaurant od. Bistro: ☐ Ja ☒ Nein
Sauna: ☐ Ja ☒ Nein
Dampfbad: ☐ Ja ☒ Nein
Solarium: ☐ Ja ☒ Nein
Squash: ☐ Ja ☒ Nein
Badminton: ☐ Ja ☒ Nein
Streetball: ☐ Ja ☒ Nein
Fitness: ☐ Ja ☒ Nein
Aerobic: ☐ Ja ☒ Nein
Tennis: ☐ Ja ☒ Nein
Billard: ☐ Ja ☒ Nein
Tischfußball: ☐ Ja ☒ Nein

Sonstiges:

D - 1 2

Name der Anlage: MONTE BALKON (Außenanlage)

Anschrift: Ribnitzer Str./Darßer Str.

PLZ/Ort: D-13051 Berlin (Hohenschönhausen)
Tel./Fax: Tel.: 0 30/8 12 06 35
Fax: 0 30/36 03 09 77 12
E-Mail: hsieg432.aol.com
Internet: www.berlin-alpin.de

Ansprechpartner: Harry Siegel

Öffnungszeiten: tgl. rund um die Uhr

Eintrittspreise: kostenlos

Zufahrt mit öffentl. Verkehrsmitteln möglich:
☒ Ja ☐ Nein

Zufahrt mit dem PKW:
Von Osten: Falkenberger Chaussee - Darßer Str.
Von Westen: Hansastr. - Darßer Str.

Größe/Kletterfläche: 400 m²
Größe/Grundfläche: 100 m²
Dachbereich: - m²
Boulderbereich: 60 m²
Wandhöhe: 15 m
max. Kletterlänge: 15 m

Schwierigkeiten der Routen: von 3 bis 8
Anzahl der Routen: 22 Stück
Vorstieg möglich: ☒ Ja ☐ Nein
Toprope-Seile vorhanden: ☐ Ja ☒ Nein

Hersteller Kletterwand:
Brand & Schluttig

Hersteller Griffe:
k.A.

Zugang nur für AV-Mitglieder:
☐ Ja ☒ Nein

Wandbetreuung vorhanden:
☒ Ja ☐ Nein

Leihausrüstung:
☐ Ja ☒ Nein

Übernachtungsmöglichkeiten:
☐ Ja ☒ Nein

Weitere Angebote:
Kinderkurse:	☐ Ja	☒ Nein
Anfängerkurse:	☐ Ja	☒ Nein
Fortgeschrittenenkurse:	☐ Ja	☒ Nein
Klettershop:	☐ Ja	☒ Nein
Restaurant od. Bistro:	☐ Ja	☒ Nein
Sauna:	☐ Ja	☒ Nein
Dampfbad:	☐ Ja	☒ Nein
Solarium:	☐ Ja	☒ Nein
Squash:	☐ Ja	☒ Nein
Badminton:	☐ Ja	☒ Nein
Streetball:	☐ Ja	☒ Nein
Fitness:	☐ Ja	☒ Nein
Aerobic:	☐ Ja	☒ Nein
Tennis:	☐ Ja	☒ Nein
Billard:	☐ Ja	☒ Nein
Tischfußball:	☐ Ja	☒ Nein

Sonstiges:

D - 13

Name der Anlage: KLETTERTURM REINICKENDORF (Außenanlage)

Anschrift:	Sportjugendclub Reinickendorf Königshorster Straße 13	**Öffnungszeiten:**	Mo. - Fr. 15.00 - 18.00 h, Sa. und So. Gruppen nach Anmeldung
PLZ/Ort:	D-13439 Berlin		
Tel./Fax:	Tel.: 0 30/4 16 80 47	**Eintrittspreise:**	kostenlos
E-Mail:	-	**Zufahrt mit öffentl. Verkehrsmitteln möglich:**	
Internet:	-	☒ Ja ☐ Nein	
Ansprechpartner:	Sportjugendclub Reinickendorf	**Zufahrt mit dem PKW:** Stadtring Richt. Reinickendorf - weiter geradeaus über Eichborndamm und Wilhelmsruher Damm - li. ab Königshorster Str.	

Größe/Kletterfläche: 102 m²
Größe/Grundfläche: 120 m²
Dachbereich: 20 m²
Boulderbereich: - m²
Wandhöhe: 6 m
max. Kletterlänge: 20 m

Schwierigkeiten der Routen: von 2 bis 7
Anzahl der Routen: 30 Stück
Vorstieg möglich: ☒ Ja   ☐ Nein
Toprope-Seile vorhanden: ☒ Ja   ☐ Nein

Hersteller Kletterwand:
T-Wall

Hersteller Griffe:
T-Wall

Zugang nur für AV-Mitglieder:
☐ Ja   ☒ Nein

Wandbetreuung vorhanden:
☒ Ja   ☐ Nein

Leihausrüstung:
☒ Ja   ☐ Nein

Übernachtungsmöglichkeiten:
☐ Ja   ☒ Nein

Weitere Angebote:

Kinderkurse:	☒ Ja	☐ Nein
Anfängerkurse:	☒ Ja	☐ Nein
Fortgeschrittenenkurse:	☒ Ja	☐ Nein
Klettershop:	☐ Ja	☒ Nein
Restaurant od. Bistro:	☐ Ja	☒ Nein
Sauna:	☐ Ja	☒ Nein
Dampfbad:	☐ Ja	☒ Nein
Solarium:	☐ Ja	☒ Nein
Squash:	☐ Ja	☒ Nein
Badminton:	☐ Ja	☒ Nein
Streetball:	☒ Ja	☐ Nein
Fitness:	☒ Ja	☐ Nein
Aerobic:	☐ Ja	☒ Nein
Tennis:	☒ Ja	☐ Nein
Billard:	☒ Ja	☐ Nein
Tischfußball:	☐ Ja	☒ Nein

Sonstiges:
Volleyball

D - 14

Name der Anlage: SATORI

Anschrift: Berliner Straße

PLZ/Ort: D-14542 Werder
Tel./Fax: Tel.: 0 33 27/4 59 64

E-Mail:
Internet:

Ansprech-
partner: Holger Kranz

Öffnungszeiten: Mo. - Fr. 8.00 - 22.00 h,
Sa., So. 10.00 - 18.00 h

Eintrittspreise: DM 20,-

Zufahrt mit öffentl. Verkehrsmitteln möglich:
☒ Ja   ☐ Nein

Zufahrt mit dem PKW:
Von Berlin B 1 Richt. Brandenburg nach Werder - li. Tankstelle „DEA" - vor Tankstelle li.

Größe/Kletterfläche: 80 m²
Größe/Grundfläche: 60 m²
Dachbereich: 20 m²
Boulderbereich: - m²
Wandhöhe: 6 m
max. Kletterlänge: k.A.

Schwierigkeiten der Routen: von   bis k.A.
Anzahl der Routen: 10 Stück
Vorstieg möglich: ☒ Ja   ☐ Nein
Toprope-Seile vorhanden: ☒ Ja   ☐ Nein

Hersteller Kletterwand:
Herlt

Hersteller Griffe:
verschiedene

Zugang nur für AV-Mitglieder:
☐ Ja   ☒ Nein

Wandbetreuung vorhanden:
☐ Ja   ☒ Nein

Leihausrüstung:
☒ Ja   ☐ Nein

Übernachtungsmöglichkeiten:
☐ Ja   ☒ Nein

Weitere Angebote:
Kinderkurse:	☒ Ja	☐ Nein
Anfängerkurse:	☒ Ja	☐ Nein
Fortgeschrittenenkurse:	☐ Ja	☒ Nein
Klettershop:	☐ Ja	☒ Nein
Restaurant od. Bistro:	☒ Ja	☐ Nein
Sauna:	☒ Ja	☐ Nein
Dampfbad:	☐ Ja	☒ Nein
Solarium:	☒ Ja	☐ Nein
Squash:	☐ Ja	☒ Nein
Badminton:	☐ Ja	☒ Nein
Streetball:	☐ Ja	☒ Nein
Fitness:	☒ Ja	☐ Nein
Aerobic:	☒ Ja	☐ Nein
Tennis:	☐ Ja	☒ Nein
Billard:	☒ Ja	☐ Nein
Tischfußball:	☐ Ja	☒ Nein

Sonstiges:
Kampfsportarten

D-15

Name der Anlage: KLETTERHALLE ZIEGELSTRASSE

Anschrift: Ziegelstraße

PLZ/Ort: D-15230 Frankfurt/Oder
Tel./Fax: Tel.: 03 35/2 41 06
Fax: 03 35/53 71 92
E-Mail: olaf.teichmann@t-online.de
Internet: -

**Ansprech-
partner:** Olaf Teichmann

Öffnungszeiten: Mo. 10.00 - 20.00 h, Di. - Fr. 10.00 - 22.00 h, Sa. 13.00 - 19.00 h

Eintrittspreise: DM 5,- bis DM 10,-

Zufahrt mit öffentl. Verkehrsmitteln möglich:
☒ Ja   ☐ Nein

Zufahrt mit dem PKW:
A12, Ausf. „Frankfurt/Oder Süd" Richt. Zentrum/Stadtbrücke, Karl-Marx-Str./Karl-Ritter-Platz re., dann li. in Schulstr. bis Ende (Spielplatz), re. Kletterhalle

---

Größe/Kletterfläche: 250 m²
Größe/Grundfläche: 100 m²
Dachbereich: 27 m²
Boulderbereich: 80 m²
Wandhöhe: 6,5 m
max. Kletterlänge: 8 m

Schwierigkeiten der Routen: von 2 bis 11
Anzahl der Routen: 34 Stück
Vorstieg möglich: ☒ Ja ☐ Nein
Toprope-Seile vorhanden: ☒ Ja ☐ Nein

Hersteller Kletterwand:
Eigenbau

Hersteller Griffe:
verschiedene

Zugang nur für AV-Mitglieder:
☐ Ja   ☒ Nein

Wandbetreuung vorhanden:
☒ Ja   ☐ Nein

Leihausrüstung:
☒ Ja   ☐ Nein

Übernachtungsmöglichkeiten:
☐ Ja   ☒ Nein

Weitere Angebote:
Kinderkurse: ☒ Ja   ☐ Nein
Anfängerkurse: ☒ Ja   ☐ Nein
Fortgeschrittenenkurse: ☐ Ja ☒ Nein
Klettershop: ☐ Ja   ☒ Nein
Restaurant od. Bistro: ☒ Ja ☐ Nein
Sauna: ☐ Ja   ☒ Nein
Dampfbad: ☐ Ja   ☒ Nein
Solarium: ☐ Ja   ☒ Nein
Squash: ☐ Ja   ☒ Nein
Badminton: ☐ Ja   ☒ Nein
Streetball: ☐ Ja   ☒ Nein
Fitness: ☐ Ja   ☒ Nein
Aerobic: ☐ Ja   ☒ Nein
Tennis: ☐ Ja   ☒ Nein
Billard: ☐ Ja   ☒ Nein
Tischfußball: ☐ Ja   ☒ Nein

Sonstiges:

D - 16

Name der Anlage: „RÜGEN - TIET UN WIEL"

Anschrift: Hotel, Sport- und Freizeitzentrum
Bergener Str. 1
PLZ/Ort: D-18573 Samtens
Tel./Fax: Tel.: 03 83 06/2 22-0
Fax: 03 83 06/2 22-11
E-Mail: tiet-un-wiel-ruegen@t-online.de
Internet: www.tiet-un-wiel.im-web.de

Ansprechpartner: Herr Nichelmann

Öffnungszeiten: tgl. durchgehend (24h)

Eintrittspreise: DM 12,- bis DM 18,- (DM 9,- bis DM 14,-)

Zufahrt mit öffentl. Verkehrsmitteln möglich:
☒ Ja ☐ Nein

Zufahrt mit dem PKW:
Hinter dem Ortsausgang B 96 in Richt. Bergen, an der Tankstelle li. abbiegen

---

Größe/Kletterfläche: 260 m²
Größe/Grundfläche: k.A.
Dachbereich: - m²
Boulderbereich: - m²
Wandhöhe: 10 m
max. Kletterlänge: 15 m

Schwierigkeiten der Routen: von 3 bis 9+
Anzahl der Routen: 20 Stück
Vorstieg möglich: ☒ Ja ☐ Nein
Toprope-Seile vorhanden: ☒ Ja ☐ Nein

Hersteller Kletterwand:
Red Rooster

Hersteller Griffe:
On Sight, Volx

Zugang nur für AV-Mitglieder:
☐ Ja ☒ Nein

Wandbetreuung vorhanden:
☒ Ja ☐ Nein

Leihausrüstung:
☒ Ja ☐ Nein

Übernachtungsmöglichkeiten:
☒ Ja ☐ Nein

Weitere Angebote:
Kinderkurse: ☒ Ja ☐ Nein
Anfängerkurse: ☒ Ja ☐ Nein
Fortgeschrittenenkurse: ☐ Ja ☒ Nein
Klettershop: ☐ Ja ☒ Nein
Restaurant od. Bistro: ☒ Ja ☐ Nein
Sauna: ☒ Ja ☐ Nein
Dampfbad: ☒ Ja ☐ Nein
Solarium: ☒ Ja ☐ Nein
Squash: ☒ Ja ☐ Nein
Badminton: ☒ Ja ☐ Nein
Streetball: ☒ Ja ☐ Nein
Fitness: ☒ Ja ☐ Nein
Aerobic: ☒ Ja ☐ Nein
Tennis: ☒ Ja ☐ Nein
Billard: ☒ Ja ☐ Nein
Tischfußball: ☐ Ja ☒ Nein

Sonstiges:
Schwimmbad, Fahrradverleih, Beach-Volleyball, Bowling, Kegeln, Sportshop, Tischtennis, Tagungsmöglichkeiten.

SPORT HOTEL

WWW.TIET-UN-WIEL.DE

- 5 TENNIS-COURTS
- 5 BADMINTON-COURTS
- 4 SQUASH-COURTS
- 6 BOWLINGBAHNEN
- 6 KEGELBAHNEN
- SAUNALANDSCHAFT/MASSAGE
- FREECLIMBING
- RESTAURANT/IRISH PUB
- ABENTEUER- & ERLEBNISWELT
- MINIGOLF
- INLINESKATING
- BEACHVOLLEYBALL
- TAGUNGEN, SEMINARE
- GROSSVERANSTALTUNGEN

Tiet un Wiel
Rügen
Sporthotel & Freizeitzentrum

BERGENER STRASSE 1 18573 SAMTENS/RÜGEN FON (03 83 06) 2 22-0

»TIET UN WIEL«RÜGEN

D-17

Name der Anlage: SIEBEN-SEEN-SPORTPARK SCHWERIN

Anschrift: Ellerried 74

PLZ/Ort: D-19061 Schwerin
Tel./Fax: Tel.: 03 85/48 50 00 od. 61 70 40
Fax: 03 85/6 17 04 23
E-Mail: -
Internet: -

Ansprechpartner: Herr Kasten, Frau Kreft

Öffnungszeiten: k.A.

Eintrittspreise: DM 10,- bis DM 22,-

Zufahrt mit öffentl. Verkehrsmitteln möglich:
☒ Ja ☐ Nein

Zufahrt mit dem PKW:
Von der A 24 kommend Richt. Parchim - bei gr. Kreuzung (Tunnelsystem) nach li. Richt. Görries - nach 500 m „Sieben-Seen-Sportpark".

Größe/Kletterfläche: ca. 200 m²
Größe/Grundfläche: k.A.
Dachbereich: - m²
Boulderbereich: 48 m²
Wandhöhe: 8 m
max. Kletterlänge: 8 m

Schwierigkeiten der Routen: von 2 bis 8
Anzahl der Routen: ca. 30 Stück
Vorstieg möglich: ☒ Ja ☐ Nein
Toprope-Seile vorhanden: ☒ Ja ☐ Nein

Hersteller Kletterwand:
Mastergrip

Hersteller Griffe:
Mastergrip

Zugang nur für AV-Mitglieder:
☒ Ja ☐ Nein

Wandbetreuung vorhanden:
☒ Ja ☐ Nein

Leihausrüstung:
☐ Ja ☒ Nein

Übernachtungsmöglichkeiten:
☐ Ja ☒ Nein

Weitere Angebote:
Kinderkurse: ☒ Ja ☐ Nein
Anfängerkurse: ☒ Ja ☐ Nein
Fortgeschrittenenkurse: ☒ Ja ☐ Nein
Klettershop: ☐ Ja ☒ Nein
Restaurant od. Bistro: ☒ Ja ☐ Nein
Sauna: ☒ Ja ☐ Nein
Dampfbad: ☒ Ja ☐ Nein
Solarium: ☒ Ja ☐ Nein
Squash: ☒ Ja ☐ Nein
Badminton: ☒ Ja ☐ Nein
Streetball: ☐ Ja ☒ Nein
Fitness: ☒ Ja ☐ Nein
Aerobic: ☒ Ja ☐ Nein
Tennis: ☒ Ja ☐ Nein
Billard: ☒ Ja ☐ Nein
Tischfußball: ☐ Ja ☒ Nein

Sonstiges:
8 Bowlingbahnen, Konferenzraum

D-18

Name der Anlage: MERIDIAN-EPPENDORF

Anschrift: Quickbornstr. 26

PLZ/Ort: D-20253 Hamburg
Tel./Fax: Tel.: 0 40/65 89 13 89
Fax: 0 40/65 89 21 81
E-Mail: -
Internet: -

Ansprechpartner: Herr Nitzsche

Öffnungszeiten: tgl. 10.00 - 22.00 h

Eintrittspreise: DM 59,- (Tageskarte inkl. Sauna - Thermenbereich)
Zufahrt mit öffentl. Verkehrsmitteln möglich:
☒ Ja ☐ Nein

Zufahrt mit dem PKW:
Über Ring 2, Gärtnerstr.

Größe/Kletterfläche: 250-300 m²
Größe/Grundfläche: k.A.
Dachbereich: 40 m²
Boulderbereich: 50 m²
Wandhöhe: 15-17 m
max. Kletterlänge: 18 m

Schwierigkeiten der Routen: von 5 bis 9-
Anzahl der Routen: 15 Stück
Vorstieg möglich: ☒ Ja ☐ Nein
Toprope-Seile vorhanden: ☒ Ja ☐ Nein

Hersteller Kletterwand:
Pyramide

Hersteller Griffe:
k.A.

Zugang nur für AV-Mitglieder:
☐ Ja ☒ Nein

Wandbetreuung vorhanden:
☒ Ja ☐ Nein

Leihausrüstung:
☒ Ja ☐ Nein

Übernachtungsmöglichkeiten:
☐ Ja ☒ Nein

Weitere Angebote:
Kinderkurse:	☒ Ja	☐ Nein
Anfängerkurse:	☒ Ja	☐ Nein
Fortgeschrittenenkurse:	☒ Ja	☐ Nein
Klettershop:	☐ Ja	☒ Nein
Restaurant od. Bistro:	☒ Ja	☐ Nein
Sauna:	☒ Ja	☐ Nein
Dampfbad:	☒ Ja	☐ Nein
Solarium:	☒ Ja	☐ Nein
Squash:	☐ Ja	☒ Nein
Badminton:	☐ Ja	☒ Nein
Streetball:	☐ Ja	☒ Nein
Fitness:	☒ Ja	☐ Nein
Aerobic:	☒ Ja	☐ Nein
Tennis:	☐ Ja	☒ Nein
Billard:	☐ Ja	☒ Nein
Tischfußball:	☐ Ja	☒ Nein

Sonstiges:

D - 19

Name der Anlage: SHAPE SPORT

Anschrift: Osttangente 200

PLZ/Ort: D-21423 Winsen (Luhe)
Tel./Fax: Tel.: 0 41 71/78 90
Fax: 0 41/78 91 99
E-Mail: Info@Shape-Sport.de
Internet: www.Shape-Sport.de

Ansprechpartner: Thomas Dethlefs

Öffnungszeiten: Mo. - Fr. 7.00 - 22.00 h,
Sa., So. 10.00 - 20.00 h

Eintrittspreise: DM 25,-

Zufahrt mit öffentl. Verkehrsmitteln möglich:
☒ Ja ☐ Nein

Zufahrt mit dem PKW:
A 250 Maschener Kreuz-Lüneburg Ausf. „Winsen-Ost" - Landstr. Richt. Winsen - SHAPE nach 2 km re. Seite.

Größe/Kletterfläche:	530 m^2	
Größe/Grundfläche:	k.A.	
Dachbereich:	40 m^2	
Boulderbereich:	k.A.	
Wandhöhe:	11 m	
max. Kletterlänge:	25 m	

Schwierigkeiten der Routen: von 2 bis 10-
Anzahl der Routen: 120 Stück
Vorstieg möglich: ☒ Ja ☐ Nein
Toprope-Seile vorhanden: ☒ Ja ☐ Nein

Hersteller Kletterwand:
Reality Wall

Hersteller Griffe:
Reality Wall, On Sight

Zugang nur für AV-Mitglieder:
☐ Ja ☒ Nein

Wandbetreuung vorhanden:
☒ Ja ☐ Nein

Leihausrüstung:
☒ Ja ☐ Nein

Übernachtungsmöglichkeiten:
☒ Ja ☐ Nein

Weitere Angebote:
Kinderkurse:	☒ Ja	☐ Nein
Anfängerkurse:	☒ Ja	☐ Nein
Fortgeschrittenenkurse:	☐ Ja	☒ Nein
Klettershop:	☒ Ja	☐ Nein
Restaurant od. Bistro:	☒ Ja	☐ Nein
Sauna:	☒ Ja	☐ Nein
Dampfbad:	☒ Ja	☐ Nein
Solarium:	☒ Ja	☐ Nein
Squash:	☒ Ja	☐ Nein
Badminton:	☒ Ja	☐ Nein
Streetball:	☐ Ja	☒ Nein
Fitness:	☒ Ja	☐ Nein
Aerobic:	☒ Ja	☐ Nein
Tennis:	☒ Ja	☐ Nein
Billard:	☒ Ja	☐ Nein
Tischfußball:	☒ Ja	☒ Nein

Sonstiges:
Kindergeburtstage, Tagungsräume, Indoor-Golf

TOPPAS - ein automatisches Sicherungsgerät für künstliche Kletterwände zur Sicherung von Oben (TOP) ohne Kletterpartner. Das Gerät besteht aus einem geschlossenen Gehäuse, in dem das Sicherungsseil auf einer Seiltrommel aufgerollt ist. Diese Seiltrommel ist über eine Spiralbandfeder vorgespannt, so daß das Sicherungsseil jederzeit gespannt ist. Dadurch wird eine Schlaffseilbildung vermieden. Beim Abseilen wird der Kletterer automatisch gebremst abgesetzt.

Welche Vorteile bietet TOPPAS für den Kletterer:

➲ erstes vollautomatisches Sicherungsgerät für **Single-User-Klettern in künstlichen Kletteranlagen**
➲ kein Black-Out des Sicherungspartners wird zum **RISIKO**
➲ gebremster **GO-DOWN mit 1 m/s bis zum Ausgangspunkt**
➲ doppelte Sicherheit durch integriertes **ABS-System ab 2 m Seildurchlauf**
➲ einfaches Einhängen durch **Kletterkarabiner mit Sicherung**

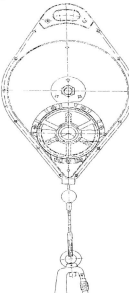

... und für den Kletterwandbetreiber:

➲ attraktiveres Kletterangebot durch die Möglichkeit, daß Einzelpersonen auch gesichert klettern können
➲ gleichmäßigere Auslastung der Kletterhalle
➲ Zusatzfeature - GO-DOWN mit 1 m/s
➲ wirtschaftlicher Betrieb durch Prämienreduzierung der Haftpflichtversicherung
➲ Verlagerung des Haftungsrisikos
➲ größerer Klettererdurchsatz, da schneller abgeseilt wird

TECHNISCHE DATEN:
Seillänge: 20 m, optional bis 30 m
Seilart: Stahlseil , 5 mm
rechn. Seilbruchkraft (stat.): 17,7 kN
Abseilgeschwindigkeit: ca. 1 m/s
Bremse: Fliehkraftbremssystem mit 3 Backen
Blockiersystem: unabhängiges fliehkraftgesteuertes, dynamisches Blockierbremssystem;
Revisionsintervall: vorrauss. 1 Jahr
Gewicht: 23 kg
Maße: 57 x 30 x 15 cm (H/B/T)

VERTRIEB ÜBER:

α-SPORTTEC

Andreas Schöllhorn,
Aichacher Str. 32
D-86570 INCHENHOFEN
Tel.: +49/08257/928750 Fax: 928751
E-mail: SPORTTEC@t-online.de

D - 20

Name der Anlage: SILO CLIMBING FEHMARN (Außenanlage)

Anschrift:	Am Gewerbehafen Burgstaaken	**Öffnungszeiten:**	April, Mai, Sept., Okt.: Mo. - So. 10.00 - 18.00 h
PLZ/Ort:	D-23769 Burg		Juni, Juli, Aug.: Mo., Fr., Sa., So.
Tel./Fax:	Tel.: 0 43 71/30 02-31 51		10.00 - 18.00 h, Di. - Do. 10.00 - 20.00 h
	Fax: 0 43 71/98 51	**Eintrittspreise:**	DM 10,- (DM 7,-)
E-Mail:	-		
Internet:	www.Silo climbing.de		

Zufahrt mit öffentl. Verkehrsmitteln möglich:
☒ Ja ☐ Nein

Ansprechpartner: Roland Hain

Zufahrt mit dem PKW:
A1 aus Lübeck Richt. Oldenburg, dann E 47 Richt. Puttgarden/Fehmarn, erste Abf. auf Fehmarn runter dann Kreisstr. 43 Richt. Burg, in Burg auf dem Staakensweg Richt. Burgstaaken Hafen.

Größe/Kletterfläche:	480 m²		**Übernachtungsmöglichkeiten:**	
Größe/Grundfläche:	580 m²		☒ Ja ☐ Nein	
Dachbereich:	- m²			
Boulderbereich:	57 m²		**Weitere Angebote:**	
Wandhöhe:	40 m		Kinderkurse:	☒ Ja ☐ Nein
max. Kletterlänge:	40 m		Anfängerkurse:	☒ Ja ☐ Nein
			Fortgeschrittenenkurse:	☐ Ja ☒ Nein
Schwierigkeiten der Routen: von 3	bis 9+		Klettershop:	☒ Ja ☐ Nein
Anzahl der Routen:	14 Stück		Restaurant od. Bistro:	☐ Ja ☒ Nein
Vorstieg möglich:	☒ Ja ☐ Nein		Sauna:	☐ Ja ☒ Nein
Toprope-Seile vorhanden:	☒ Ja ☐ Nein		Dampfbad:	☐ Ja ☒ Nein
			Solarium:	☐ Ja ☒ Nein
Hersteller Kletterwand:			Squash:	☐ Ja ☒ Nein
Reality Wall			Badminton:	☐ Ja ☒ Nein
			Streetball:	☐ Ja ☒ Nein
Hersteller Griffe:			Fitness:	☐ Ja ☒ Nein
Reality Wall			Aerobic:	☐ Ja ☒ Nein
			Tennis:	☐ Ja ☒ Nein
Zugang nur für AV-Mitglieder:			Billard:	☐ Ja ☒ Nein
☐ Ja ☒ Nein			Tischfußball:	☐ Ja ☒ Nein

Wandbetreuung vorhanden:
☒ Ja ☐ Nein

Sonstiges:
Windsurfing Verleih/Schule, Open Air Musikfestivals mit Mondscheinklettern

Leihausrüstung:
☒ Ja ☐ Nein

Höchste künstliche Kletteranlage Europas
8 Routen bis 40 Meter Höhe

Lass' Dich in die faszienierende Welt des Klettersports führen

ÖFFNUNGSZEITEN

April/Mai/September/Oktober
Mo–Sa   10–18 Uhr

Juni/Juli/August
Mo, Fr, Sa, So   10–18 Uhr
Di, Mi, Do   10–20 Uhr

PREISE

1 Stunde klettern   10,– DM
(mit Ermäßigungskarte 7,–)

Ausrüstung   5,– DM
(mit Ermäßigungskarte 3,–)

Gruppenpreise   auf Anfrage
(ab 10 Personen)

Saisonkarten möglich

No risc, no fun, wie die Amerikaner aus dem Ursprungsland des Freeclimbing sagen.

Auf Fehmarn, eine Insel flach wie eine Flunder, ist es jetzt möglich auf 8 verschiedenen Routen von 15–40 m (Europas höchster künstlicher Kletteranlage) die Grenzen Deiner körperlichen Leistungsfähigkeiten zu testen. Klettern kann jeder ab einer Körpergröße von 1,15 m.

Geklettert wird immer zu zweit, einer kletter, einer sichert.

**Moonshine Climbing ab 23.00 Uhr an der Kletteranlage
in Burgstaken am Hafen, Info Roland Hain Tel. 0 43 71/30 02**

**Roland Hain
Am Gewerbehafen
23769 Burgstaken
Telefon 0 43 71/ 30 02 +31 51
Telefax 0 43 71/ 98 51**

D - 21

Name der Anlage: **FUN & SPORT CENTER**

Anschrift: Seeuferweg 20

PLZ/Ort: D-24351 Damp
Tel./Fax: Tel.: 0 43 52/80 70 00
Fax: 0 43 52/80 80 46
E-Mail: -
Internet: -

Ansprechpartner: Frau Rossant-Frolow

Öffnungszeiten: Ende März bis Ende Okt.
tgl. 10.00 - 21.00 h
Ende Febr. bis Ende März
tgl. 13.00 - 21.00 h
Eintrittspreise: DM 5,- bis DM 6,- (DM 3,- bis DM 5,-)
Zufahrt mit öffentl. Verkehrsmitteln möglich:
☒ Ja   ☐ Nein

Zufahrt mit dem PKW:
In Damp durch Schranke hindurch und immer geradeaus bis zum Ende, dort re.

Größe/Kletterfläche:	86 m²	
Größe/Grundfläche:	130 m²	
Dachbereich:	- m²	
Boulderbereich:	- m²	
Wandhöhe:	9 m	
max. Kletterlänge:	9 m	

Schwierigkeiten der Routen: von 3 bis 9
Anzahl der Routen: 15 Stück
Vorstieg möglich: ☒ Ja   ☐ Nein
Toprope-Seile vorhanden: ☐ Ja   ☒ Nein

Hersteller Kletterwand:
On Top

Hersteller Griffe:
Red Rooster

Zugang nur für AV-Mitglieder:
☐ Ja   ☒ Nein

Wandbetreuung vorhanden:
☒ Ja   ☐ Nein

Leihausrüstung:
☒ Ja   ☐ Nein

Übernachtungsmöglichkeiten:
☐ Ja   ☒ Nein

Weitere Angebote:

Kinderkurse:	☐ Ja	☒ Nein
Anfängerkurse:	☐ Ja	☒ Nein
Fortgeschrittenenkurse:	☐ Ja	☒ Nein
Klettershop:	☐ Ja	☒ Nein
Restaurant od. Bistro:	☒ Ja	☐ Nein
Sauna:	☒ Ja	☐ Nein
Dampfbad:	☐ Ja	☒ Nein
Solarium:	☒ Ja	☐ Nein
Squash:	☒ Ja	☐ Nein
Badminton:	☒ Ja	☐ Nein
Streetball:	☒ Ja	☐ Nein
Fitness:	☒ Ja	☐ Nein
Aerobic:	☒ Ja	☐ Nein
Tennis:	☒ Ja	☐ Nein
Billard:	☒ Ja	☐ Nein
Tischfußball:	☒ Ja	☐ Nein

Sonstiges:
Kindergeburtstage

D - 2 2

Name der Anlage: MONTE PINNOW (Außenanlage)

Anschrift: Bahnhofstraße

PLZ/Ort: D-26452 Sande
Tel./Fax: Tel.: 0 44 61/8 11 51 od. 9 84 94 15

E-Mail: -
Internet: -

Ansprech-partner: Wolfgang Wunde, Rolf Witt

Öffnungszeiten: nach telefonischer Anmeldung

Eintrittspreise: kostenlos

Zufahrt mit öffentl. Verkehrsmitteln möglich:
☒ Ja   ☐ Nein

Zufahrt mit dem PKW:
Autobahn A 29 Ausf. Sande, östl. Richt. über B 436, B 69 queren durch Gewerbegebiet

---

Größe/Kletterfläche:	1357 m²			
Größe/Grundfläche:	2100 m²			
Dachbereich:	58 m²			
Boulderbereich:	160 m²			
Wandhöhe:	7-18 m			
max. Kletterlänge:	20 m			

Schwierigkeiten der Routen: von 2 bis 10
Anzahl der Routen: 52 Stück
Vorstieg möglich: ☒ Ja   ☐ Nein
Toprope-Seile vorhanden: ☐ Ja   ☒ Nein

Hersteller Kletterwand:
k.A.

Hersteller Griffe:
k.A.

Zugang nur für AV-Mitglieder:
☒ Ja   ☐ Nein

Wandbetreuung vorhanden:
☐ Ja   ☒ Nein

Leihausrüstung:
☐ Ja   ☒ Nein

Übernachtungsmöglichkeiten:
☒ Ja   ☐ Nein

Weitere Angebote:
Kinderkurse:	☒ Ja	☐ Nein
Anfängerkurse:	☒ Ja	☐ Nein
Fortgeschrittenenkurse:	☒ Ja	☐ Nein
Klettershop:	☐ Ja	☒ Nein
Restaurant od. Bistro:	☐ Ja	☒ Nein
Sauna:	☐ Ja	☒ Nein
Dampfbad:	☐ Ja	☒ Nein
Solarium:	☐ Ja	☒ Nein
Squash:	☐ Ja	☒ Nein
Badminton:	☐ Ja	☒ Nein
Streetball:	☐ Ja	☒ Nein
Fitness:	☐ Ja	☒ Nein
Aerobic:	☐ Ja	☒ Nein
Tennis:	☐ Ja	☒ Nein
Billard:	☐ Ja	☒ Nein
Tischfußball:	☐ Ja	☒ Nein

Sonstiges:
Klettersteig; Übernachtungshütte m. Küche u. Dusche

D - 23

Name der Anlage: DAV-KLETTERHALLE BEI 1860 BREMEN

Anschrift: Baumschulenweg 10

PLZ/Ort: D-28213 Bremen
Tel./Fax: Tel.: 04 21/7 24 84

E-Mail: -
Internet: -

Ansprechpartner: DAV-Geschäftsstelle, Georg Schmitz

Öffnungszeiten: Mo. - Fr. 20.00 - 22.00 h, So. 15.00 - 19.00 h

Eintrittspreise: DM 6,-

Zufahrt mit öffentl. Verkehrsmitteln möglich:
☒ Ja   ☐ Nein

Zufahrt mit dem PKW:
k. A.

Größe/Kletterfläche: 110 m²
Größe/Grundfläche: 25 m²
Dachbereich: - m²
Boulderbereich: - m²
Wandhöhe: 8 m
max. Kletterlänge: 10 m

Schwierigkeiten der Routen: von 3 bis 9
Anzahl der Routen: 15 Stück
Vorstieg möglich: ☒ Ja   ☐ Nein
Toprope-Seile vorhanden: ☐ Ja   ☒ Nein

Hersteller Kletterwand:
Entre Prises

Hersteller Griffe:
verschiedene

Zugang nur für AV-Mitglieder:
☒ Ja   ☐ Nein

Wandbetreuung vorhanden:
☐ Ja   ☒ Nein

Leihausrüstung:
☐ Ja   ☒ Nein

Übernachtungsmöglichkeiten:
☐ Ja   ☒ Nein

Weitere Angebote:
Kinderkurse:	☒ Ja	☐ Nein
Anfängerkurse:	☒ Ja	☐ Nein
Fortgeschrittenenkurse:	☒ Ja	☐ Nein
Klettershop:	☐ Ja	☒ Nein
Restaurant od. Bistro:	☐ Ja	☒ Nein
Sauna:	☐ Ja	☒ Nein
Dampfbad:	☐ Ja	☒ Nein
Solarium:	☐ Ja	☒ Nein
Squash:	☐ Ja	☒ Nein
Badminton:	☐ Ja	☒ Nein
Streetball:	☐ Ja	☒ Nein
Fitness:	☐ Ja	☒ Nein
Aerobic:	☐ Ja	☒ Nein
Tennis:	☐ Ja	☒ Nein
Billard:	☐ Ja	☒ Nein
Tischfußball:	☐ Ja	☒ Nein

Sonstiges:

D - 24

Name der Anlage: SPORT SCHECK - HANNOVER

Anschrift: Karmarschstr. 31

PLZ/Ort: D-30159 Hannover
Tel./Fax: Tel.: 05 11/ 30 15-0
Fax: 05 11/30 15-1 50
E-Mail: -
Internet: -

Ansprechpartner: k.A.

Öffnungszeiten: öffentliche Geschäftszeiten

Eintrittspreise: kostenlos

Zufahrt mit öffentl. Verkehrsmitteln möglich:
☒ Ja ☐ Nein

Zufahrt mit dem PKW:
Anlage befindet sich in der Fußgängerzone Hannover

Größe/Kletterfläche: 135 m^2
Größe/Grundfläche: - m^2
Dachbereich: 12 m^2
Boulderbereich: - m^2
Wandhöhe: 16 m
max. Kletterlänge: 20 m

Schwierigkeiten der Routen: von 3+ bis 9
Anzahl der Routen: 3 Stück
Vorstieg möglich: ☐ Ja ☒ Nein
Toprope-Seile vorhanden: ☒ Ja ☐ Nein

Hersteller Kletterwand:
Vertikal - Faserbeton

Hersteller Griffe:
Vertikal - Faserbeton

Zugang nur für AV-Mitglieder:
☐ Ja ☒ Nein

Wandbetreuung vorhanden:
☒ Ja ☐ Nein

Leihausrüstung:
☒ Ja ☐ Nein

Übernachtungsmöglichkeiten:
☐ Ja ☒ Nein

Weitere Angebote:
Kinderkurse:	☐ Ja	☒ Nein
Anfängerkurse:	☐ Ja	☒ Nein
Fortgeschrittenenkurse:	☐ Ja	☒ Nein
Klettershop:	☒ Ja	☐ Nein
Restaurant od. Bistro:	☐ Ja	☒ Nein
Sauna:	☐ Ja	☒ Nein
Dampfbad:	☐ Ja	☒ Nein
Solarium:	☐ Ja	☒ Nein
Squash:	☐ Ja	☒ Nein
Badminton:	☐ Ja	☒ Nein
Streetball:	☐ Ja	☒ Nein
Fitness:	☐ Ja	☒ Nein
Aerobic:	☐ Ja	☒ Nein
Tennis:	☐ Ja	☒ Nein
Billard:	☐ Ja	☒ Nein
Tischfußball:	☐ Ja	☒ Nein

Sonstiges:

D - 25

Name der Anlage: SPORTHALLE DER UNI HILDESHEIM

Anschrift: Marienburger Platz 1

Öffnungszeiten: Sa. 19.00 - 22.00 h, So. 14.30 - 18.30 h

PLZ/Ort: D-31141 Hildesheim
Tel./Fax: Tel.: 0 51 21/13 42 08
Fax: 0 51 21/69 41 87

Eintrittspreise: DM 5,- bis DM 8,-

E-Mail: -
Internet: -

Zufahrt mit öffentl. Verkehrsmitteln möglich:
☒ Ja   ☐ Nein

Ansprechpartner: Andreas Röder

Zufahrt mit dem PKW:
Über A 7 Ausf. „Hildesheim". Am ersten Kreisel 3. Ausf. raus u. dieser Hauptstr. folgen. In Hildesheim der Ausschild. „Uni" folgen

---

Größe/Kletterfläche: 120 m²
Größe/Grundfläche: k.A.
Dachbereich: 25 m²
Boulderbereich: 13 m²
Wandhöhe: 7 m
max. Kletterlänge: 11 m

Schwierigkeiten der Routen: von 4 bis 9
Anzahl der Routen: ca. 20 Stück
Vorstieg möglich: ☒ Ja   ☐ Nein
Toprope-Seile vorhanden: ☒ Ja   ☐ Nein

Hersteller Kletterwand:
Pyramide

Hersteller Griffe:
k.A.

Zugang nur für AV-Mitglieder:
☐ Ja   ☒ Nein

Wandbetreuung vorhanden:
☒ Ja   ☐ Nein

Leihausrüstung:
☐ Ja   ☒ Nein

Übernachtungsmöglichkeiten:
☐ Ja   ☒ Nein

Weitere Angebote:
Kinderkurse: ☐ Ja   ☒ Nein
Anfängerkurse: ☐ Ja   ☒ Nein
Fortgeschrittenenkurse: ☐ Ja   ☒ Nein
Klettershop: ☐ Ja   ☒ Nein
Restaurant od. Bistro: ☐ Ja   ☒ Nein
Sauna: ☐ Ja   ☒ Nein
Dampfbad: ☐ Ja   ☒ Nein
Solarium: ☐ Ja   ☒ Nein
Squash: ☐ Ja   ☒ Nein
Badminton: ☐ Ja   ☒ Nein
Streetball: ☐ Ja   ☒ Nein
Fitness: ☐ Ja   ☒ Nein
Aerobic: ☐ Ja   ☒ Nein
Tennis: ☐ Ja   ☒ Nein
Billard: ☐ Ja   ☒ Nein
Tischfußball: ☐ Ja   ☒ Nein

Sonstiges:
Die Wand wird von der DAV Sektion Hildesheim betreut. Mitglieder erhalten auch Leihmaterial.

D - 2 6

Name der Anlage: SPORT-SCHECK BIELEFELD

Anschrift: Am Jahnplatz 2
PLZ/Ort: D-33602 Bielefeld
Tel./Fax: Tel.: 05 21/9 66 77-0
Fax: 05 21/9 66 77-50
E-Mail: -
Internet: -

Ansprechpartner: Sven Jankowski

Öffnungszeiten: Mo. - Fr. 10.00 - 20.00 h,
Sa. 9.30 - 16.00 h
telef. Anmeldung erforderlich!
Eintrittspreise: kostenlos

Zufahrt mit öffentl. Verkehrsmitteln möglich:
☒ Ja ☐ Nein

Zufahrt mit dem PKW:
In Bielefeld zum Parkhaus Renteistraße, dort parken

Größe/Kletterfläche: 85 m²
Größe/Grundfläche: k.A.
Dachbereich: - m²
Boulderbereich: - m²
Wandhöhe: 23 m
max. Kletterlänge: 35 m

Schwierigkeiten der Routen: von 6 bis 8-
Anzahl der Routen: 2 Stück
Vorstieg möglich: ☐ Ja ☒ Nein
Toprope-Seile vorhanden: ☒ Ja ☐ Nein

Hersteller Kletterwand:
Vertikal

Hersteller Griffe:
keine aufgeschraubten Griffe

Zugang nur für AV-Mitglieder:
☐ Ja ☒ Nein

Wandbetreuung vorhanden:
☒ Ja ☐ Nein

Leihausrüstung:
☒ Ja ☐ Nein

Übernachtungsmöglichkeiten:
☐ Ja ☒ Nein

Weitere Angebote:
Kinderkurse:	☐ Ja	☒ Nein
Anfängerkurse:	☐ Ja	☒ Nein
Fortgeschrittenenkurse:	☐ Ja	☒ Nein
Klettershop:	☒ Ja	☐ Nein
Restaurant od. Bistro:	☐ Ja	☒ Nein
Sauna:	☐ Ja	☒ Nein
Dampfbad:	☐ Ja	☒ Nein
Solarium:	☐ Ja	☒ Nein
Squash:	☐ Ja	☒ Nein
Badminton:	☐ Ja	☒ Nein
Streetball:	☐ Ja	☒ Nein
Fitness:	☐ Ja	☒ Nein
Aerobic:	☐ Ja	☒ Nein
Tennis:	☐ Ja	☒ Nein
Billard:	☐ Ja	☒ Nein
Tischfußball:	☐ Ja	☒ Nein

Sonstiges:
Die Wand wird durch die Kletterschule „Hoch Hinaus" betreut.

D - 27

Name der Anlage: **TRANS-GLOBE**

Anschrift: Trans-Globe GmbH
Marktpassage, Bahnhofstraße 27 a
PLZ/Ort: D-33602 Bielefeld
Tel./Fax: Tel.: 05 21/6 09 82
Fax: 05 21/6 09 86
E-Mail: -
Internet: -

Ansprechpartner: k.A.

Öffnungszeiten: Mo. - Fr. 10.00- 19.00 h,
Sa. 10.00 - 16.00 h

Eintrittspreise: kostenlos

Zufahrt mit öffentl. Verkehrsmitteln möglich:
☒ Ja ☐ Nein

Zufahrt mit dem PKW:
A 2 Ausf. „Bielefeld Zentrum" - B 66 Richt. Zentrum - Marktpassage Bahnhofstr. (Fußgängerzone) - P im Keller Zufahrt Friedensstr.

Größe/Kletterfläche: 80 m²
Größe/Grundfläche: k.A.
Dachbereich: - m²
Boulderbereich: 27 m²
Wandhöhe: 8 m
max. Kletterlänge: 10 m

Schwierigkeiten der Routen: von 3 bis 9-
Anzahl der Routen: 14 Stück
Vorstieg möglich: ☒ Ja ☐ Nein
Toprope-Seile vorhanden: ☒ Ja ☐ Nein

Hersteller Kletterwand:
Reality Wall

Hersteller Griffe:
Reality Wall

Zugang nur für AV-Mitglieder:
☐ Ja ☒ Nein

Wandbetreuung vorhanden:
☒ Ja ☐ Nein

Leihausrüstung:
☒ Ja ☐ Nein

Übernachtungsmöglichkeiten:
☐ Ja ☒ Nein

Weitere Angebote:
Kinderkurse: ☐ Ja ☒ Nein
Anfängerkurse: ☐ Ja ☒ Nein
Fortgeschrittenenkurse: ☐ Ja ☒ Nein
Klettershop: ☒ Ja ☐ Nein
Restaurant od. Bistro: ☒ Ja ☐ Nein
Sauna: ☐ Ja ☒ Nein
Dampfbad: ☐ Ja ☒ Nein
Solarium: ☐ Ja ☒ Nein
Squash: ☐ Ja ☒ Nein
Badminton: ☐ Ja ☒ Nein
Streetball: ☐ Ja ☒ Nein
Fitness: ☐ Ja ☒ Nein
Aerobic: ☐ Ja ☒ Nein
Tennis: ☐ Ja ☒ Nein
Billard: ☐ Ja ☒ Nein
Tischfußball: ☐ Ja ☒ Nein

Sonstiges:

Maximale Sicherheit mit MSE-Sicherungen auch beim Indoorklettern

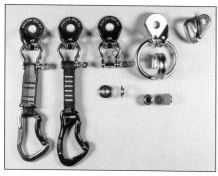

Durch den in einen Doppelösenbeschlag eingehängten Rundschäkel mit Fixer Expreßschlinge ist jetzt eine optimal fürs Hallenklettern geeignete Absturzsicherung erhältlich. Durch die spezielle Konstruktion mit Führung an zwei Aufhängepunkten und durch den nichtrostenden Stahl (A4) ist eine lange Lebensdauer ohne Abscheuern des eingehängten Teiles gewährleistet. Der Schäkelbolzen ist mittels Sicherungsring gegen Selbstauslösen gesichert. Die Haken sind normgeprüft, die Expreßschlingen und die Karabiner (im Lieferprogramm DMM) haben das CE-Zeichen.

Für Umlenkungen gibt es einen Abseilhaken, bei dem das Seil leicht einzuhängen ist, der Ring kann auch als Ringhaken dienen. Zum selbständigen Einklinken von Karabinern ist eine groß dimensionierte Hakenöse für Zwischensicherungen mit geprägter Innenkontur lieferbar.

Befestigung: Die Hakenöse wird mit Schrauben M10 montiert, die Beschläge mit den Doppelösen können wahlweise mit Schrauben in Verbindung mit einer Ansatzscheibe M10, oder an Gewinden M12 mit einer speziellen Bundmutter befestigt werden.

Bezug bei:
MSE (Mountain Safety Equipment), Werner Lang, Postfach 1345, D-83661 Lenggries, Telefon 08042/4535, Fax 08042/4577

Kletterwände · Klettergriffe · Kletterstrukturen · Kletterwandbeschichtung

KLETTERWÄNDE IN PERFEKTION
MOBILE KLETTERFELSEN MIT TÜV
KOMPLETTLÖSUNGEN FÜR ALLE
BEREICHE

Artificial

Climbing

ACS & Partner GbR
Vereinstr. 10, D 45468 Mülheim an der Ruhr
Tel. 0049 (0) 208 412300
Fax 0049 (0) 208 412301
www.acsclimbing.de
e mail acs.climbing@cityweb.de

Structures

D - 28

Name der Anlage: EURO EDDY'S FAMILY FUN CENTER

Anschrift: Apfelstr. 8

PLZ/Ort: D-33613 Bielefeld
Tel./Fax: Tel.: 05 21/8 94 95 90
Fax: 05 21/8 94 95 91
E-Mail: -
Internet: -

Ansprechpartner: C. Reinhardt

Öffnungszeiten: tgl. 10.00 - 20.00 h

Eintrittspreise: DM 9,- bis DM 12,-

Zufahrt mit öffentl. Verkehrsmitteln möglich:
☒ Ja ☐ Nein

Zufahrt mit dem PKW:
Bielefeld - Schildesche - Jöllenbeckerstr./Ecke Apfelstr., P Nordpark Center

---

Größe/Kletterfläche: 70 m²
Größe/Grundfläche: k.A.
Dachbereich: 4 m²
Boulderbereich: 8 m²
Wandhöhe: 8,5 m
max. Kletterlänge: 15 m

Schwierigkeiten der Routen: von 3 bis 8
Anzahl der Routen: 18 Stück
Vorstieg möglich: ☒ Ja ☐ Nein
Toprope-Seile vorhanden: ☒ Ja ☐ Nein

Hersteller Kletterwand:
T-Wall

Hersteller Griffe:
T-Wall

Zugang nur für AV-Mitglieder:
☐ Ja ☒ Nein

Wandbetreuung vorhanden:
☒ Ja ☐ Nein

Leihausrüstung:
☒ Ja ☐ Nein

Übernachtungsmöglichkeiten:
☐ Ja ☒ Nein

Weitere Angebote:
Kinderkurse: ☒ Ja ☐ Nein
Anfängerkurse: ☒ Ja ☐ Nein
Fortgeschrittenenkurse: ☒ Ja ☐ Nein
Klettershop: ☐ Ja ☒ Nein
Restaurant od. Bistro: ☒ Ja ☐ Nein
Sauna: ☐ Ja ☒ Nein
Dampfbad: ☐ Ja ☒ Nein
Solarium: ☒ Ja ☐ Nein
Squash: ☐ Ja ☒ Nein
Badminton: ☐ Ja ☒ Nein
Streetball: ☐ Ja ☒ Nein
Fitness: ☐ Ja ☒ Nein
Aerobic: ☐ Ja ☒ Nein
Tennis: ☐ Ja ☒ Nein
Billard: ☐ Ja ☒ Nein
Tischfußball: ☐ Ja ☒ Nein

Sonstiges:
Kinderspielanlage, Kinderbetreuung

Jetzt den kostenlosen Prospekt anfordern! Unter: 0521/32 10 22

Alles von Anfang an...

Kletteranlagen (Mobil & Stationär) · Kletterkonzeption · Klettermaterial
Sportkletterkurse · Kletterreisen · Rope-Course-Seminare · Indoorklettern

HOCH HINAUS
Kletterschule Bielefeld

Feuerholz 7 · 33611 Bielefeld · Fon/Fax: 0521/32 10 22 · Mobil: 0177/2 66 04 54 · e-mail: HochHinaus@gmx.de

D - 29

Name der Anlage: SPORT- U. FITNESSCENTER SONNENSCHEIN

Anschrift: Stadionstraße

PLZ/Ort: D-35683 Dillenburg
Tel./Fax: Tel.: 0 27 71/4 20 42
Fax: 0 27 75/9 50 94
E-Mail: -
Internet: -

Ansprechpartner: Mitarbeiter des Fitnesscenters

Öffnungszeiten: Mo. - Mi., Fr. 9.00 - 22.00 h,
Do. 17.00 - 22.00 h, Sa. 13.00 - 17.00 h,
So. 10.00 - 17.00 h
Eintrittspreise: DM 18,-

Zufahrt mit öffentl. Verkehrsmitteln möglich:
☒ Ja ☐ Nein

Zufahrt mit dem PKW:
A 45 Ausf. „Dillenburg"; erste Ampel re. Richt. Stadion

Größe/Kletterfläche: 130 m²
Größe/Grundfläche: - m²
Dachbereich: 20 m²
Boulderbereich: 40 m²
Wandhöhe: 10 m
max. Kletterlänge: 15 m

Schwierigkeiten der Routen: von 4 bis 9
Anzahl der Routen: ca. 25 Stück
Vorstieg möglich: ☐ Ja ☒ Nein
Toprope-Seile vorhanden: ☒ Ja ☐ Nein

Hersteller Kletterwand:
Reality Wall + Eigenbau

Hersteller Griffe:
Reality Wall

Zugang nur für AV-Mitglieder:
☐ Ja ☒ Nein

Wandbetreuung vorhanden:
☐ Ja ☒ Nein

Leihausrüstung:
☐ Ja ☒ Nein

Übernachtungsmöglichkeiten:
☐ Ja ☒ Nein

Weitere Angebote:
Kinderkurse:	☐ Ja	☒ Nein
Anfängerkurse:	☐ Ja	☒ Nein
Fortgeschrittenenkurse:	☐ Ja	☒ Nein
Klettershop:	☐ Ja	☒ Nein
Restaurant od. Bistro:	☒ Ja	☐ Nein
Sauna:	☒ Ja	☐ Nein
Dampfbad:	☐ Ja	☒ Nein
Solarium:	☒ Ja	☐ Nein
Squash:	☒ Ja	☐ Nein
Badminton:	☒ Ja	☐ Nein
Streetball:	☐ Ja	☒ Nein
Fitness:	☒ Ja	☐ Nein
Aerobic:	☒ Ja	☐ Nein
Tennis:	☒ Ja	☐ Nein
Billard:	☐ Ja	☒ Nein
Tischfußball:	☐ Ja	☒ Nein

Sonstiges:

D - 30

Name der Anlage: BERGSPORTSCHULE RÖHN

Anschrift: Georgstraße 23

PLZ/Ort: D-36163 Poppenhausen
Tel./Fax: 06 61/4 82 30

E-Mail: -
Internet: -

Ansprechpartner: Ursula Griebel

Öffnungszeiten: 1. Nov. bis 31. März:
Do. 18.00 - 22.00 h, So. 11.00 - 17.00 h

Eintrittspreise: DM 12,-

Zufahrt mit öffentl. Verkehrsmitteln möglich:
☒ Ja   ☐ Nein

Zufahrt mit dem PKW:
A 7 Ausf. „Fulda-Süd" - über Welkers, Lütter, Weyhers nach Poppenhausen

---

Größe/Kletterfläche: 200 m²
Größe/Grundfläche: k.A.
Dachbereich: 10 m²
Boulderbereich: 40 m²
Wandhöhe: 10 m
max. Kletterlänge: 15 m

Schwierigkeiten der Routen: von 3   bis 8
Anzahl der Routen: 23 Stück
Vorstieg möglich: ☒ Ja   ☐ Nein
Toprope-Seile vorhanden: ☒ Ja   ☐ Nein

Hersteller Kletterwand:
k. A.

Hersteller Griffe:
Tec-Roc, Bendcrete, Entre Prises

Zugang nur für AV-Mitglieder:
☐ Ja   ☒ Nein

Wandbetreuung vorhanden:
☒ Ja   ☐ Nein

Leihausrüstung:
☒ Ja   ☐ Nein

Übernachtungsmöglichkeiten:
☐ Ja   ☒ Nein

Weitere Angebote:
Kinderkurse:	☒ Ja	☐ Nein
Anfängerkurse:	☒ Ja	☐ Nein
Fortgeschrittenenkurse:	☒ Ja	☐ Nein
Klettershop:	☒ Ja	☐ Nein
Restaurant od. Bistro:	☐ Ja	☒ Nein
Sauna:	☐ Ja	☒ Nein
Dampfbad:	☐ Ja	☒ Nein
Solarium:	☐ Ja	☒ Nein
Squash:	☐ Ja	☒ Nein
Badminton:	☐ Ja	☒ Nein
Streetball:	☐ Ja	☒ Nein
Fitness:	☒ Ja	☐ Nein
Aerobic:	☐ Ja	☒ Nein
Tennis:	☐ Ja	☒ Nein
Billard:	☐ Ja	☒ Nein
Tischfußball:	☐ Ja	☒ Nein

Sonstiges:

D - 31

Name der Anlage: **FAMILY-FITNESS**

Anschrift: Bornemannweg 8

PLZ/Ort: D-37213 Witzenhausen
Tel./Fax: Tel.: 0 55 42/91 07 00
Fax: 0 55 42/91 07 02
E-Mail: -
Internet: -

Ansprechpartner: Jennifer und Peter Dimmer

Öffnungszeiten: auf telef. Anfrage

Eintrittspreise: DM 18,- (DM 9,-)

Zufahrt mit öffentl. Verkehrsmitteln möglich:
☒ Ja   ☐ Nein

Zufahrt mit dem PKW:
Aus Kassel: Ausf. „Hann. Münden/Witzenhausen", Stadtmitte v. Witzenhausen, Sparkasse, Delta Markt.
Aus Göttingen: B 27/Stadtmitte

Größe/Kletterfläche: 200 m²
Größe/Grundfläche: k.A.
Dachbereich: 9 m²
Boulderbereich: ca. 50 m²
Wandhöhe: 12,5 m
max. Kletterlänge: 16 m

Schwierigkeiten der Routen: von 3 bis 9
Anzahl der Routen: 18 Stück
Vorstieg möglich: ☒ Ja   ☐ Nein
Toprope-Seile vorhanden: ☒ Ja   ☐ Nein

Hersteller Kletterwand:
Reality Wall

Hersteller Griffe:
Reality Wall

Zugang nur für AV-Mitglieder:
☐ Ja   ☒ Nein

Wandbetreuung vorhanden:
☒ Ja   ☐ Nein

Leihausrüstung:
☒ Ja   ☐ Nein

Übernachtungsmöglichkeiten:
☐ Ja   ☒ Nein

Weitere Angebote:
Kinderkurse:	☒ Ja	☐ Nein
Anfängerkurse:	☒ Ja	☐ Nein
Fortgeschrittenenkurse:	☒ Ja	☐ Nein
Klettershop:	☒ Ja	☐ Nein
Restaurant od. Bistro:	☒ Ja	☐ Nein
Sauna:	☒ Ja	☐ Nein
Dampfbad:	☐ Ja	☒ Nein
Solarium:	☒ Ja	☐ Nein
Squash:	☐ Ja	☒ Nein
Badminton:	☐ Ja	☒ Nein
Streetball:	☐ Ja	☒ Nein
Fitness:	☒ Ja	☐ Nein
Aerobic:	☒ Ja	☐ Nein
Tennis:	☐ Ja	☒ Nein
Billard:	☐ Ja	☒ Nein
Tischfußball:	☐ Ja	☒ Nein

Sonstiges:
Kinderspielecke, Kindergeburtstage, Kampfsportarten

D - 3 2

Name der Anlage: APAO FITNESS UND FREIZEITLAND

Anschrift:	Alte Northeimer Straße 7a	**Öffnungszeiten:**	Mo. - Fr. 9.00 - 12.00 h u. 14.00 - 21.30 h
			Sa. 14.00 - 19.00 h, So. 10.00 - 14.00 h
PLZ/Ort:	D-37520 Osterode		
Tel./Fax:	Tel.: 0 55 22/7 20 85	**Eintrittspreise:**	DM 15,-
	Fax: 0 55 22/7 20 82		
E-Mail:	-	**Zufahrt mit öffentl. Verkehrsmitteln möglich:**	
Internet:	-	☒ Ja ☐ Nein	
Ansprech-		**Zufahrt mit dem PKW:**	
partner:	Herr Bienert	A 7 Ausf. „Seesen" - Richt. Osterode (Ausf. Stadtmitte)	

Größe/Kletterfläche: 188 m²
Größe/Grundfläche: k.A.
Dachbereich: 18 m²
Boulderbereich: - m²
Wandhöhe: 12 m
max. Kletterlänge: 20 m

Schwierigkeiten der Routen: von 4 bis 9+
Anzahl der Routen: 12 Stück
Vorstieg möglich: ☒ Ja   ☐ Nein
Toprope-Seile vorhanden: ☒ Ja   ☐ Nein

Hersteller Kletterwand:
Reality Wall

Hersteller Griffe:
Reality Wall

Zugang nur für AV-Mitglieder:
☐ Ja   ☒ Nein

Wandbetreuung vorhanden:
☒ Ja   ☐ Nein

Leihausrüstung:
☒ Ja   ☐ Nein

Übernachtungsmöglichkeiten:
☒ Ja   ☐ Nein

Weitere Angebote:

Kinderkurse:	☐ Ja	☒ Nein
Anfängerkurse:	☒ Ja	☐ Nein
Fortgeschrittenenkurse:	☐ Ja	☒ Nein
Klettershop:	☐ Ja	☒ Nein
Restaurant od. Bistro:	☒ Ja	☐ Nein
Sauna:	☒ Ja	☐ Nein
Dampfbad:	☐ Ja	☒ Nein
Solarium:	☒ Ja	☐ Nein
Squash:	☒ Ja	☐ Nein
Badminton:	☐ Ja	☒ Nein
Streetball:	☐ Ja	☒ Nein
Fitness:	☒ Ja	☐ Nein
Aerobic:	☒ Ja	☐ Nein
Tennis:	☐ Ja	☒ Nein
Billard:	☐ Ja	☒ Nein
Tischfußball:	☐ Ja	☒ Nein

Sonstiges:

MASTERGRIP
Kletterwandsysteme

- Beratung
- ▸ Planung
- Montage
- ▸ Vermietung
- Wartung

Hartwigsen Freizeitanlagen GmbH
Ulmenstraße 19, 71069 Sindelfingen
Tel. 0 70 31/38 10 89, Fax 38 76 67

- Trainingsboards
- Griffe & Tritte
- Systemtraining
- Strukturen
- Kletterwände

Katalog bestellen!

Thomas Meier
Hofmark1 • D - 92224 Amberg
Tel./ Fax: ++49 (0)9621 - 42580

www.tds-climbingsystems.de

D-33

Name der Anlage: BUGAGELÄNDE MAGDEBURG

Anschrift: Tessenow Str.

PLZ/Ort: D-39114 Magdeburg
Tel./Fax: k.A.

E-Mail: -
Internet: -

Ansprech- Herr Gliwa
partner: (Tel.: 03 91/5 41 15 86)

Öffnungszeiten: tgl. 10.00 - 19.00 h

Eintrittspreise: k.A.

Zufahrt mit öffentl. Verkehrsmitteln möglich:
☒ Ja ☐ Nein

Zufahrt mit dem PKW:
A2 Abfahrt „Burg-Süd"; auf B1 bis Magdeburg, dann Buga-Parkplatz

---

Größe/Kletterfläche: 730 m²
Größe/Grundfläche: k.A.
Dachbereich: k.A.
Boulderbereich: 40 m²
Wandhöhe: 25 m
max. Kletterlänge: 25 m

Schwierigkeiten der Routen: k.A.
Anzahl der Routen: k.A.
Vorstieg möglich: ☒ Ja ☐ Nein
Toprope-Seile vorhanden: k.A.

Hersteller Kletterwand:
Brand & Schluttig

Hersteller Griffe:
Volx

Zugang nur für AV-Mitglieder:
☐ Ja ☒ Nein

Wandbetreuung vorhanden:
☒ Ja ☐ Nein

Leihausrüstung:
☒ Ja ☐ Nein

Übernachtungsmöglichkeiten:
☐ Ja ☒ Nein

Weitere Angebote:
Kinderkurse:	☐ Ja	☒ Nein
Anfängerkurse:	☐ Ja	☒ Nein
Fortgeschrittenenkurse:	☐ Ja	☒ Nein
Klettershop:	☐ Ja	☒ Nein
Restaurant od. Bistro:	☒ Ja	☐ Nein
Sauna:	☐ Ja	☒ Nein
Dampfbad:	☐ Ja	☒ Nein
Solarium:	☐ Ja	☒ Nein
Squash:	☐ Ja	☒ Nein
Badminton:	☐ Ja	☒ Nein
Streetball:	☐ Ja	☒ Nein
Fitness:	☐ Ja	☒ Nein
Aerobic:	☐ Ja	☒ Nein
Tennis:	☐ Ja	☒ Nein
Billard:	☐ Ja	☒ Nein
Tischfußball:	☐ Ja	☒ Nein

Sonstiges:
Rollerskate mit großer Halfpipe

D - 3 4

Name der Anlage: COSMO SPORTS

Anschrift: Diepenstraße 83

PLZ/Ort: D-40625 Düsseldorf
Tel./Fax: Tel.: 02 11/29 93 62

E-Mail: christoph@climbing-de
Internet: -

**Ansprech-
partner:** Daniel Reack

Öffnungszeiten: Mo. - Fr. 10.00 - 22.00 h,
Sa., So. 10.00 - 20.00 h

Eintrittspreise: DM 15,- (DM 12,-)

Zufahrt mit öffentl. Verkehrsmitteln möglich:
☒ Ja   ☐ Nein

Zufahrt mit dem PKW:
A 3, A 52 Richt. Düsseldorf - am Mörsenbroicher Eck Richt. Düsseldorf-Grafenberg (immer geradeaus) - dann Richt. D-Unterbach - nach ca. 800 m bei Bushaltesstelle Josef-Neuburger-Str. re. auf P COSMO Sports

---

Größe/Kletterfläche: 270 m²
Größe/Grundfläche: 250 m²
Dachbereich: 30 m²
Boulderbereich: 25 m²
Wandhöhe: 9 m
max. Kletterlänge: 20 m

Schwierigkeiten der Routen: von 2 bis 10
Anzahl der Routen: 36 Stück
Vorstieg möglich: ☒ Ja   ☐ Nein
Toprope-Seile vorhanden: ☒ Ja   ☐ Nein

Hersteller Kletterwand:
Entre Prises

Hersteller Griffe:
Entre Prises, Condring, Stoneware

Zugang nur für AV-Mitglieder:
☐ Ja   ☒ Nein

Wandbetreuung vorhanden:
☒ Ja   ☐ Nein

Leihausrüstung:
☒ Ja   ☐ Nein

Übernachtungsmöglichkeiten:
☐ Ja   ☒ Nein

Weitere Angebote:
Kinderkurse:	☒ Ja	☐ Nein
Anfängerkurse:	☒ Ja	☐ Nein
Fortgeschrittenenkurse:	☒ Ja	☐ Nein
Klettershop:	☒ Ja	☐ Nein
Restaurant od. Bistro:	☒ Ja	☐ Nein
Sauna:	☒ Ja	☐ Nein
Dampfbad:	☐ Ja	☒ Nein
Solarium:	☒ Ja	☐ Nein
Squash:	☒ Ja	☐ Nein
Badminton:	☒ Ja	☐ Nein
Streetball:	☐ Ja	☒ Nein
Fitness:	☒ Ja	☐ Nein
Aerobic:	☒ Ja	☐ Nein
Tennis:	☒ Ja	☐ Nein
Billard:	☐ Ja	☒ Nein
Tischfußball:	☐ Ja	☒ Nein

Sonstiges:
gute Bouldermöglichkeiten, Campusboard

D - 3 5

Name der Anlage: SPORTPARK WEST „THE WALL"

Anschrift: SMW Sportpark West GmbH
Rönneter 1 c
PLZ/Ort: D-41068 Mönchengladbach
Tel./Fax: Tel.: 0 21 61/3 53 97-21
Fax: 0 21 61/3 53 97-23
E-Mail: Info@sportpark-west.de
Internet: www.sportpark-west.de

Ansprechpartner: Jutta Stegers

Öffnungszeiten: Mo. - Fr. 8.00 - 23.00 h,
Sa., So. 8.00 - 24.00 h

Eintrittspreise: DM 8,- bis DM 23,-

Zufahrt mit öffentl. Verkehrsmitteln möglich:
☒ Ja ☐ Nein

Zufahrt mit dem PKW:
Von Mönchengladbach Hauptbahnhof Richt. Rheydt - hinter AOK re. ab - geradeaus Waldnieler Str. Richt. MG-Hardt - 200 m hinter Tankstelle (Aral) li. - Monschauer Str. - hinter Autohaus Ford re.

Größe/Kletterfläche: 300 m²
Größe/Grundfläche: k.A.
Dachbereich: 46 m²
Boulderbereich: - m²
Wandhöhe: 15 m
max. Kletterlänge: 23 m

Schwierigkeiten der Routen: von 3 bis 10
Anzahl der Routen: 40 Stück
Vorstieg möglich: ☒ Ja ☐ Nein
Toprope-Seile vorhanden: ☒ Ja ☐ Nein

Hersteller Kletterwand:
Pierre D'haenens, Aid air

Hersteller Griffe:
Pierre D'haenens, Aid air

Zugang nur für AV-Mitglieder:
☐ Ja ☒ Nein

Wandbetreuung vorhanden:
☒ Ja ☐ Nein

Leihausrüstung:
☒ Ja ☐ Nein

Übernachtungsmöglichkeiten:
☐ Ja ☒ Nein

Weitere Angebote:
Kinderkurse:	☒ Ja	☐ Nein
Anfängerkurse:	☒ Ja	☐ Nein
Fortgeschrittenenkurse:	☒ Ja	☐ Nein
Klettershop:	☒ Ja	☐ Nein
Restaurant od. Bistro:	☒ Ja	☐ Nein
Sauna:	☒ Ja	☐ Nein
Dampfbad:	☐ Ja	☒ Nein
Solarium:	☐ Ja	☒ Nein
Squash:	☒ Ja	☐ Nein
Badminton:	☒ Ja	☐ Nein
Streetball:	☐ Ja	☒ Nein
Fitness:	☐ Ja	☒ Nein
Aerobic:	☐ Ja	☒ Nein
Tennis:	☒ Ja	☐ Nein
Billard:	☐ Ja	☒ Nein
Tischfußball:	☐ Ja	☒ Nein

Sonstiges:
geniale Kletterkneipe (Almhütte), Inline-Hockey, Beach-Volleyball, Beachsoccer, Beach-Handball

D - 36

Name der Anlage: DAV-KLETTERWAND WUPPERTAL

Anschrift: Müngstenerstr. 35
Bereitschaftspolizei Kaserne
PLZ/Ort: D-42285 Wuppertal
Tel./Fax: Tel.: 02 02/30 33 99

E-Mail: -
Internet: -

Ansprechpartner: DAV-Sektion Wuppertal

Öffnungszeiten: Mi., Do. 18.00 - 21.30 h (sonst auf Anfrage)

Eintrittspreise: DM 2,- bis DM 7,-

Zufahrt mit öffentl. Verkehrsmitteln möglich:
☒ Ja   ☐ Nein

Zufahrt mit dem PKW:
A 46 Richt. Wuppertal - Ausf. „Wupp.-Ronsdorf"- Richt. Ronsdorf - weiter der Aussch. „Bereitschaftspolizei folgen"

Größe/Kletterfläche: 100 m²
Größe/Grundfläche: k.A.
Dachbereich: 16 m²
Boulderbereich: 20 m²
Wandhöhe: 8,5 m
max. Kletterlänge: 9 m

Schwierigkeiten der Routen: von 3   bis 8
Anzahl der Routen: 20 Stück
Vorstieg möglich: ☒ Ja   ☐ Nein
Toprope-Seile vorhanden: ☒ Ja   ☐ Nein

Hersteller Kletterwand:
Pyramide

Hersteller Griffe:
Pyramide, Entre Prises, Stoneware

Zugang nur für AV-Mitglieder:
☐ Ja   ☒ Nein

Wandbetreuung vorhanden:
☒ Ja   ☐ Nein

Leihausrüstung:
☒ Ja   ☐ Nein

Übernachtungsmöglichkeiten:
☐ Ja   ☒ Nein

Weitere Angebote:
Kinderkurse:	☒ Ja	☐ Nein
Anfängerkurse:	☒ Ja	☐ Nein
Fortgeschrittenenkurse:	☒ Ja	☐ Nein
Klettershop:	☐ Ja	☒ Nein
Restaurant od. Bistro:	☐ Ja	☒ Nein
Sauna:	☐ Ja	☒ Nein
Dampfbad:	☐ Ja	☒ Nein
Solarium:	☐ Ja	☒ Nein
Squash:	☐ Ja	☒ Nein
Badminton:	☐ Ja	☒ Nein
Streetball:	☐ Ja	☒ Nein
Fitness:	☐ Ja	☒ Nein
Aerobic:	☐ Ja	☒ Nein
Tennis:	☐ Ja	☒ Nein
Billard:	☐ Ja	☒ Nein
Tischfußball:	☐ Ja	☒ Nein

Sonstiges:

Absolute Climbing

FROG
Die Revolution am Karabinermarkt!

- Doppelt abgesicherter Kontaktverschluß
- Automatisch auslösendes Schließsystem
- Kraftsparend und ergonomisch

INDOOR-EXPRESS-SET

- Express-Schlingen-Set aus INOX-Stahl/Aluminium
- Schraubglied verhindert ungewolltes Entfernen
- leichtes „Klinken"
- kein Verschleiß

KHILI 10,5 mm

- Speziell für das Top-Rope-Klettern
- Ca. 25% massivere Mantelstruktur
- Verringerter Abrieb, lange Lebensdauer

GRIFFE

roca

www.kong.de

KONG
THE QUALITY CLIMBING EQUIPMENT

KONG Deutschland GmbH · 85551 Kirchheim

► **Nur im Fachhandel!**

www.artpool.de

D - 3 7

Name der Anlage: KLETTER-MAX

Anschrift: Hermannstraße 75

PLZ/Ort: D-44263 Dortmund
Tel./Fax: Tel.: 02 31/4 27 02 57
Fax: 02 31/4 27 02 58
E-Mail: info@kletter-max.de
Internet: http://www.kletter-max.de

Ansprechpartner: Christiane und Michael Vorwerg

Öffnungszeiten: tgl. 10.00 - 23.00 h

Eintrittspreise: DM 10,- bis DM 22,-

Zufahrt mit öffentl. Verkehrsmitteln möglich:
☒ Ja ☐ Nein

Zufahrt mit dem PKW:
B 1 Ausf. „Dortmund-Hörde" - Märkische Str. oder Semmerteichstr. (entsp. d. Fahrtricht.) bis Faßstr. - P im P-Haus Hoesch

---

Größe/Kletterfläche: 650 m^2
Größe/Grundfläche: k.A.
Dachbereich: 35 m^2
Boulderbereich: 40 m^2
Wandhöhe: 18 m
max. Kletterlänge: 22 m

Schwierigkeiten der Routen: von 2 bis 10
Anzahl der Routen: 82 Stück
Vorstieg möglich: ☒ Ja ☐ Nein
Toprope-Seile vorhanden: ☒ Ja ☐ Nein

Hersteller Kletterwand:
Kit Grimpe

Hersteller Griffe:
verschiedene

Zugang nur für AV-Mitglieder:
☐ Ja ☒ Nein

Wandbetreuung vorhanden:
☒ Ja ☐ Nein

Leihausrüstung:
☒ Ja ☐ Nein

Übernachtungsmöglichkeiten:
☒ Ja ☐ Nein

Weitere Angebote:
Kinderkurse: ☒ Ja ☐ Nein
Anfängerkurse: ☒ Ja ☐ Nein
Fortgeschrittenenkurse: ☒ Ja ☐ Nein
Klettershop: ☒ Ja ☐ Nein
Restaurant od. Bistro: ☒ Ja ☐ Nein
Sauna: ☐ Ja ☒ Nein
Dampfbad: ☐ Ja ☒ Nein
Solarium: ☐ Ja ☒ Nein
Squash: ☐ Ja ☒ Nein
Badminton: ☐ Ja ☒ Nein
Streetball: ☐ Ja ☒ Nein
Fitness: ☐ Ja ☒ Nein
Aerobic: ☐ Ja ☒ Nein
Tennis: ☐ Ja ☒ Nein
Billard: ☐ Ja ☒ Nein
Tischfußball: ☐ Ja ☒ Nein

Sonstiges:
hydr. verstellbare Kletterwand, 2 Außenklettertürme, Abenteuerklettersteig, Hochseilgarten, Hochseilbahn, Kletterturmverleih, Kletter- und Erlebnispark im Außenbereich, Seminarraum, Behinderten-Kletterwand, Behinderten-WC und Dusche, Biergarten

Bistro mitten in der Halle

Boulderbereich

bekletterbarer Außenbereich mit kleinem (6m) und großem (18m) Turm

18m Strukturwand

Schulungs- und Boulderbereich

D - 38

Name der Anlage: ARS VIVENDI

Anschrift: Im Siesack 102
PLZ/Ort: D-44359 Dortmund
Tel./Fax: Tel.: 02 31/93 30 93 30
Fax: 02 31/93 30 93 40
E-Mail: -
Internet: -

Ansprechpartner: Jürgen Peters, Maximilian Herrmann

Öffnungszeiten: Mo., Fr. 9.00 - 22.00 h; Di., Mi., Do. 8.30 - 23.00 h; Sa. 9.30 - 21.00 h; So. 9.00 - 22.00 h
Eintrittspreise: DM 10,- bis DM 11,-

Zufahrt mit öffentl. Verkehrsmitteln möglich:
☒ Ja   ☐ Nein

Zufahrt mit dem PKW:
Von Frankfurt A 45 bis A-Kreuz Dortmund Nordwest - A 2 Richt. Hannover - Ausf. „Do-Mengede" - 1. Ampel li. - 2. Ampel re. - 1. Vorfahrtsstr. re. - 2. Vorfahrtsstr. li.

Größe/Kletterfläche:	450 m²
Größe/Grundfläche:	k.A.
Dachbereich:	- m²
Boulderbereich:	30 m²
Wandhöhe:	9 m
max. Kletterlänge:	14 m

Schwierigkeiten der Routen: von 2+ bis 9
Anzahl der Routen: 60 Stück
Vorstieg möglich: ☐ Ja ☒ Nein
Toprope-Seile vorhanden: ☒ Ja ☐ Nein

Hersteller Kletterwand:
Hans Nathan

Hersteller Griffe:
verschiedene

Zugang nur für AV-Mitglieder:
☐ Ja   ☒ Nein

Wandbetreuung vorhanden:
☒ Ja   ☐ Nein

Leihausrüstung:
☒ Ja   ☐ Nein

Übernachtungsmöglichkeiten:
☐ Ja   ☒ Nein

Weitere Angebote:
Kinderkurse:	☒ Ja	☐ Nein
Anfängerkurse:	☐ Ja	☒ Nein
Fortgeschrittenenkurse:	☐ Ja	☒ Nein
Klettershop:	☒ Ja	☐ Nein
Restaurant od. Bistro:	☒ Ja	☐ Nein
Sauna:	☒ Ja	☐ Nein
Dampfbad:	☒ Ja	☐ Nein
Solarium:	☒ Ja	☐ Nein
Squash:	☐ Ja	☒ Nein
Badminton:	☒ Ja	☐ Nein
Streetball:	☐ Ja	☒ Nein
Fitness:	☒ Ja	☐ Nein
Aerobic:	☒ Ja	☐ Nein
Tennis:	☐ Ja	☒ Nein
Billard:	☐ Ja	☒ Nein
Tischfußball:	☐ Ja	☒ Nein

Sonstiges:
Inlineskating, Pump, Herz-Kreislauf-Training

bis ans Ende der Welt

tour pur

Fachgeschäft für Fernwehbedarf

unsere Erfahrungen bestimmen unser Sortiment,
zu finden in Dortmund, gegenüber dem Fina Parkhaus,
Kuckelke 20   44135 Dortmund
Telefon 0231 553857 Telefax 0231 522828

D-39

Name der Anlage: KLETTERPÜTT (in der Zeche Helene)

Anschrift: Sport- und Gesundheitszentrum
Twentmannstr. 125
PLZ/Ort: D-45326 Essen
Tel./Fax: Tel.: 02 01/38 15 62

E-Mail: -
Internet: -

Ansprechpartner: Silke Wolf

Öffnungszeiten: tgl. von 10.00 - 22.45 h

Eintrittspreise: DM 10,- bis DM 19,- (DM 4,- bis DM 16,-)

Zufahrt mit öffentl. Verkehrsmitteln möglich:
☒ Ja ☐ Nein

Zufahrt mit dem PKW:
k.A.

Größe/Kletterfläche: 590 m²
Größe/Grundfläche: 180 m²
Dachbereich: 120 m²
Boulderbereich: 60 m²
Wandhöhe: 13 m
max. Kletterlänge: 16 m

Schwierigkeiten der Routen: von 2 bis 9
Anzahl der Routen: 90 Stück
Vorstieg möglich: ☒ Ja ☐ Nein
Toprope-Seile vorhanden: ☒ Ja ☐ Nein

Hersteller Kletterwand:
k.A.

Hersteller Griffe:
k.A.

Zugang nur für AV-Mitglieder:
☐ Ja ☒ Nein

Wandbetreuung vorhanden:
☒ Ja ☐ Nein

Leihausrüstung:
☒ Ja ☐ Nein

Übernachtungsmöglichkeiten:
☐ Ja ☒ Nein

Weitere Angebote:
Kinderkurse:	☒ Ja	☐ Nein
Anfängerkurse:	☒ Ja	☐ Nein
Fortgeschrittenenkurse:	☒ Ja	☐ Nein
Klettershop:	☐ Ja	☒ Nein
Restaurant od. Bistro:	☒ Ja	☐ Nein
Sauna:	☒ Ja	☐ Nein
Dampfbad:	☐ Ja	☒ Nein
Solarium:	☒ Ja	☐ Nein
Squash:	☐ Ja	☒ Nein
Badminton:	☒ Ja	☐ Nein
Streetball:	☐ Ja	☒ Nein
Fitness:	☒ Ja	☐ Nein
Aerobic:	☒ Ja	☐ Nein
Tennis:	☐ Ja	☒ Nein
Billard:	☐ Ja	☒ Nein
Tischfußball:	☐ Ja	☒ Nein

Sonstiges:

D - 40

Name der Anlage: KLETTERANLAGE NORDSTERN (Außenanlage)

Anschrift: Nordsternstraße

Öffnungszeiten: auf telef. Anfrage

PLZ/Ort: D-45899 Gelsenkirchen-Horst
Tel./Fax: Tel.: 02 09/51 82 04

Eintrittspreise: DM 15,- (DM 7,- ; DM 10,-)

E-Mail: -
Internet: www.alpenverein-gelsenkirchen.de

Zufahrt mit öffentl. Verkehrsmitteln möglich:
☒ Ja ☐ Nein

Ansprechpartner: Olaf Basilowski

Zufahrt mit dem PKW:
A 42 Abf. „GE-Heßler", Richt. Horst, li. ab auf Grothusstr. versch. Parkmöglichkeiten

---

Größe/Kletterfläche: 1070 m²
Größe/Grundfläche: 200 m²
Dachbereich: - m²
Boulderbereich: - m²
Wandhöhe: 16 m
max. Kletterlänge: 21 m

Schwierigkeiten der Routen: von 3 bis 8
Anzahl der Routen: 80 Stück
Vorstieg möglich: ☒ Ja ☐ Nein
Toprope-Seile vorhanden: ☐ Ja ☒ Nein

Hersteller Kletterwand:
k.A.

Hersteller Griffe:
Vertikal

Zugang nur für AV-Mitglieder:
☐ Ja ☒ Nein

Wandbetreuung vorhanden:
☐ Ja ☒ Nein

Leihausrüstung:
☐ Ja ☒ Nein

Übernachtungsmöglichkeiten:
☐ Ja ☒ Nein

Weitere Angebote:
Kinderkurse: ☒ Ja ☐ Nein
Anfängerkurse: ☒ Ja ☐ Nein
Fortgeschrittenenkurse: ☒ Ja ☐ Nein
Klettershop: ☐ Ja ☒ Nein
Restaurant od. Bistro: ☐ Ja ☒ Nein
Sauna: ☐ Ja ☒ Nein
Dampfbad: ☐ Ja ☒ Nein
Solarium: ☐ Ja ☒ Nein
Squash: ☐ Ja ☒ Nein
Badminton: ☐ Ja ☒ Nein
Streetball: ☐ Ja ☒ Nein
Fitness: ☐ Ja ☒ Nein
Aerobic: ☐ Ja ☒ Nein
Tennis: ☐ Ja ☒ Nein
Billard: ☐ Ja ☒ Nein
Tischfußball: ☐ Ja ☒ Nein

Sonstiges:
Es handelt sich um einen betonierten Untergrund.

D - 41

Name der Anlage: OPEN AIREA (Außenanlage)

Anschrift: Am Kaisergarten 28

PLZ/Ort: D-46049 Oberhausen
Tel./Fax: Tel.: 02 08/80 77 56
Fax: 02 08/8 50 00 31
E-Mail: -
Internet: http://www.open.airea.de

Ansprechpartner: Herr Flötgen

Öffnungszeiten: Sommer: tgl. 10.00 - 22.00 h
Winter: tgl. 10.00 - 20.00 h

Eintrittspreise: kostenlos

Zufahrt mit öffentl. Verkehrsmitteln möglich:
☒ Ja ☐ Nein

Zufahrt mit dem PKW:
A3 Ausf. „Kreuz Oberhausen"; A 42 Richt. Dortmund, Ausf. „Zentrum Oberh." dann re. Richt. Zentrum. Nach 800 m re. in Sackgasse (Am Kaisergraben).

Größe/Kletterfläche: 110 m²
Größe/Grundfläche: k.A.
Dachbereich: 6 m²
Boulderbereich: 3 m²
Wandhöhe: 8,5 m
max. Kletterlänge: 9 m

Schwierigkeiten der Routen: von 3 bis 10
Anzahl der Routen: 11 Stück
Vorstieg möglich: ☒ Ja ☐ Nein
Toprope-Seile vorhanden: ☐ Ja ☒ Nein

Hersteller Kletterwand:
ACS

Hersteller Griffe:
ACS

Zugang nur für AV-Mitglieder:
☐ Ja ☒ Nein

Wandbetreuung vorhanden:
☐ Ja ☒ Nein

Leihausrüstung:
☒ Ja ☐ Nein

Übernachtungsmöglichkeiten:
☒ Ja ☐ Nein

Weitere Angebote:
Kinderkurse: ☒ Ja ☐ Nein
Anfängerkurse: ☒ Ja ☐ Nein
Fortgeschrittenenkurse: ☒ Ja ☐ Nein
Klettershop: ☐ Ja ☒ Nein
Restaurant od. Bistro: ☐ Ja ☒ Nein
Sauna: ☐ Ja ☒ Nein
Dampfbad: ☐ Ja ☒ Nein
Solarium: ☐ Ja ☒ Nein
Squash: ☐ Ja ☒ Nein
Badminton: ☒ Ja ☐ Nein
Streetball: ☒ Ja ☐ Nein
Fitness: ☐ Ja ☒ Nein
Aerobic: ☐ Ja ☒ Nein
Tennis: ☐ Ja ☒ Nein
Billard: ☐ Ja ☒ Nein
Tischfußball: ☐ Ja ☒ Nein

Sonstiges:
Streethockey, Beach-Volleyball, Basketball, Inline-Anlage mit Halfpipe

D - 4 2

Name der Anlage: SPORTHALLE SÜD-WEST (Außenanlage)

Anschrift: Werther Straße

PLZ/Ort: D-46399 Bocholt
Tel./Fax: Tel.: 0 28 74/25 43

E-Mail: -
Internet: -

Ansprechpartner: Winfried Schultz

Öffnungszeiten: Di., Mi., Do. 17.00 - 21.00 h,
So. 11.00 - 14.00 h

Eintrittspreise: kostenlos

Zufahrt mit öffentl. Verkehrsmitteln möglich:
☐ Ja ☒ Nein

Zufahrt mit dem PKW:
k.A.

Größe/Kletterfläche: 120 m²
Größe/Grundfläche: 80 m²
Dachbereich: - m²
Boulderbereich: 40 m²
Wandhöhe: 9 m
max. Kletterlänge: 12 m

Schwierigkeiten der Routen: von 3 bis 8
Anzahl der Routen: 35 Stück
Vorstieg möglich: ☒ Ja ☐ Nein
Toprope-Seile vorhanden: ☒ Ja ☐ Nein

Hersteller Kletterwand:
Pyramide

Hersteller Griffe:
Pyramide, T-Wall

Zugang nur für AV-Mitglieder:
☐ Ja ☒ Nein

Wandbetreuung vorhanden:
☒ Ja ☐ Nein

Leihausrüstung:
☒ Ja ☐ Nein

Übernachtungsmöglichkeiten:
☐ Ja ☒ Nein

Weitere Angebote:

Kinderkurse:	☐ Ja	☒ Nein
Anfängerkurse:	☒ Ja	☐ Nein
Fortgeschrittenenkurse:	☒ Ja	☐ Nein
Klettershop:	☐ Ja	☒ Nein
Restaurant od. Bistro:	☐ Ja	☒ Nein
Sauna:	☐ Ja	☒ Nein
Dampfbad:	☐ Ja	☒ Nein
Solarium:	☐ Ja	☒ Nein
Squash:	☐ Ja	☒ Nein
Badminton:	☐ Ja	☒ Nein
Streetball:	☐ Ja	☒ Nein
Fitness:	☐ Ja	☒ Nein
Aerobic:	☐ Ja	☒ Nein
Tennis:	☐ Ja	☒ Nein
Billard:	☐ Ja	☒ Nein
Tischfußball:	☐ Ja	☒ Nein

Sonstiges:

D - 4 3

Name der Anlage: SPORT-LIVE

Anschrift: Kurt-Schumacher-Str. 275

PLZ/Ort: D-46539 Dinslaken
Tel./Fax: Tel.: 0 20 64/ 9 64 00
Fax: 0 20 64/8 05 52
E-Mail: -
Internet: -

Ansprechpartner: Monika Kramer,
Red-Point Kletterschule Jörg Börger

Öffnungszeiten: tgl. 9.00 - 23.00 h

Eintrittspreise: DM 9,- bis DM 15,-

Zufahrt mit öffentl. Verkehrsmitteln möglich:
☐ Ja   ☒ Nein

Zufahrt mit dem PKW:
A3 Oberhausen - Arnheim - Ausf. „Dinslaken-Süd" - Richt. Dinslaken - nach 900 m re. Gewerbegebiet Dinslaken-Süd

---

Größe/Kletterfläche: 200 m²
Größe/Grundfläche: k.A.
Dachbereich: - m²
Boulderbereich: 15 m²
Wandhöhe: 11 m
max. Kletterlänge: 15 m

Schwierigkeiten der Routen: von 3+ bis 9+
Anzahl der Routen: 20 Stück
Vorstieg möglich: ☒ Ja ☐ Nein
Toprope-Seile vorhanden: ☒ Ja ☐ Nein

Hersteller Kletterwand:
Reality Wall

Hersteller Griffe:
verschiedene

Zugang nur für AV-Mitglieder:
☐ Ja   ☒ Nein

Wandbetreuung vorhanden:
☒ Ja   ☐ Nein

Leihausrüstung:
☒ Ja   ☐ Nein

Übernachtungsmöglichkeiten:
☐ Ja   ☒ Nein

Weitere Angebote:
Kinderkurse: ☒ Ja ☐ Nein
Anfängerkurse: ☒ Ja ☐ Nein
Fortgeschrittenenkurse: ☒ Ja ☐ Nein
Klettershop: ☒ Ja ☐ Nein
Restaurant od. Bistro: ☒ Ja ☐ Nein
Sauna: ☒ Ja ☐ Nein
Dampfbad: ☐ Ja ☒ Nein
Solarium: ☒ Ja ☐ Nein
Squash: ☒ Ja ☐ Nein
Badminton: ☒ Ja ☐ Nein
Streetball: ☐ Ja ☒ Nein
Fitness: ☒ Ja ☐ Nein
Aerobic: ☒ Ja ☐ Nein
Tennis: ☒ Ja ☐ Nein
Billard: ☐ Ja ☒ Nein
Tischfußball: ☐ Ja ☒ Nein

Sonstiges:
Gymnastik, Inline-Skating, Mountainbike, Indoor-Cycle

- Kletterkurse & -reisen
- Erlebnispädagogische Klassenfahrten
- Verleih und Bau mobiler Kletterwände und Hochseilgärten
- Industrieklettern (Climben & Riggen)

 Erlebnisreisen in Europa & Reisevermittlung

Jörg Börger
Kommandantenstraße 65 · D-47057 Duisburg
Telefon: 02 03/35 21 80 · Fax: 02 03/35 21 82
Mobiltelefon: 01 72/3 96 31 32

D - 4 4

Name der Anlage: KLETTER- U. ALPINZENTRUM DAV SEKTION DUISBURG (Außenanlage)

Anschrift: Emscherstr. 71

Öffnungszeiten: tgl. rund um die Uhr

PLZ/Ort: D-47137 Duisburg
Tel./Fax: Tel.: 02 03/42 81 20
Fax: 02 03/42 34 55

Eintrittspreise: DM 5,- bis DM 8,- (DM 2,- bis DM 8,-)

E-Mail: -
Internet: -

Zufahrt mit öffentl. Verkehrsmitteln möglich:
☒ Ja   ☐ Nein

Ansprechpartner: Georg Tuchscherer (Tel.: 02 08/68 17 46)

Zufahrt mit dem PKW:
A 42 Ausf. „AB-Kreuz Duisburg/Oberhausen", über Neumühler Str. in Emscher Str.
Die Anlage befindet sich im Landschaftspark Duisburg-Nord

Größe/Kletterfläche: 6850 m²
Größe/Grundfläche: 4700 m²
Dachbereich: - m²
Boulderbereich: - m²
Wandhöhe: 10-12 m
max. Kletterlänge: 17 m

Schwierigkeiten der Routen: von 2 bis 9
Anzahl der Routen: 270 Stück
Vorstieg möglich: ☒ Ja   ☐ Nein
Toprope-Seile vorhanden: ☐ Ja   ☒ Nein

Hersteller Kletterwand:
k.A.

Hersteller Griffe:
verschiedene

Zugang nur für AV-Mitglieder:
☒ Ja   ☐ Nein

Wandbetreuung vorhanden:
☐ Ja   ☒ Nein

Leihausrüstung:
☐ Ja   ☒ Nein

Übernachtungsmöglichkeiten:
☐ Ja   ☒ Nein

Weitere Angebote:
Kinderkurse:	☒ Ja	☐ Nein
Anfängerkurse:	☒ Ja	☐ Nein
Fortgeschrittenenkurse:	☐ Ja	☒ Nein
Klettershop:	☐ Ja	☒ Nein
Restaurant od. Bistro:	☒ Ja	☐ Nein
Sauna:	☐ Ja	☒ Nein
Dampfbad:	☐ Ja	☒ Nein
Solarium:	☐ Ja	☒ Nein
Squash:	☐ Ja	☒ Nein
Badminton:	☐ Ja	☒ Nein
Streetball:	☐ Ja	☒ Nein
Fitness:	☐ Ja	☒ Nein
Aerobic:	☐ Ja	☒ Nein
Tennis:	☐ Ja	☒ Nein
Billard:	☐ Ja	☒ Nein
Tischfußball:	☐ Ja	☒ Nein

Sonstiges:
Klettersteig 200 m mit Hängebrücke, Leiter, Steigbaum

D - 4 5

Name der Anlage: FREIZEIT-TREFF HÜLSER STRASSE

Anschrift: Hülser Straße 770

PLZ/Ort: D-47803 Krefeld
Tel./Fax: Tel.: 0 21 51/75 49 69
Fax: 0 21 51/75 40 61
E-Mail: 02151714188-0001@t-online.de(VKM)
Internet: -

Ansprechpartner: Nikolaus Müller-Holtz

Öffnungszeiten: tgl. 9.00 - 24.00 h

Eintrittspreise: DM 18,- bzw. DM 15,- (DM 10,-)

Zufahrt mit öffentl. Verkehrsmitteln möglich:
☒ Ja ☐ Nein

Zufahrt mit dem PKW:
A 57 - Ausf. „Krefeld Gartenstadt" Richt. Gartenstadt - 10. Ampel re. (bereits Hülser Straße) - ca. 3 km li. Seite

---

Größe/Kletterfläche: 500 m²
Größe/Grundfläche: k.A.
Dachbereich: - m²
Boulderbereich: 25 m²
Wandhöhe: 15 m
max. Kletterlänge: 30 m

Schwierigkeiten der Routen: von 3 bis 9
Anzahl der Routen: 50 Stück
Vorstieg möglich: ☒ Ja ☐ Nein
Toprope-Seile vorhanden: ☒ Ja ☐ Nein

Hersteller Kletterwand:
T-Wall, Stoneware

Hersteller Griffe:
T-Wall

Zugang nur für AV-Mitglieder:
☐ Ja ☒ Nein

Wandbetreuung vorhanden:
☒ Ja ☐ Nein

Leihausrüstung:
☒ Ja ☐ Nein

Übernachtungsmöglichkeiten:
☐ Ja ☒ Nein

Weitere Angebote:
Kinderkurse: ☒ Ja ☐ Nein
Anfängerkurse: ☒ Ja ☐ Nein
Fortgeschrittenenkurse: ☒ Ja ☐ Nein
Klettershop: ☒ Ja ☐ Nein
Restaurant od. Bistro: ☒ Ja ☐ Nein
Sauna: ☒ Ja ☐ Nein
Dampfbad: ☐ Ja ☒ Nein
Solarium: ☐ Ja ☒ Nein
Squash: ☐ Ja ☒ Nein
Badminton: ☒ Ja ☐ Nein
Streetball: ☐ Ja ☒ Nein
Fitness: ☐ Ja ☒ Nein
Aerobic: ☐ Ja ☒ Nein
Tennis: ☐ Ja ☒ Nein
Billard: ☐ Ja ☒ Nein
Tischfußball: ☐ Ja ☒ Nein

Sonstiges:
Kegelbahnen

Ausrüstung:

„Die Gesamtheit dessen, was Bergwanderer, Kletterer und Trekker mit sich herumschleppen. Sie enthält alles, was in jeder nur denkbaren Situation nötig werden könnte."

Deshalb Ausrüstung vom Spezialisten.

Kletterseile, Klettergurte, Karabiner, Schlingen, Klemmgeräte Helme, Funktionsbekleidung, Trekkingausrüstung, Zelte, Schuhe, Rucksäcke, Schlafsäcke und vieles mehr.

terracamp

Aegidiimarkt 7, 48143 Münster, Tel. 0251/45777 Fax: 57438

D - 4 6

Name der Anlage: **BIG WALL KLETTERCENTRUM MÜNSTERLAND**

Anschrift: Im Südfeld 2

PLZ/Ort: D-48308 Senden-Bösensell
Tel./Fax: 0 25 36/34 11 68

E-Mail: -
Internet: Internet: www.bigwall.de

Ansprechpartner: Thelen, Bretschneider

Öffnungszeiten: Di., Mi., Do. 14.00 - 22.30 h, Fr. 10.00 - 22.30 h, Sa., So. 10.00 - 20.00 h

Eintrittspreise: DM 18,- (DM 10,- bis DM 14,-)

Zufahrt mit öffentl. Verkehrsmitteln möglich:
☒ Ja ☐ Nein

Zufahrt mit dem PKW:
A 43 Ausf. „Senden" - weiter Richt. Bösensell - nach 500 m (bei Ampel) li. - nach weiteren 500 m li.

Größe/Kletterfläche: 600 m²
Größe/Grundfläche: k.A.
Dachbereich: 20-30 m²
Boulderbereich: 60 m²
Wandhöhe: 15 m
max. Kletterlänge: 25 m

Schwierigkeiten der Routen: von 3 bis 10
Anzahl der Routen: 70 Stück
Vorstieg möglich: ☒ Ja ☐ Nein
Toprope-Seile vorhanden: ☒ Ja ☐ Nein

Hersteller Kletterwand:
T-Wall

Hersteller Griffe:
T-Wall, Condring

Zugang nur für AV-Mitglieder:
☐ Ja ☒ Nein

Wandbetreuung vorhanden:
☒ Ja ☐ Nein

Leihausrüstung:
☒ Ja ☐ Nein

Übernachtungsmöglichkeiten:
☐ Ja ☒ Nein

Weitere Angebote:
Kinderkurse:	☒ Ja	☐ Nein
Anfängerkurse:	☒ Ja	☐ Nein
Fortgeschrittenenkurse:	☒ Ja	☐ Nein
Klettershop:	☒ Ja	☐ Nein
Restaurant od. Bistro:	☒ Ja	☐ Nein
Sauna:	☐ Ja	☒ Nein
Dampfbad:	☐ Ja	☒ Nein
Solarium:	☐ Ja	☒ Nein
Squash:	☐ Ja	☒ Nein
Badminton:	☐ Ja	☒ Nein
Streetball:	☐ Ja	☒ Nein
Fitness:	☐ Ja	☒ Nein
Aerobic:	☐ Ja	☒ Nein
Tennis:	☐ Ja	☒ Nein
Billard:	☐ Ja	☒ Nein
Tischfußball:	☐ Ja	☒ Nein

Sonstiges:
Biergarten, Beach-Volleyball, Seminarräume, Kletterturmverleih

Riesenauswahl

Karabiner
Normalkarabiner, HMS,
Schraubkarabiner,
Klettersteigkarabiner,
Fangkarabiner

Klettergurte
Kindergurte, Kombigurte,
Sportsitzgurte, Brustgurte,
viele verschiedene Marken

Seile
Einfachseile, Doppelseile,
Zwillingsseile von
Edelweiss, Mammut,
Edelrid u.v.m.

Große Auswahl an
Schlingensets, Achtern,
Helmen, Felshaken,
kompl. Eisausrüstung

Schuhe
Von Größe 27 bis 51.
Riesenauswahl an Schuhen
der besten Marken

Klemmkeile, Rocks,
Walnuts, Friends, Carves,
Hex, Camelots

**Beachten Sie auch unseren Klettershop im
Kletterzentrum Big Wall in Senden-Bösensell.**

BERGSPORT
SUNDERMANN

Hindenburgplatz 64-66, 48143 Münster, Tel.: 02 51 - 5 59 96, Fax: 02 51 - 5 15 79
Internet: www.bergsportsundermann.de Email: verkauf@bergsportsundermann.de
Parken direkt am Laden! **Alles für Wanderer, Bergsteiger und Globetrotter!**

D - 4 7

Name der Anlage: CHIMPANZODROME

Anschrift: Ernst-Heinrich-Geist Str. 18

PLZ/Ort: D-50226 Frechen
Tel./Fax: Tel. 0 22 34/27 34 10

E-Mail: Info@chimpanzodrome.de
Internet: www.chimpanzodrome.de

Ansprechpartner: R. Fiala/H. Nathan/A. Wiesinger

Öffnungszeiten: Mo. - Fr. 14.00 - 22.30 h,
Sa., So. 12.00 - 22.30 h

Eintrittspreise: DM 17,- (DM 15,-)

Zufahrt mit öffentl. Verkehrsmitteln möglich:
☒ Ja ☐ Nein

Zufahrt mit dem PKW:
A-Kreuz Köln-West Richt. Koblenz - Ausf. „Frechen" - re. auf B 264 und 2,4 km geradeaus - bei 3. Ampel (Heinrich-Geist-Str.) re. und nach 50 m re.

Größe/Kletterfläche: 1000 m²
Größe/Grundfläche: 750 m²
Dachbereich: 50 m²
Boulderbereich: 150 m²
Wandhöhe: 14 m
max. Kletterlänge: 20 m

Schwierigkeiten der Routen: von 3 bis 10
Anzahl der Routen: 130 Stück
Vorstieg möglich: ☒ Ja ☐ Nein
Toprope-Seile vorhanden: ☒ Ja ☐ Nein

Hersteller Kletterwand:
Solid Rock

Hersteller Griffe:
verschiedene

Zugang nur für AV-Mitglieder:
☐ Ja ☒ Nein

Wandbetreuung vorhanden:
☒ Ja ☐ Nein

Leihausrüstung:
☒ Ja ☐ Nein

Übernachtungsmöglichkeiten:
☒ Ja ☐ Nein

Weitere Angebote:
Kinderkurse:	☒ Ja	☐ Nein
Anfängerkurse:	☒ Ja	☐ Nein
Fortgeschrittenenkurse:	☒ Ja	☐ Nein
Klettershop:	☒ Ja	☐ Nein
Restaurant od. Bistro:	☒ Ja	☐ Nein
Sauna:	☒ Ja	☐ Nein
Dampfbad:	☐ Ja	☒ Nein
Solarium:	☐ Ja	☒ Nein
Squash:	☐ Ja	☒ Nein
Badminton:	☐ Ja	☒ Nein
Streetball:	☐ Ja	☒ Nein
Fitness:	☐ Ja	☒ Nein
Aerobic:	☐ Ja	☒ Nein
Tennis:	☐ Ja	☒ Nein
Billard:	☐ Ja	☒ Nein
Tischfußball:	☐ Ja	☒ Nein

Sonstiges:
Incentives, Außenanlage

D - 48

Name der Anlage: BRONX ROCK

Anschrift: Kalscheurener Straße 19

PLZ/Ort: D-50354 Hürth-Efferen
Tel./Fax: Tel.: 0 22 33/68 50 70
Fax: 0 22 33/68 50 72
E-Mail: bronxrock@t-online.de
Internet: -

Ansprechpartner: Markus Zöll, Herbert Büttgen

Öffnungszeiten: Mo. - Fr. 9.30 - 22.30 h,
Sa., So. 10.00 - 22.00 h

Eintrittspreise: ab DM 12,-

Zufahrt mit öffentl. Verkehrsmitteln möglich:
☒ Ja   ☐ Nein

Zufahrt mit dem PKW:
A 4 Ausf. „Köln-Klettenberg" - an der Ampel li. (Luxemburger Str.) - nach 500 m li. in die Kalscheurener Str.

Größe/Kletterfläche: 1200 m²
Größe/Grundfläche: 630 m²
Dachbereich: 30 m²
Boulderbereich: 120 m²
Wandhöhe: 12-15 m
max. Kletterlänge: 18 m

Schwierigkeiten der Routen: von 3 bis 10
Anzahl der Routen: 150 Stück
Vorstieg möglich: ☒ Ja   ☐ Nein
Toprope-Seile vorhanden: ☒ Ja   ☐ Nein

Hersteller Kletterwand:
On Top Klettern

Hersteller Griffe:
verschiedene

Zugang nur für AV-Mitglieder:
☐ Ja   ☒ Nein

Wandbetreuung vorhanden:
☒ Ja   ☐ Nein

Leihausrüstung:
☒ Ja   ☐ Nein

Übernachtungsmöglichkeiten:
☐ Ja   ☒ Nein

Weitere Angebote:
Kinderkurse:	☒ Ja	☐ Nein
Anfängerkurse:	☒ Ja	☐ Nein
Fortgeschrittenenkurse:	☒ Ja	☐ Nein
Klettershop:	☒ Ja	☐ Nein
Restaurant od. Bistro:	☒ Ja	☐ Nein
Sauna:	☐ Ja	☒ Nein
Dampfbad:	☐ Ja	☒ Nein
Solarium:	☐ Ja	☒ Nein
Squash:	☐ Ja	☒ Nein
Badminton:	☐ Ja	☒ Nein
Streetball:	☐ Ja	☒ Nein
Fitness:	☐ Ja	☒ Nein
Aerobic:	☐ Ja	☒ Nein
Tennis:	☐ Ja	☒ Nein
Billard:	☐ Ja	☒ Nein
Tischfußball:	☐ Ja	☒ Nein

Sonstiges:
Vorstiegskurse, Standplatz für Abseilübungen, Münzwaschautomat und Trockner

Entwurf, Konstruktion und Montage von Kletterwänden

TopStop Seilbremse

Boulderwände und -höhlen

Mobile Kletteranlagen

Kinderkletterwände

Rehakletterwände

Griffe & Trainingsboards

Höhenarbeiten

Fordern Sie unsere ausführliche Infomappe an.

Ausgezeichnete Qualität ✓

Zertifikat nach DIN EN ISO 9001
VQZ-Bonn

Nachtigallenweg 64 53115 Bonn
Fon: 02 28-24 11 63 Fax: 02 28-21 66 09
E-mail: ONTOPKLETTERN@t-online.de
www.ontopklettern.de

D - 49

Name der Anlage: TIVOLI ROCK

Anschrift: Strangenhäuschen 21

PLZ/Ort: D-52070 Aachen
Tel./Fax: Tel.: 02 41/15 77 60
Fax: 02 41/15 49 86
E-Mail: Stevie@climbing.de
Internet: -

Ansprechpartner: Susanne Schroers, Stefan Hilgers

Öffnungszeiten: Mo. - Fr. 8.00 - 24.00 h,
Sa., So. 8.00 - 22.00 h

Eintrittspreise: DM 22,- bzw. 15,- (DM 12,-)

Zufahrt mit öffentl. Verkehrsmitteln möglich:
☒ Ja   ☐ Nein

Zufahrt mit dem PKW:
A 4 Ausf. „Aachen Centrum/Würselen" - re. Richt. Aachen Centrum - 1. Ampel li.

Größe/Kletterfläche: 800 m²
Größe/Grundfläche: 450 m²
Dachbereich: 30 m²
Boulderbereich: 100 m²
Wandhöhe: 16,5 m
max. Kletterlänge: 24 m

Schwierigkeiten der Routen: von 3- bis 10+
Anzahl der Routen: 100 Stück
Vorstieg möglich: ☒ Ja   ☐ Nein
Toprope-Seile vorhanden: ☒ Ja   ☐ Nein

Hersteller Kletterwand:
Entre Prises

Hersteller Griffe:
verschiedene

Zugang nur für AV-Mitglieder:
☐ Ja   ☒ Nein

Wandbetreuung vorhanden:
☒ Ja   ☐ Nein

Leihausrüstung:
☒ Ja   ☐ Nein

Übernachtungsmöglichkeiten:
☒ Ja   ☐ Nein

Weitere Angebote:

Kinderkurse:	☒ Ja	☐ Nein
Anfängerkurse:	☒ Ja	☐ Nein
Fortgeschrittenenkurse:	☒ Ja	☐ Nein
Klettershop:	☒ Ja	☐ Nein
Restaurant od. Bistro:	☒ Ja	☐ Nein
Sauna:	☐ Ja	☒ Nein
Dampfbad:	☐ Ja	☒ Nein
Solarium:	☐ Ja	☒ Nein
Squash:	☐ Ja	☒ Nein
Badminton:	☒ Ja	☐ Nein
Streetball:	☐ Ja	☒ Nein
Fitness:	☐ Ja	☒ Nein
Aerobic:	☐ Ja	☒ Nein
Tennis:	☐ Ja	☒ Nein
Billard:	☐ Ja	☒ Nein
Tischfußball:	☐ Ja	☒ Nein

Sonstiges:
Kletterreisen, Incentives/Team Training, Klettergriffverkauf, Wandberatung

Tivoli Rock · Strangenhäuschen 11 · 52070 Aachen
Telefon 02 41/15 77 60 · Telefax 02 41/15 49 86

ZUFAHRT: AB A4 von Köln Richtung Antwerpen,
Ausfahrt Aachen Zentrum Recht, 1. Ampel links

D - 50

Name der Anlage: ZELTE WEBER (Außenanlage)

Anschrift: Zelte Weber Sporthaus GmbH
Vorgebirgsstr. 86
PLZ/Ort: D-53119 Bonn
Tel./Fax: Tel.: 02 28/7 66 18-0
Fax: 02 28/7 66 18-19
E-Mail: service@zelte-weber.de
Internet: zelte-weber.de

Ansprechpartner: Thomas Schwinges, Ralf Karow

Öffnungszeiten: Ladenöffnungszeiten

Eintrittspreise: kostenlos

Zufahrt mit öffentl. Verkehrsmitteln möglich:
☒ Ja ☐ Nein

Zufahrt mit dem PKW:
Nähe Verteilerkreis

Größe/Kletterfläche: 62 m^2
Größe/Grundfläche: k.A.
Dachbereich: - m^2
Boulderbereich: - m^2
Wandhöhe: 13,8 m
max. Kletterlänge: 13,8 m

Schwierigkeiten der Routen: von 4- bis 9-
Anzahl der Routen: 4 Stück
Vorstieg möglich: ☒ Ja ☐ Nein
Toprope-Seile vorhanden: ☐ Ja ☒ Nein

Hersteller Kletterwand:
gemauerte Wand

Hersteller Griffe:
gemauerte Wand

Zugang nur für AV-Mitglieder:
☐ Ja ☒ Nein

Wandbetreuung vorhanden:
☐ Ja ☒ Nein

Leihausrüstung:
☐ Ja ☒ Nein

Übernachtungsmöglichkeiten:
☐ Ja ☒ Nein

Weitere Angebote:

Kinderkurse:	☐ Ja	☒ Nein
Anfängerkurse:	☐ Ja	☒ Nein
Fortgeschrittenenkurse:	☐ Ja	☒ Nein
Klettershop:	☒ Ja	☐ Nein
Restaurant od. Bistro:	☐ Ja	☒ Nein
Sauna:	☐ Ja	☒ Nein
Dampfbad:	☐ Ja	☒ Nein
Solarium:	☐ Ja	☒ Nein
Squash:	☐ Ja	☒ Nein
Badminton:	☐ Ja	☒ Nein
Streetball:	☐ Ja	☒ Nein
Fitness:	☐ Ja	☒ Nein
Aerobic:	☐ Ja	☒ Nein
Tennis:	☐ Ja	☒ Nein
Billard:	☐ Ja	☒ Nein
Tischfußball:	☐ Ja	☒ Nein

Sonstiges:
Kletterwand an der Hausfassade; große, gut sortierte Kletterabteilung innerhalb des Geschäfts

D - 51

Name der Anlage: SPORT-TREFF

Anschrift: Hans-Böckler-Str. 114 - 118

PLZ/Ort: D-55128 Mainz-Bretzenheim
Tel./Fax: Tel.: 0 61 31/36 22-22
Fax: 0 61 31/36 22-36
E-Mail: -
Internet: -

Ansprechpartner: k.A.

Öffnungszeiten: Mo. - Fr. 9.00 - 23.00 h, Sa., So. 10.00 - 19.00 h

Eintrittspreise: DM 15,-

Zufahrt mit öffentl. Verkehrsmitteln möglich:
☒ Ja   ☐ Nein

Zufahrt mit dem PKW:
A 61 Ausf. „Bretzenheim" - nach Bretzenheim - bei der Bank re. („Vor der Frecht") - geradeaus zum Sport-Treff

---

Größe/Kletterfläche: 80 m²
Größe/Grundfläche: 18 m²
Dachbereich: - m²
Boulderbereich: - m²
Wandhöhe: 9 m
max. Kletterlänge: 10 m

Schwierigkeiten der Routen: von 3 bis 8+
Anzahl der Routen: 20 Stück
Vorstieg möglich: ☒ Ja   ☐ Nein
Toprope-Seile vorhanden: ☒ Ja   ☐ Nein

Hersteller Kletterwand:
Entre Prises

Hersteller Griffe:
Entre Prises

Zugang nur für AV-Mitglieder:
☐ Ja   ☒ Nein

Wandbetreuung vorhanden:
☒ Ja   ☐ Nein

Leihausrüstung:
☒ Ja   ☐ Nein

Übernachtungsmöglichkeiten:
☐ Ja   ☒ Nein

Weitere Angebote:
Kinderkurse:	☒ Ja	☐ Nein
Anfängerkurse:	☒ Ja	☐ Nein
Fortgeschrittenenkurse:	☒ Ja	☐ Nein
Klettershop:	☐ Ja	☒ Nein
Restaurant od. Bistro:	☒ Ja	☐ Nein
Sauna:	☒ Ja	☐ Nein
Dampfbad:	☒ Ja	☐ Nein
Solarium:	☒ Ja	☐ Nein
Squash:	☒ Ja	☐ Nein
Badminton:	☒ Ja	☐ Nein
Streetball:	☐ Ja	☒ Nein
Fitness:	☒ Ja	☐ Nein
Aerobic:	☒ Ja	☐ Nein
Tennis:	☐ Ja	☒ Nein
Billard:	☐ Ja	☒ Nein
Tischfußball:	☐ Ja	☒ Nein

Sonstiges:

D - 5 2

Name der Anlage: RHEIN-NAHE SPORT + FITNESSCENTER

Anschrift: Saarlandstr. 379

PLZ/Ort: D-55411 Bingen-Dietersheim
Tel./Fax: Tel.: 0 67 21/4 76 51

E-Mail: FitnessRh@ad.com
Internet: -

Ansprechpartner: Michael Gundlach, Meik Rodekurth

Öffnungszeiten: Nov. - Mai: Mo. - Fr. 10.00 - 22.00 h; Sa., So. 10.00 - 18.00 h; Juni - Okt.: Mo. - Do. 10.00 - 22.00 h; Fr. 10.00 - 21.00 h, Sa. 10.00 - 17.00 h, So. 10.00 - 14.00 h

Eintrittspreise: DM 14,- (DM 9,-)

Zufahrt mit öffentl. Verkehrsmitteln möglich:
☒ Ja   ☐ Nein

Zufahrt mit dem PKW:
Von Frankfurt/Mainz A 60 Ausf. „Sponsheim", weiter auf B 3 über Gensingen, Richt. Sponsheim bis Abf. Dietersheim. 1. Str. re. ins Gewerbegebiet.

Größe/Kletterfläche: 120 m^2
Größe/Grundfläche: 12,25 m^2
Dachbereich: 2 m^2
Boulderbereich: - m^2
Wandhöhe: 10 m
max. Kletterlänge: 11 m

Schwierigkeiten der Routen: von 3 bis 9+
Anzahl der Routen: 16 Stück
Vorstieg möglich: ☒ Ja   ☐ Nein
Toprope-Seile vorhanden: ☒ Ja   ☐ Nein

Hersteller Kletterwand:
Entre Prises

Hersteller Griffe:
verschiedene

Zugang nur für AV-Mitglieder:
☐ Ja   ☒ Nein

Wandbetreuung vorhanden:
☒ Ja   ☐ Nein

Leihausrüstung:
☒ Ja   ☐ Nein

Übernachtungsmöglichkeiten:
☐ Ja   ☒ Nein

Weitere Angebote:

Kinderkurse:	☐ Ja	☒ Nein
Anfängerkurse:	☐ Ja	☒ Nein
Fortgeschrittenenkurse:	☐ Ja	☒ Nein
Klettershop:	☐ Ja	☒ Nein
Restaurant od. Bistro:	☒ Ja	☐ Nein
Sauna:	☒ Ja	☐ Nein
Dampfbad:	☒ Ja	☐ Nein
Solarium:	☒ Ja	☐ Nein
Squash:	☒ Ja	☐ Nein
Badminton:	☒ Ja	☐ Nein
Streetball:	☐ Ja	☒ Nein
Fitness:	☒ Ja	☐ Nein
Aerobic:	☒ Ja	☐ Nein
Tennis:	☐ Ja	☒ Nein
Billard:	☐ Ja	☒ Nein
Tischfußball:	☐ Ja	☒ Nein

Sonstiges:
Gymnastikkurse, Whirlpool, Fußbecken, Außenanlage mit Teich, Bekleidungsshop

Indoor-Seil - Hochbelastbar und dynamisch

Spider
Ein Leichtgewicht unter
den Klettergurten

Moyen 8
Seilbremse mit Karabinerfixierung

Chalkball

Edelmann + Ridder GmbH + Co. KG
Postfach 1165, D-88305 Isny im Allgäu
Tel. 07562/981-0, Fax 07562/981100,-200

D - 5 3

Name der Anlage: KANDI-TURM

Anschrift: Stadionstraße

PLZ/Ort: D-56626 Andernach
Tel./Fax: Tel.: 0 26 32/49 12 21
Fax: 0 26 32/3 14 40
E-Mail: Kandi-Turm@t-online.de
Internet: -

Ansprechpartner: Fam. Pellenz

Öffnungszeiten: tgl. 9.00 - 24.00 h

Eintrittspreise: DM 14,- bis DM 23,- (DM 10,- bis DM 19,-)

Zufahrt mit öffentl. Verkehrsmitteln möglich:
☒ Ja ☐ Nein

Zufahrt mit dem PKW:
B 9 Richt. Bonn - Ausf. „Industriegebiet"/„Hafen" - Richt. Hafen bzw. Sportanlagen

Größe/Kletterfläche:	800 m²
Größe/Grundfläche:	k.A.
Dachbereich:	60 m²
Boulderbereich:	60 m²
Wandhöhe:	21 m
max. Kletterlänge:	35 m

Schwierigkeiten der Routen: von 3 bis 10
Anzahl der Routen: 100 Stück
Vorstieg möglich: ☒ Ja ☐ Nein
Toprope-Seile vorhanden: ☒ Ja ☐ Nein

Hersteller Kletterwand:
Alpi-in, Ad´air

Hersteller Griffe:
Alpi-in, Ad´air

Zugang nur für AV-Mitglieder:
☐ Ja ☒ Nein

Wandbetreuung vorhanden:
☒ Ja ☐ Nein

Leihausrüstung:
☒ Ja ☐ Nein

Übernachtungsmöglichkeiten:
☒ Ja ☐ Nein

Weitere Angebote:

Kinderkurse:	☒ Ja	☐ Nein
Anfängerkurse:	☒ Ja	☐ Nein
Fortgeschrittenenkurse:	☒ Ja	☐ Nein
Klettershop:	☒ Ja	☐ Nein
Restaurant od. Bistro:	☒ Ja	☐ Nein
Sauna:	☒ Ja	☐ Nein
Dampfbad:	☐ Ja	☒ Nein
Solarium:	☐ Ja	☒ Nein
Squash:	☒ Ja	☐ Nein
Badminton:	☒ Ja	☐ Nein
Streetball:	☐ Ja	☒ Nein
Fitness:	☐ Ja	☒ Nein
Aerobic:	☐ Ja	☒ Nein
Tennis:	☐ Ja	☒ Nein
Billard:	☐ Ja	☒ Nein
Tischfußball:	☐ Ja	☒ Nein

Sonstiges:
dir. neben der Halle befindet sich ein Freibad

D - 5 3

KANDI-TURM

D - 5 4

Name der Anlage: HOHENZOLLERNBRÜCKE (Außenanlage)

Anschrift:	Kennedy-Ufer	**Öffnungszeiten:**	von März bis Okt. tagsüber
PLZ/Ort:	D-50679 Köln		
Tel./Fax:	Tel.: 02 21/2 40 67 54	**Eintrittspreise:**	kostenlos
	Fax: 02 21/2 40 67 64		
E-Mail:	info@dav-koeln.de		
Internet:	http://www.dav-koeln.de/hzb.htm		

Zufahrt mit öffentl. Verkehrsmitteln möglich:
☒ Ja ☐ Nein

Ansprechpartner: Kalle Kubatschka

Zufahrt mit dem PKW:
Über Ottoplatz (Köln-Deutz) auf die Brückenrampe (P) oder an der Messe (Kennedy-Ufer, Nähe „Hyatt" Hotel)

Größe/Kletterfläche:	460 m²	
Größe/Grundfläche:	300 m²	
Dachbereich:	28 m²	
Boulderbereich:	150 m²	
Wandhöhe:	7 m	
max. Kletterlänge:	8 m	

Schwierigkeiten der Routen: von 3+ bis 8-
Anzahl der Routen: 70 Stück
Vorstieg möglich: ☐ Ja ☒ Nein
Toprope-Seile vorhanden: ☐ Ja ☒ Nein

Hersteller Kletterwand:
k.A.

Hersteller Griffe:
Naturstein, Muschelkalk

Zugang nur für AV-Mitglieder:
☐ Ja ☒ Nein

Wandbetreuung vorhanden:
☐ Ja ☒ Nein

Leihausrüstung:
☐ Ja ☒ Nein

Übernachtungsmöglichkeiten:
☐ Ja ☒ Nein

Weitere Angebote:

Kinderkurse:	☒ Ja	☐ Nein
Anfängerkurse:	☒ Ja	☐ Nein
Fortgeschrittenenkurse:	☒ Ja	☐ Nein
Klettershop:	☐ Ja	☒ Nein
Restaurant od. Bistro:	☐ Ja	☒ Nein
Sauna:	☐ Ja	☒ Nein
Dampfbad:	☐ Ja	☒ Nein
Solarium:	☐ Ja	☒ Nein
Squash:	☐ Ja	☒ Nein
Badminton:	☐ Ja	☒ Nein
Streetball:	☐ Ja	☒ Nein
Fitness:	☐ Ja	☒ Nein
Aerobic:	☐ Ja	☒ Nein
Tennis:	☐ Ja	☒ Nein
Billard:	☐ Ja	☒ Nein
Tischfußball:	☐ Ja	☒ Nein

Sonstiges:

D - 55

Name der Anlage: BERGSTADT HOTEL

Anschrift: Kalver Str. 36

PLZ/Ort: D-58511 Lüdenscheid
Tel./Fax: Tel.: 0 23 51/94 80-0
Fax: 0 23 51/94 80-83
E-Mail: -
Internet: -

Ansprechpartner: Herr Hauptmann

Öffnungszeiten: tgl. 8.00 - 23.00 h

Eintrittspreise: DM 12,- (DM 9,-)

Zufahrt mit öffentl. Verkehrsmitteln möglich:
☒ Ja ☐ Nein

Zufahrt mit dem PKW:
Ausf. A 45 „Lüdenscheid Süd" Richt. Centrum, li. Richt. Krankenhaus

---

Größe/Kletterfläche: 350 m²
Größe/Grundfläche: 60 m²
Dachbereich: - m²
Boulderbereich: - m²
Wandhöhe: 19 m
max. Kletterlänge: 26 m

Schwierigkeiten der Routen: bis 8+
Anzahl der Routen: 40 Stück
Vorstieg möglich: ☒ Ja ☐ Nein
Toprope-Seile vorhanden: ☒ Ja ☐ Nein

Hersteller Kletterwand:
Beton - Eigenbau

Hersteller Griffe:
Pyramide

Zugang nur für AV-Mitglieder:
☐ Ja ☒ Nein

Wandbetreuung vorhanden:
☒ Ja ☐ Nein

Leihausrüstung:
☒ Ja ☐ Nein

Übernachtungsmöglichkeiten:
☒ Ja ☐ Nein

Weitere Angebote:
Kinderkurse:	☒ Ja	☐ Nein
Anfängerkurse:	☒ Ja	☐ Nein
Fortgeschrittenenkurse:	☐ Ja	☒ Nein
Klettershop:	☐ Ja	☒ Nein
Restaurant od. Bistro:	☒ Ja	☐ Nein
Sauna:	☐ Ja	☒ Nein
Dampfbad:	☐ Ja	☒ Nein
Solarium:	☐ Ja	☒ Nein
Squash:	☐ Ja	☒ Nein
Badminton:	☒ Ja	☐ Nein
Streetball:	☐ Ja	☒ Nein
Fitness:	☐ Ja	☒ Nein
Aerobic:	☐ Ja	☒ Nein
Tennis:	☒ Ja	☐ Nein
Billard:	☐ Ja	☒ Nein
Tischfußball:	☐ Ja	☒ Nein

Sonstiges:
Kegelbahnen; Hotel Preis: EZ DM 85,-; DZ DM 125,-

D - 5 6

Name der Anlage: PHOENIX-FREIZEITPARK (Außenanlage)

Anschrift: Zementstraße

PLZ/Ort: D-59269 Beckum
Tel./Fax: 0 25 21/2 82 73

E-Mail: -
Internet: -

Ansprechpartner: DAV-Sektion Beckum, Geschäftsstelle

Öffnungszeiten: tgl. bis Sonnenuntergang

Eintrittspreise: DM 14,- (DM 5,- bis DM 9,-)

Zufahrt mit öffentl. Verkehrsmitteln möglich:
☐ Ja   ☒ Nein

Zufahrt mit dem PKW:
Auf der A 2 zur Ausf. „Beckum" und weiter ins Zentrum, an der 1. Ampel li., danach garadeaus, ab dort ausgeschildert.

Größe/Kletterfläche: 800 m²
Größe/Grundfläche: 225 m²
Dachbereich: 120 m²
Boulderbereich: 75 m²
Wandhöhe: 9-17 m
max. Kletterlänge: 20 m

Schwierigkeiten der Routen: von 3 bis 9
Anzahl der Routen: über 50 Stück
Vorstieg möglich: ☒ Ja ☐ Nein
Toprope-Seile vorhanden: ☐ Ja ☒ Nein

Hersteller Kletterwand:
Eigenbau

Hersteller Griffe:
verschiedene

Zugang nur für AV-Mitglieder:
☐ Ja   ☒ Nein

Wandbetreuung vorhanden:
☐ Ja   ☒ Nein

Leihausrüstung:
☐ Ja   ☒ Nein

Übernachtungsmöglichkeiten:
☐ Ja   ☒ Nein

Weitere Angebote:
Kinderkurse:	☒ Ja	☐ Nein
Anfängerkurse:	☒ Ja	☐ Nein
Fortgeschrittenenkurse:	☒ Ja	☐ Nein
Klettershop:	☐ Ja	☒ Nein
Restaurant od. Bistro:	☐ Ja	☒ Nein
Sauna:	☐ Ja	☒ Nein
Dampfbad:	☐ Ja	☒ Nein
Solarium:	☐ Ja	☒ Nein
Squash:	☐ Ja	☒ Nein
Badminton:	☐ Ja	☒ Nein
Streetball:	☐ Ja	☒ Nein
Fitness:	☐ Ja	☒ Nein
Aerobic:	☐ Ja	☒ Nein
Tennis:	☐ Ja	☒ Nein
Billard:	☐ Ja	☒ Nein
Tischfußball:	☐ Ja	☒ Nein

Sonstiges:

randneu in Deutschland !

lettern an amerikani-
hem Kunstfels.

eugierig geworden ?

m besten ausprobieren !

Größe: 550 qm
Boulderbereich: 80 qm
Wandhöhe: 18 m
Kletterlänge: 35 m
Anzahl der Routen: 55
Dach: 50 qm

klettern

Und noch mehr
Fitness-Center
Sauna
Tennis
Bistro
Biergarten
Kletterkurse

fitness *park*
55481 Kirchberg Info´s unter 06763/1899

D - 57

Name der Anlage: T-HALL

Anschrift: Vilbeler Landstraße 7

PLZ/Ort: D-60386 Frankfurt
Tel./Fax: Tel.: 0 69/94 21 93 81
Fax: 0 69/94 21 93 83
E-Mail: -
Internet: -

Ansprechpartner: Sabine Steinmeier/Astrid Storr

Öffnungszeiten: Mo., Mi., Do., Fr. 13.00 - 23.00 h,
Di., Sa., So., Feiert. 10.00 - 23.00 h

Eintrittspreise: DM 26,- (DM 10,-)

Zufahrt mit öffentl. Verkehrsmitteln möglich:
☒ Ja ☐ Nein

Zufahrt mit dem PKW:
Stadtautobahn A 661 - Ausf. „Frankfurt-Ost" Richt. Hanau - nach 3 km (Kreisverkehr) li. abbiegen in Vilbeler Landstr. (Sackgasse) - nach 50 m li. Hofeinfahrt (s. Skizze rechts)

Größe/Kletterfläche: 700 m²
Größe/Grundfläche: 400 m²
Dachbereich: 50 m²
Boulderbereich: 50 m²
Wandhöhe: 11 m
max. Kletterlänge: 20 m

Schwierigkeiten der Routen: von 3 bis 10
Anzahl der Routen: 150 Stück
Vorstieg möglich: ☒ Ja ☐ Nein
Toprope-Seile vorhanden: ☒ Ja ☐ Nein

Hersteller Kletterwand:
T-Wall

Hersteller Griffe:
T-Wall

Zugang nur für AV-Mitglieder:
☐ Ja ☒ Nein

Wandbetreuung vorhanden:
☒ Ja ☐ Nein

Leihausrüstung:
☒ Ja ☐ Nein

Übernachtungsmöglichkeiten:
☐ Ja ☒ Nein

Weitere Angebote:
Kinderkurse:	☒ Ja	☐ Nein
Anfängerkurse:	☒ Ja	☐ Nein
Fortgeschrittenenkurse:	☒ Ja	☐ Nein
Klettershop:	☒ Ja	☐ Nein
Restaurant od. Bistro:	☒ Ja	☐ Nein
Sauna:	☐ Ja	☒ Nein
Dampfbad:	☐ Ja	☒ Nein
Solarium:	☐ Ja	☒ Nein
Squash:	☐ Ja	☒ Nein
Badminton:	☐ Ja	☒ Nein
Streetball:	☐ Ja	☒ Nein
Fitness:	☐ Ja	☒ Nein
Aerobic:	☐ Ja	☒ Nein
Tennis:	☐ Ja	☒ Nein
Billard:	☐ Ja	☒ Nein
Tischfußball:	☐ Ja	☒ Nein

Sonstiges:
Sportgeräte für Gleichgewichtstraining, kleine Kletterbibliothek mit Sitzbereich

T-Hall - Frankfurts Kletterhalle

attraktiv... - Anfängerkurse - Bistrogalerie - Klettershop
professionell... - 600 m² Kunstfels der Firma T-Wall Equipment
leicht zu erreichen...

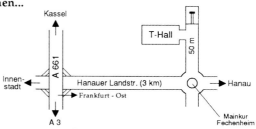

T-Hall - Vilbeler Landstraße 7 - D-60386 Frankfurt - Tel.: 069 / 94 21 93 81

D - 58

Name der Anlage: **KLETTERWAND IM FRITZ-PETERS-HAUS**

Anschrift: Homburger Landstr. 283

PLZ/Ort: D-60433 Frankfurt
Tel./Fax: Tel.: 0 69/54 90 31
Fax: 0 69/5 48 60 66
E-Mail: alpenverein.ffm@t-online.de
Internet: http://members.aol.com/davffm

Ansprechpartner: Geschäftsstelle der Sektion Frankfurt

Öffnungszeiten: Mo. 14.00 - 18.00 h,
Di. - Do. 14.00 - 16.00 h

Eintrittspreise: kostenlos, Sonderausweis erforderlich

Zufahrt mit öffentl. Verkehrsmitteln möglich:
☒ Ja ☐ Nein

Zufahrt mit dem PKW:
Frankfurt - Preungesheim, Autobahnausf. „Frankfurt - Eckenheim"

Größe/Kletterfläche:	76 m^2
Größe/Grundfläche:	8 m^2
Dachbereich:	2 m^2
Boulderbereich:	10 m^2
Wandhöhe:	6,5 m
max. Kletterlänge:	7 m

Schwierigkeiten der Routen: von 3 bis 8-
Anzahl der Routen: 10 Stück
Vorstieg möglich: ☒ Ja ☐ Nein
Toprope-Seile vorhanden: ☒ Ja ☐ Nein

Hersteller Kletterwand:
T-Wall

Hersteller Griffe:
T-Wall

Zugang nur für AV-Mitglieder:
☒ Ja ☐ Nein

Wandbetreuung vorhanden:
☐ Ja ☒ Nein

Leihausrüstung:
☐ Ja ☒ Nein

Übernachtungsmöglichkeiten:
☐ Ja ☒ Nein

Weitere Angebote:

Kinderkurse:	☒ Ja	☐ Nein
Anfängerkurse:	☒ Ja	☐ Nein
Fortgeschrittenenkurse:	☒ Ja	☐ Nein
Klettershop:	☐ Ja	☒ Nein
Restaurant od. Bistro:	☐ Ja	☒ Nein
Sauna:	☐ Ja	☒ Nein
Dampfbad:	☐ Ja	☒ Nein
Solarium:	☐ Ja	☒ Nein
Squash:	☐ Ja	☒ Nein
Badminton:	☐ Ja	☒ Nein
Streetball:	☐ Ja	☒ Nein
Fitness:	☐ Ja	☒ Nein
Aerobic:	☐ Ja	☒ Nein
Tennis:	☐ Ja	☒ Nein
Billard:	☐ Ja	☒ Nein
Tischfußball:	☐ Ja	☒ Nein

Sonstiges:

Vertrieb durch:  KRIMMER
Outdoor Systems GmbH

Raiffeisenstraße 4
D-86567 Tandern
Tel. 0 82 50 / 5 48 o. 6 19
Fax 0 82 50 / 14 84

D - 59

Name der Anlage: SQUASH INN

Anschrift: Borsigstr. 6

PLZ/Ort: D-63128 Dietzenbach
Tel./Fax: Tel.: 0 60 74/4 41 87
Fax: 0 60 74/4 27 79
E-Mail: -
Internet: -

Ansprechpartner: Herr Hessler

Öffnungszeiten: Mo.- Do. 8.00 - 24.00 h
Fr., Sa., So., Feiert. 9.00 - 21.00 h

Eintrittspreise: DM 15,-

Zufahrt mit öffentl. Verkehrsmitteln möglich:
☒ Ja   ☐ Nein

Zufahrt mit dem PKW:
A 5 Ausf. „Neu-Isenburg/Dietzenbach" - Industriegebiet Dietzenbach/Steinberg

---

Größe/Kletterfläche: 250 m²
Größe/Grundfläche: k.A.
Dachbereich: 7 m²
Boulderbereich: 120 m²
Wandhöhe: 10 m
max. Kletterlänge: 10 m

Schwierigkeiten der Routen: von 2 bis 8+
Anzahl der Routen: 25 Stück
Vorstieg möglich: ☒ Ja   ☐ Nein
Toprope-Seile vorhanden: ☒ Ja   ☐ Nein

Hersteller Kletterwand:
Reality Wall

Hersteller Griffe:
Reality Wall

Zugang nur für AV-Mitglieder:
☐ Ja   ☒ Nein

Wandbetreuung vorhanden:
☒ Ja   ☐ Nein

Leihausrüstung:
☒ Ja   ☐ Nein

Übernachtungsmöglichkeiten:
☐ Ja   ☒ Nein

Weitere Angebote:
Kinderkurse: ☒ Ja   ☐ Nein
Anfängerkurse: ☒ Ja   ☐ Nein
Fortgeschrittenenkurse: ☐ Ja   ☒ Nein
Klettershop: ☒ Ja   ☐ Nein
Restaurant od. Bistro: ☒ Ja   ☐ Nein
Sauna: ☒ Ja   ☐ Nein
Dampfbad: ☒ Ja   ☐ Nein
Solarium: ☒ Ja   ☐ Nein
Squash: ☒ Ja   ☐ Nein
Badminton: ☒ Ja   ☐ Nein
Streetball: ☐ Ja   ☒ Nein
Fitness: ☒ Ja   ☐ Nein
Aerobic: ☒ Ja   ☐ Nein
Tennis: ☐ Ja   ☒ Nein
Billard: ☒ Ja   ☐ Nein
Tischfußball: ☐ Ja   ☒ Nein

Sonstiges:
Badmintonkurse, Squashkurse, große Fitnessanlage

SQUASH INN

Die Kletterhalle im **SQUASH INN DIETZENBACH** hat ein neues Schmuckstück – unsere Boulderwand.

FACTS

3,50 m hoch

umlaufend 25 m groß

5 verschiedene Neigungen und 1 Dach

Alles mit Weichmaterial abgesichert.

Für Kletterer aller Schwierigkeitsgrade zum Training von Technik und Kraft.

Boulderwettbewerbe!

EINTRITTSPREISE

Tageskarte	15,- DM
Zehnerkarte	120,- DM
	bzw. 100,- DM
Monatskarte	39,- DM

(Inkl. Saunabesuch zu unseren allgemeinen Saunazeiten)

Squash Inn Dietzenbach
**Borsigstr. 6 · 63128 Dietzenbach/Steinberg · Tel. 0 60 74/4 41 87
Mo–Do 8–24 Uhr · Fr/Sa/So/Feiertag 9–21 Uhr**

D - 6 0

Name der Anlage: TV-ROCK-KLETTERANLAGE

Anschrift: Darmstädter Str. 43

PLZ/Ort: D-64846 Großzimmern
Tel./Fax: Tel.: 0 60 71/6 70 30
Fax: 0 60 71/6 70 77
E-Mail: -
Internet: -

Ansprechpartner: Joachim Kaiser

Öffnungszeiten: Sa., So. 12.00 - 20.00 h

Eintrittspreise: DM 18,- (DM 10,- bis DM 15,-)

Zufahrt mit öffentl. Verkehrsmitteln möglich:
☒ Ja   ☐ Nein

Zufahrt mit dem PKW:
B45 Ausf. „Groß-Zimmern", in Groß-Zimmern der Aussch. „TV 1863" folgen. Die Anlage befindet sich hinter der Mehrzweckhalle.

Größe/Kletterfläche: 243 m²
Größe/Grundfläche: 168 m²
Dachbereich: 21 m²
Boulderbereich: 50 m²
Wandhöhe: 13 m
max. Kletterlänge: 20 m

Schwierigkeiten der Routen: von 3 bis 10
Anzahl der Routen: 55 Stück
Vorstieg möglich: ☒ Ja   ☐ Nein
Toprope-Seile vorhanden: ☒ Ja   ☐ Nein

Hersteller Kletterwand:
Entre Prises

Hersteller Griffe:
verschiedene

Zugang nur für AV-Mitglieder:
☐ Ja   ☒ Nein

Wandbetreuung vorhanden:
☐ Ja   ☒ Nein

Leihausrüstung:
☒ Ja   ☐ Nein

Übernachtungsmöglichkeiten:
☐ Ja   ☒ Nein

Weitere Angebote:
Kinderkurse:	☒ Ja	☐ Nein
Anfängerkurse:	☐ Ja	☒ Nein
Fortgeschrittenenkurse:	☐ Ja	☒ Nein
Klettershop:	☐ Ja	☒ Nein
Restaurant od. Bistro:	☒ Ja	☐ Nein
Sauna:	☐ Ja	☒ Nein
Dampfbad:	☐ Ja	☒ Nein
Solarium:	☐ Ja	☒ Nein
Squash:	☐ Ja	☒ Nein
Badminton:	☒ Ja	☐ Nein
Streetball:	☐ Ja	☒ Nein
Fitness:	☒ Ja	☐ Nein
Aerobic:	☒ Ja	☐ Nein
Tennis:	☒ Ja	☐ Nein
Billard:	☐ Ja	☒ Nein
Tischfußball:	☐ Ja	☒ Nein

Sonstiges:

D - 6 1

Name der Anlage: KLETTERTURM BAUSCHHEIM/RÜSSELSHEIM (Außenanlage)

Anschrift: Am Weinfaß   **Öffnungszeiten:** tagsüber

PLZ/Ort: D-65428 Rüsselsheim/Bauschheim
Tel./Fax: Tel.: 0 61 42/15 21 16   **Eintrittspreise:** kostenlos mit Berechtigungsausweis
Fax: 0 61 42/1 27 07
E-Mail: gurkcooo@goofy.zdv.uni-mainz.de   **Zufahrt mit öffentl. Verkehrsmitteln möglich:**
Internet: http://www.uni-mainz.de/   ☒ Ja   ☐ Nein
~gurkcooo/climb.htm
Ansprech-   **Zufahrt mit dem PKW:**
partner: Christian Gurk   A 60 Ausf. „Bischofsheim/Bauschheim" Richt. Bauschheim
B 42, Ausf. „Bauschheim" (Real), erste Ampel re. Str. Am
Weinfaß folgen bis Ende (Sporthalle Bauschheim - dahinter
Kletterturm).

Größe/Kletterfläche:	180 m²	
Größe/Grundfläche:	k.A.	
Dachbereich:	10 m²	
Boulderbereich:	- m²	
Wandhöhe:	15 m	
max. Kletterlänge:	20 m	

Übernachtungsmöglichkeiten:
☐ Ja   ☒ Nein

Weitere Angebote:
Kinderkurse:	☒ Ja	☐ Nein
Anfängerkurse:	☒ Ja	☐ Nein
Fortgeschrittenenkurse:	☒ Ja	☐ Nein
Klettershop:	☐ Ja	☒ Nein
Restaurant od. Bistro:	☐ Ja	☒ Nein
Sauna:	☐ Ja	☒ Nein
Dampfbad:	☐ Ja	☒ Nein
Solarium:	☐ Ja	☒ Nein
Squash:	☐ Ja	☒ Nein
Badminton:	☐ Ja	☒ Nein
Streetball:	☐ Ja	☒ Nein
Fitness:	☐ Ja	☒ Nein
Aerobic:	☐ Ja	☒ Nein
Tennis:	☐ Ja	☒ Nein
Billard:	☐ Ja	☒ Nein
Tischfußball:	☐ Ja	☒ Nein

Schwierigkeiten der Routen: von 2   bis 9
Anzahl der Routen: 15 Stück
Vorstieg möglich: ☒ Ja   ☐ Nein
Toprope-Seile vorhanden: ☐ Ja   ☒ Nein

Hersteller Kletterwand:
Betonturm, Pyramide

Hersteller Griffe:
verschiedene

Zugang nur für AV-Mitglieder:
☒ Ja   ☐ Nein

Wandbetreuung vorhanden:
☐ Ja   ☒ Nein

Sonstiges:

Leihausrüstung:
☒ Ja   ☐ Nein

D - 62

Name der Anlage: **TIME TO CLIMB-BOULDERHÖHLE/KLETTERANLAGE NOTOUR**

Anschrift: Saarbrücker Str. 1 - 3

PLZ/Ort: D-66386 St. Ingbert
Tel./Fax: Tel.: 0 68 94/3 71 79
Fax: 0 68 94/3 95 42
E-Mail: -
Internet: -

Ansprechpartner: Marcus Jung, Jürgen Wolter

Öffnungszeiten: Boulderhöhle Sommer: Mo. - Fr. 10.00 - 20.00 h, Sa. 10.00 - 16.00 h,
Winter: Do., Fr. bis 22.00 h
Kletteranlage: tgl. 10.00 - 22.00 h (Flutlicht)
Eintrittspreise: DM 5,- bis DM 8,- (DM 3,- bis DM 5,-)

Zufahrt mit öffentl. Verkehrsmitteln möglich:
☒ Ja   ☐ Nein

Zufahrt mit dem PKW:
A 6 Ausf. „West", Richt. Uni, St. Ingbert City, Saarbrücker Str. 1, parken im Hof

---

Größe/Kletterfläche: 400 m²
Größe/Grundfläche: 300 m²
Dachbereich: 50 m²
Boulderbereich: 200 m²
Wandhöhe: 40 m
max. Kletterlänge: 40 m

Schwierigkeiten der Routen: von 3 bis 9
Anzahl der Routen: 25 Stück
Vorstieg möglich: ☒ Ja ☐ Nein
Toprope-Seile vorhanden: ☐ Ja ☒ Nein

Hersteller Kletterwand:
Eigenbau

Hersteller Griffe:
verschiedene

Zugang nur für AV-Mitglieder:
☐ Ja   ☒ Nein

Wandbetreuung vorhanden:
☒ Ja   ☐ Nein

Leihausrüstung:
☒ Ja   ☐ Nein

Übernachtungsmöglichkeiten:
☐ Ja   ☒ Nein

Weitere Angebote:
Kinderkurse:	☒ Ja	☐ Nein
Anfängerkurse:	☒ Ja	☐ Nein
Fortgeschrittenenkurse:	☒ Ja	☐ Nein
Klettershop:	☒ Ja	☐ Nein
Restaurant od. Bistro:	☐ Ja	☒ Nein
Sauna:	☐ Ja	☒ Nein
Dampfbad:	☐ Ja	☒ Nein
Solarium:	☐ Ja	☒ Nein
Squash:	☐ Ja	☒ Nein
Badminton:	☐ Ja	☒ Nein
Streetball:	☐ Ja	☒ Nein
Fitness:	☐ Ja	☒ Nein
Aerobic:	☐ Ja	☒ Nein
Tennis:	☐ Ja	☒ Nein
Billard:	☐ Ja	☒ Nein
Tischfußball:	☐ Ja	☒ Nein

Sonstiges:
Aufenthaltsraum mit Getränkeautomaten und Video

D - 6 3

Name der Anlage: SPORTHALLE ENSDORF

Anschrift: Im Sportcentrum
PLZ/Ort: D-66806 Ensdorf
Tel./Fax: Tel.: 0 68 31/5 95 01 od. 8 02 67

E-Mail: -
Internet: -

Ansprechpartner: Manfred Schon

Öffnungszeiten: Mo., Do. 14.00 - 22.00 h, Mi.14.00 - 21.00 h, Fr. 9.00 - 11.00 h u. 16.00 - 22.00 h
Eintrittspreise: DM 15,- (DM 4,- bis DM 8,-)

Zufahrt mit öffentl. Verkehrsmitteln möglich:
☒ Ja   ☐ Nein

Zufahrt mit dem PKW:
A 8 - Ausf. „Ensdorf" nach Holzweiler - nach Fraulautern - nach Ensdorf - vor Ortsschild nach li. zur Sporthalle

---

Größe/Kletterfläche: 210 m²
Größe/Grundfläche: 207 m²
Dachbereich: 15 m²
Boulderbereich: 28 m²
Wandhöhe: 7 m
max. Kletterlänge: 9 m

Schwierigkeiten der Routen: von 3 bis 8
Anzahl der Routen: 55 Stück
Vorstieg möglich: ☒ Ja   ☐ Nein
Toprope-Seile vorhanden: ☒ Ja   ☐ Nein

Hersteller Kletterwand:
verschiedene

Hersteller Griffe:
verschiedene

Zugang nur für AV-Mitglieder:
☐ Ja   ☒ Nein

Wandbetreuung vorhanden:
☐ Ja   ☒ Nein

Leihausrüstung:
☐ Ja   ☒ Nein

Übernachtungsmöglichkeiten:
☐ Ja   ☒ Nein

Weitere Angebote:

Kinderkurse:	☒ Ja	☐ Nein
Anfängerkurse:	☒ Ja	☐ Nein
Fortgeschrittenenkurse:	☐ Ja	☒ Nein
Klettershop:	☐ Ja	☒ Nein
Restaurant od. Bistro:	☐ Ja	☒ Nein
Sauna:	☐ Ja	☒ Nein
Dampfbad:	☐ Ja	☒ Nein
Solarium:	☐ Ja	☒ Nein
Squash:	☐ Ja	☒ Nein
Badminton:	☐ Ja	☒ Nein
Streetball:	☐ Ja	☒ Nein
Fitness:	☐ Ja	☒ Nein
Aerobic:	☐ Ja	☒ Nein
Tennis:	☐ Ja	☒ Nein
Billard:	☐ Ja	☒ Nein
Tischfußball:	☐ Ja	☒ Nein

Sonstiges:

D - 64

Name der Anlage: EXTREM - DAS KLETTERZENTRUM

Anschrift:	Saarburger Straße 25	**Öffnungszeiten:**	tgl. 10.00 - DM 22.00 h
PLZ/Ort:	D-67071 Ludwigshafen		
Tel./Fax:	Tel.: 06 21/51 12 87	**Eintrittspreise:**	DM 19,- bis DM 22,-
	Fax: 06 21/52 83 74		
E-Mail:	frey@kletterzentrum.de		
Internet:	http://www.kletterzentrum.de		

Zufahrt mit öffentl. Verkehrsmitteln möglich:
☒ Ja   ☐ Nein

Ansprechpartner: Steffen Frey

Zufahrt mit dem PKW:
A 650 - Ausf. „Oggersheim-Süd" - Richt. Friesenheim zur großen Kreuzung (Ampel) - re. Richt. Zentrum - nach 1 km Saarburger Str. - ca. 1 km re. Seite

---

Größe/Kletterfläche:	1900 m²	**Übernachtungsmöglichkeiten:**			
Größe/Grundfläche:	1100 m²	☐ Ja	☒ Nein		
Dachbereich:	80 m²				
Boulderbereich:	350 m²	**Weitere Angebote:**			
Wandhöhe:	10 m	Kinderkurse:	☒ Ja	☐ Nein	
max. Kletterlänge:	15 m	Anfängerkurse:	☒ Ja	☐ Nein	
		Fortgeschrittenenkurse:	☒ Ja	☐ Nein	
Schwierigkeiten der Routen:	von 3 bis 10	Klettershop:	☒ Ja	☐ Nein	
Anzahl der Routen:	240 Stück	Restaurant od. Bistro:	☒ Ja	☐ Nein	
Vorstieg möglich:	☒ Ja ☐ Nein	Sauna:	☐ Ja	☒ Nein	
Toprope-Seile vorhanden:	☒ Ja ☐ Nein	Dampfbad:	☐ Ja	☒ Nein	
		Solarium:	☐ Ja	☒ Nein	
Hersteller Kletterwand:		Squash:	☐ Ja	☒ Nein	
T-Wall		Badminton:	☐ Ja	☒ Nein	
		Streetball:	☐ Ja	☒ Nein	
Hersteller Griffe:		Fitness:	☒ Ja	☐ Nein	
verschiedene		Aerobic:	☐ Ja	☒ Nein	
		Tennis:	☐ Ja	☒ Nein	
Zugang nur für AV-Mitglieder:		Billard:	☐ Ja	☒ Nein	
☐ Ja ☒ Nein		Tischfußball:	☒ Ja	☐ Nein	
Wandbetreuung vorhanden:		**Sonstiges:**			
☐ Ja ☒ Nein		Kraftraum			
Leihausrüstung:					
☒ Ja ☐ Nein					

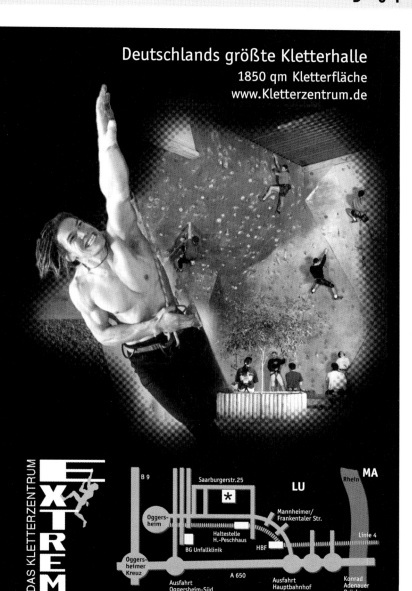

D - 65

Name der Anlage: ENGELHORN SPORTS

Anschrift: N 5, 6 + 7

PLZ/Ort: D-68161 Mannheim
Tel./Fax: Tel.: 06 21/1 67-24 27
Fax: 06 21/1 67-26 40
E-Mail: -
Internet: -

Ansprechpartner: Ralf Blumenschein

Öffnungszeiten: Mo. - Fr. 10.00 - 20.00 h,
Sa. 9.00 - 16.00 h

Eintrittspreise: kostenlos

Zufahrt mit öffentl. Verkehrsmitteln möglich:
☒ Ja   ☐ Nein

Zufahrt mit dem PKW:
Mannheim-Zentrum - P Parkhaus Wasserturm am Stadthaus
od. Hotel Holiday Inn
(Kletterwand befindet sich im Sporthaus Engelhorn und Sturm)

Größe/Kletterfläche: 120 m²
Größe/Grundfläche: k.A.
Dachbereich: - m²
Boulderbereich: - m²
Wandhöhe: 26 m
max. Kletterlänge: 30 m

Schwierigkeiten der Routen: von 4   bis 8
Anzahl der Routen: 6 Stück
Vorstieg möglich: ☒ Ja   ☐ Nein
Toprope-Seile vorhanden: ☒ Ja   ☐ Nein

Hersteller Kletterwand:
Vertikal

Hersteller Griffe:
Vertikal, Metolius, Art Rock

Zugang nur für AV-Mitglieder:
☐ Ja   ☒ Nein

Wandbetreuung vorhanden:
☒ Ja   ☐ Nein

Leihausrüstung:
☒ Ja   ☐ Nein

Übernachtungsmöglichkeiten:
☐ Ja   ☒ Nein

Weitere Angebote:
Kinderkurse:	☐ Ja	☒ Nein
Anfängerkurse:	☐ Ja	☒ Nein
Fortgeschrittenenkurse:	☐ Ja	☒ Nein
Klettershop:	☒ Ja	☐ Nein
Restaurant od. Bistro:	☒ Ja	☐ Nein
Sauna:	☐ Ja	☒ Nein
Dampfbad:	☐ Ja	☒ Nein
Solarium:	☐ Ja	☒ Nein
Squash:	☐ Ja	☒ Nein
Badminton:	☐ Ja	☒ Nein
Streetball:	☐ Ja	☒ Nein
Fitness:	☐ Ja	☒ Nein
Aerobic:	☐ Ja	☒ Nein
Tennis:	☐ Ja	☒ Nein
Billard:	☐ Ja	☒ Nein
Tischfußball:	☐ Ja	☒ Nein

Sonstiges:
Schnupperkurse

D - 66

Name der Anlage: TOP FIT MULTISPORTANLAGE

Anschrift: Gewerbegebiet Hägebüchstr. 5
PLZ/Ort: D-68799 Reilingen
Tel./Fax: Tel.: 0 62 05/1 56 63
Fax: 0 62 05/1 86 75
E-Mail: -
Internet: -

Ansprechpartner: k.A.

Öffnungszeiten: Mo. - Fr. 9.00 - 23.00 h, Sa. 13.00 - 19.00 h, So. 9.00 - 18.00 h

Eintrittspreise: DM 15,-

Zufahrt mit öffentl. Verkehrsmitteln möglich:
☒ Ja   ☐ Nein

Zufahrt mit dem PKW:
Von BAB od. B 529 Ausf. „Reilingen Mitte" in Richt. Gewerbegebiet, der Ausschilderung folgen

---

Größe/Kletterfläche: 136 m²
Größe/Grundfläche: 20 m²
Dachbereich: - m²
Boulderbereich: 30 m²
Wandhöhe: 17 m
max. Kletterlänge: 17 m

Schwierigkeiten der Routen: von   bis k.A.
Anzahl der Routen: 8 Stück
Vorstieg möglich: ☒ Ja   ☐ Nein
Toprope-Seile vorhanden: ☒ Ja   ☐ Nein

Hersteller Kletterwand:
k.A.

Hersteller Griffe:
k.A.

Zugang nur für AV-Mitglieder:
☐ Ja   ☒ Nein

Wandbetreuung vorhanden:
☐ Ja   ☒ Nein

Leihausrüstung:
☒ Ja   ☐ Nein

Übernachtungsmöglichkeiten:
☐ Ja   ☒ Nein

Weitere Angebote:
Kinderkurse:	☒ Ja	☐ Nein
Anfängerkurse:	☒ Ja	☐ Nein
Fortgeschrittenenkurse:	☐ Ja	☒ Nein
Klettershop:	☐ Ja	☒ Nein
Restaurant od. Bistro:	☒ Ja	☐ Nein
Sauna:	☒ Ja	☐ Nein
Dampfbad:	☒ Ja	☐ Nein
Solarium:	☒ Ja	☐ Nein
Squash:	☒ Ja	☐ Nein
Badminton:	☒ Ja	☐ Nein
Streetball:	☒ Ja	☐ Nein
Fitness:	☐ Ja	☒ Nein
Aerobic:	☒ Ja	☐ Nein
Tennis:	☐ Ja	☒ Nein
Billard:	☐ Ja	☒ Nein
Tischfußball:	☐ Ja	☒ Nein

Sonstiges:

D - 6 7

Name der Anlage: **KLETTERGARTEN JAKOBSWAND (Außenanlage)**

Anschrift: Birkenauer-Tal-Str. 99

PLZ/Ort: D-69469 Weinheim
Tel./Fax: Tel.: 0 62 01/18 30 11

E-Mail: -
Internet: -

**Ansprech-
partner:** Klaus Wohnsiedler

Öffnungszeiten: Mo. 16.00 - 19.00 h Frauenklettern,
Di. + Do. 17.00 - 21.00 h, Sa. 13.00 -
17.30 h, So 10.00 - 14.00 h
Eintrittspreise: DM 10,- (DM 5,-)

Zufahrt mit öffentl. Verkehrsmitteln möglich:
☒ Ja   ☐ Nein

Zufahrt mit dem PKW:
Ortsausgang Weinheim Richt. Birkenau, nach 20 m hinter Ortsendeschild li. in die Einfahrt

---

Größe/Kletterfläche: 130 m²
Größe/Grundfläche: k.A.
Dachbereich: - m²
Boulderbereich: - m²
Wandhöhe: 10 m
max. Kletterlänge: 10 m

Schwierigkeiten der Routen: von 3 bis 8
Anzahl der Routen: 20 Stück
Vorstieg möglich: ☒ Ja   ☐ Nein
Toprope-Seile vorhanden: ☒ Ja   ☐ Nein

Hersteller Kletterwand:
T-Wall

Hersteller Griffe:
T-Wall

Zugang nur für AV-Mitglieder:
☐ Ja   ☒ Nein

Wandbetreuung vorhanden:
☒ Ja   ☐ Nein

Leihausrüstung:
☒ Ja   ☐ Nein

Übernachtungsmöglichkeiten:
☐ Ja   ☒ Nein

Weitere Angebote:
Kinderkurse:	☒ Ja	☐ Nein
Anfängerkurse:	☒ Ja	☐ Nein
Fortgeschrittenenkurse:	☒ Ja	☐ Nein
Klettershop:	☐ Ja	☒ Nein
Restaurant od. Bistro:	☐ Ja	☒ Nein
Sauna:	☐ Ja	☒ Nein
Dampfbad:	☐ Ja	☒ Nein
Solarium:	☐ Ja	☒ Nein
Squash:	☐ Ja	☒ Nein
Badminton:	☐ Ja	☒ Nein
Streetball:	☐ Ja	☒ Nein
Fitness:	☐ Ja	☒ Nein
Aerobic:	☐ Ja	☒ Nein
Tennis:	☐ Ja	☒ Nein
Billard:	☐ Ja	☒ Nein
Tischfußball:	☐ Ja	☒ Nein

Sonstiges:
Neben der künstlichen Wand befindet sich noch ein ehemaliger Steinbruch mit ca. 2000 m² Kletterfläche, einer Höhe bis zu 50 m und ca. 60 Routen.

D - 68

Name der Anlage: CITYROCK

Anschrift: Fritz Elsas Straße 44

PLZ/Ort: D-70174 Stuttgart
Tel./Fax: Tel.: 07 11/18 77 10
Fax: 07 11/18 77 199
E-Mail: ejs-aktuell@n.29s.de
Internet: -

Ansprechpartner: Rainer Öhrle

Öffnungszeiten: Di., Do., Fr. 17.00 - 22.00 h,
Sa. 18.00 - 22.00 h

Eintrittspreise: DM 9,- (DM 7,-)

Zufahrt mit öffentl. Verkehrsmitteln möglich:
☒ Ja ☐ Nein

Zufahrt mit dem PKW:
Stuttgart Stadtmitte/Rotebühlplatz - auf der Fritz Elsas Str.
Richt. Berliner Platz/Liederhalle - 3. Straße re. in die Hohe
Straße (Haltestelle)

Größe/Kletterfläche: 270 m²
Größe/Grundfläche: 90 m²
Dachbereich: 16 m²
Boulderbereich: 50 m²
Wandhöhe: 11 m
max. Kletterlänge: 18 m

Schwierigkeiten der Routen: von 3 bis 9
Anzahl der Routen: 45 Stück
Vorstieg möglich: ☒ Ja ☐ Nein
Toprope-Seile vorhanden: ☒ Ja ☐ Nein

Hersteller Kletterwand:
Griffit, T-Wall, Entre Prises

Hersteller Griffe:
Griffit, T-Wall, Entre Prises

Zugang nur für AV-Mitglieder:
☐ Ja ☒ Nein

Wandbetreuung vorhanden:
☐ Ja ☒ Nein

Leihausrüstung:
☒ Ja ☐ Nein

Übernachtungsmöglichkeiten:
☐ Ja ☒ Nein

Weitere Angebote:
Kinderkurse:	☒ Ja	☐ Nein
Anfängerkurse:	☒ Ja	☐ Nein
Fortgeschrittenenkurse:	☐ Ja	☒ Nein
Klettershop:	☐ Ja	☒ Nein
Restaurant od. Bistro:	☒ Ja	☐ Nein
Sauna:	☐ Ja	☒ Nein
Dampfbad:	☐ Ja	☒ Nein
Solarium:	☐ Ja	☒ Nein
Squash:	☐ Ja	☒ Nein
Badminton:	☐ Ja	☒ Nein
Streetball:	☐ Ja	☒ Nein
Fitness:	☐ Ja	☒ Nein
Aerobic:	☐ Ja	☒ Nein
Tennis:	☐ Ja	☒ Nein
Billard:	☐ Ja	☒ Nein
Tischfußball:	☐ Ja	☒ Nein

Sonstiges:
Kindergeburtstage

D-69

Name der Anlage: MERZSCHULE (Boulderhalle)

Anschrift: Albrecht-Leo-Merz-Weg 2

Öffnungszeiten: Mo. - Fr. 18.00 - 22.00 h

PLZ/Ort: D-70184 Stuttgart
Tel./Fax: Tel.: 07 11/7 69 63 66
Fax: 07 11/7 69 63 689
E-Mail: dav_schwaben@t-online.de
Internet: -

Eintrittspreise: Jahresbeitrag DAV

Zufahrt mit öffentl. Verkehrsmitteln möglich:
☒ Ja   ☐ Nein

Ansprechpartner: Roland Frey

Zufahrt mit dem PKW:
Stgt. Zentrum-Olgaeck-Eugensplatz-Pischek-Str./Haltestelle Straßenbahn Geroksruhe li. - nach 100 m re. ins Schulgelände-Kletteranlage im Foyer

---

Größe/Kletterfläche: 150 m²
Größe/Grundfläche: k.A.
Dachbereich: 15 m²
Boulderbereich: 150 m²
Wandhöhe: 4 m
max. Kletterlänge: 35 m

Schwierigkeiten der Routen: k.A.
Anzahl der Routen: k.A.
Vorstieg möglich: ☐ Ja   ☒ Nein
Toprope-Seile vorhanden: ☐ Ja   ☒ Nein

Hersteller Kletterwand:
Entre Prises

Hersteller Griffe:
Entre Prises, Griffit, Canyon

Zugang nur für AV-Mitglieder:
☒ Ja   ☐ Nein

Wandbetreuung vorhanden:
☐ Ja   ☒ Nein

Leihausrüstung:
☐ Ja   ☒ Nein

Übernachtungsmöglichkeiten:
☐ Ja   ☒ Nein

Weitere Angebote:
Kinderkurse: ☒ Ja   ☐ Nein
Anfängerkurse: ☒ Ja   ☐ Nein
Fortgeschrittenenkurse: ☒ Ja   ☐ Nein
Klettershop: ☐ Ja   ☒ Nein
Restaurant od. Bistro: ☐ Ja   ☒ Nein
Sauna: ☐ Ja   ☒ Nein
Dampfbad: ☐ Ja   ☒ Nein
Solarium: ☐ Ja   ☒ Nein
Squash: ☐ Ja   ☒ Nein
Badminton: ☐ Ja   ☒ Nein
Streetball: ☐ Ja   ☒ Nein
Fitness: ☒ Ja   ☐ Nein
Aerobic: ☐ Ja   ☒ Nein
Tennis: ☐ Ja   ☒ Nein
Billard: ☐ Ja   ☒ Nein
Tischfußball: ☐ Ja   ☒ Nein

Sonstiges:

D - 7 0

Name der Anlage: VITADROM

Anschrift: Triebweg 85 (Am Sportpark)
PLZ/Ort: D-70469 Stuttgart
Tel./Fax: Tel.: 07 11/89 08 90
Fax: 07 11/89 08 950
E-Mail: -
Internet: -

Ansprechpartner: k.A.

Öffnungszeiten: Mo. 13.00 - 24.00 h, Di. 7.00 - 24.00 h, Mi., Do. 9.00 - 24.00 h, Fr. 9.00 - 22.30 h, Sa. 10.00 - 21.00 h, So. 9.00 - 22.00 h
Eintrittspreise: DM 15,- (DM 13,-)

Zufahrt mit öffentl. Verkehrsmitteln möglich:
☒ Ja   ☐ Nein

Zufahrt mit dem PKW:
A 81 Ausf. „Feuerbach" - B 295 Richt. Feuerbach - vor Tunnel re. - Ampel re. - 1. Str. re. zum Sportpark

---

Größe/Kletterfläche: 67,5 m²
Größe/Grundfläche: k.A.
Dachbereich: - m²
Boulderbereich: k.A.
Wandhöhe: 7,5 m
max. Kletterlänge: 7,5 m

Schwierigkeiten der Routen: von 4- bis 8+
Anzahl der Routen: 20 Stück
Vorstieg möglich: ☒ Ja   ☐ Nein
Toprope-Seile vorhanden: ☒ Ja   ☐ Nein

Hersteller Kletterwand:
Mastergrip

Hersteller Griffe:
Mastergrip

Zugang nur für AV-Mitglieder:
☐ Ja   ☒ Nein

Wandbetreuung vorhanden:
☒ Ja   ☐ Nein

Leihausrüstung:
☒ Ja   ☐ Nein

Übernachtungsmöglichkeiten:
☐ Ja   ☒ Nein

Weitere Angebote:
Kinderkurse:	☒ Ja	☐ Nein
Anfängerkurse:	☒ Ja	☐ Nein
Fortgeschrittenenkurse:	☒ Ja	☐ Nein
Klettershop:	☐ Ja	☒ Nein
Restaurant od. Bistro:	☒ Ja	☐ Nein
Sauna:	☒ Ja	☐ Nein
Dampfbad:	☒ Ja	☐ Nein
Solarium:	☒ Ja	☐ Nein
Squash:	☒ Ja	☐ Nein
Badminton:	☒ Ja	☐ Nein
Streetball:	☐ Ja	☒ Nein
Fitness:	☒ Ja	☐ Nein
Aerobic:	☒ Ja	☐ Nein
Tennis:	☐ Ja	☒ Nein
Billard:	☐ Ja	☒ Nein
Tischfußball:	☐ Ja	☒ Nein

Sonstiges:
Boulderbereich geplant

D-71

Name der Anlage: KLETTERANLAGE WALDAU (Außenanlage)

Anschrift: Fr.-Strobel-Weg 5

PLZ/Ort: D-70597 Stuttgart-Degerloch
Tel./Fax: Tel.: 07 11/7 69 63 66
Fax: 07 11/76 96 36 89
E-Mail: dav_schwaben@t-online.de
Internet: -

Ansprechpartner: k.A.

Öffnungszeiten: Mo. - Fr. 13.00 - 20.00 h,
Sa., So. 11.00 - 20.00 h

Eintrittspreise: DM 15,- (DM 5,- bis DM 8,-)

Zufahrt mit öffentl. Verkehrsmitteln möglich:
☒ Ja   ☐ Nein

Zufahrt mit dem PKW:
B 27 bis Degerloch „Albplatz" - Aussch. „Funkturm Waldaustadion" folgen - Hinweisschilder „Haus des Waldes/Kunsteisbahn" zum Königsträßle

---

Größe/Kletterfläche: 550 m²
Größe/Grundfläche: k.A.
Dachbereich: 40 m²
Boulderbereich: - m²
Wandhöhe: 14 m
max. Kletterlänge: 20 m

Schwierigkeiten der Routen: von 2 bis 9
Anzahl der Routen: 40 Stück
Vorstieg möglich: ☒ Ja ☐ Nein
Toprope-Seile vorhanden: ☐ Ja ☒ Nein

Hersteller Kletterwand:
Entre Prises

Hersteller Griffe:
Entre Prises

Zugang nur für AV-Mitglieder:
☐ Ja   ☒ Nein

Wandbetreuung vorhanden:
☐ Ja   ☒ Nein

Leihausrüstung:
☐ Ja   ☒ Nein

Übernachtungsmöglichkeiten:
☐ Ja   ☒ Nein

Weitere Angebote:
Kinderkurse: ☒ Ja ☐ Nein
Anfängerkurse: ☒ Ja ☐ Nein
Fortgeschrittenenkurse: ☒ Ja ☐ Nein
Klettershop: ☐ Ja ☒ Nein
Restaurant od. Bistro: ☐ Ja ☒ Nein
Sauna: ☐ Ja ☒ Nein
Dampfbad: ☐ Ja ☒ Nein
Solarium: ☐ Ja ☒ Nein
Squash: ☐ Ja ☒ Nein
Badminton: ☐ Ja ☒ Nein
Streetball: ☐ Ja ☒ Nein
Fitness: ☐ Ja ☒ Nein
Aerobic: ☐ Ja ☒ Nein
Tennis: ☐ Ja ☒ Nein
Billard: ☐ Ja ☒ Nein
Tischfußball: ☐ Ja ☒ Nein

Sonstiges:
Spielplatz

CLIMBING GEAR

INDOOR AND OUTDOOR EQUIPMENT

Alpin Sport BERGLAND

Climbing
Mountaineering
Trekking
Outdoor
Ski-Mountaineering

STUTTGART · Rotebühlplatz 20A · Ⓤ+Ⓢ Stadtmitte · Tel. 07 11/22 39 70

D - 7 2

Name der Anlage: TSV BEWEGUNGSLANDSCHAFT

Anschrift: Friedensschulzentrum
Talstr. 4
PLZ/Ort: D-70736 Fellbach-Schmiden
Tel./Fax: Tel.: 07 11/95 19 39-0
Fax: 07 11/95 19 39-25
E-Mail: -
Internet: -

Ansprechpartner: TSV Schmiden, Christoph Rückle, Fellbacher Str. 47, 70736 Fellbach

Öffnungszeiten: Do. 18.00 - 21.30 h

Eintrittspreise: DM 10,-

Zufahrt mit öffentl. Verkehrsmitteln möglich:
☒ Ja   ☐ Nein

Zufahrt mit dem PKW:
Zentrum Schmiden - gr. Kreuzung (Fachwerkhaus, Kino) dahinter P - Ende P auf Fußweg li. (um Kindergarten herum) - Eingang Kleinschwimmhalle, Kletterwand im I. OG

Größe/Kletterfläche: 60 m²
Größe/Grundfläche: k.A.
Dachbereich: - m²
Boulderbereich: - m²
Wandhöhe: 7 m
max. Kletterlänge: 7 m

Schwierigkeiten der Routen: von 4 bis 8
Anzahl der Routen: 40 Stück
Vorstieg möglich: ☒ Ja ☐ Nein
Toprope-Seile vorhanden: ☒ Ja ☐ Nein

Hersteller Kletterwand:
Mastergrip

Hersteller Griffe:
Mastergrip

Zugang nur für AV-Mitglieder:
☐ Ja   ☒ Nein

Wandbetreuung vorhanden:
☐ Ja   ☒ Nein

Leihausrüstung:
☐ Ja   ☒ Nein

Übernachtungsmöglichkeiten:
☐ Ja   ☒ Nein

Weitere Angebote:
Kinderkurse:	☒ Ja	☐ Nein
Anfängerkurse:	☒ Ja	☐ Nein
Fortgeschrittenenkurse:	☐ Ja	☒ Nein
Klettershop:	☐ Ja	☒ Nein
Restaurant od. Bistro:	☐ Ja	☒ Nein
Sauna:	☐ Ja	☒ Nein
Dampfbad:	☐ Ja	☒ Nein
Solarium:	☐ Ja	☒ Nein
Squash:	☐ Ja	☒ Nein
Badminton:	☐ Ja	☒ Nein
Streetball:	☐ Ja	☒ Nein
Fitness:	☐ Ja	☒ Nein
Aerobic:	☐ Ja	☒ Nein
Tennis:	☐ Ja	☒ Nein
Billard:	☐ Ja	☒ Nein
Tischfußball:	☐ Ja	☒ Nein

Sonstiges:

D-73

Name der Anlage: REMS-MURR-SPORTCENTER (Boulderanlage)

Anschrift: Bühlstraße 140

PLZ/Ort: D-70736 Fellbach
Tel./Fax: Tel.: 07 11/95 19 30
Fax.: 07 11/9 51 93 25
E-Mail: TSchmidenV@ad.com
Internet: http://www.tsv-schmiden.de

Ansprechpartner: TSV Schmiden, Christoph Rückle, Fellbacher Str. 47, 70736 Fellbach

Öffnungszeiten: Mo. - Fr. 9.00 - 22.00 h, Sa. 11.00 - 16.00 h, So. 9.00 - 20.00 h

Eintrittspreise: DM 10,-

Zufahrt mit öffentl. Verkehrsmitteln möglich:
☒ Ja ☐ Nein

Zufahrt mit dem PKW:
B14 - Ausf. „Fellbach" - Richt. Fellbach-Schmiden - Parkplatz Kaufhalle, Rems-Murr-Sportcenter

---

Größe/Kletterfläche:	110 m²	
Größe/Grundfläche:	100 m²	
Dachbereich:	- m²	
Boulderbereich:	110 m²	
Wandhöhe:	4 m	
max. Kletterlänge:	8 m	

Schwierigkeiten der Routen: von 5 bis 10+
Anzahl der Routen: 150 Stück
Vorstieg möglich: ☐ Ja ☒ Nein
Toprope-Seile vorhanden: ☐ Ja ☒ Nein

Hersteller Kletterwand:
Eigenbau

Hersteller Griffe:
verschiedene

Zugang nur für AV-Mitglieder:
☐ Ja ☒ Nein

Wandbetreuung vorhanden:
☐ Ja ☒ Nein

Leihausrüstung:
☐ Ja ☒ Nein

Übernachtungsmöglichkeiten:
☐ Ja ☒ Nein

Weitere Angebote:

Kinderkurse:	☒ Ja	☐ Nein
Anfängerkurse:	☒ Ja	☐ Nein
Fortgeschrittenenkurse:	☐ Ja	☒ Nein
Klettershop:	☐ Ja	☒ Nein
Restaurant od. Bistro:	☒ Ja	☐ Nein
Sauna:	☒ Ja	☐ Nein
Dampfbad:	☐ Ja	☒ Nein
Solarium:	☒ Ja	☐ Nein
Squash:	☒ Ja	☐ Nein
Badminton:	☒ Ja	☐ Nein
Streetball:	☐ Ja	☒ Nein
Fitness:	☒ Ja	☐ Nein
Aerobic:	☒ Ja	☐ Nein
Tennis:	☒ Ja	☐ Nein
Billard:	☐ Ja	☒ Nein
Tischfußball:	☐ Ja	☒ Nein

Sonstiges:
10 m² Systemwand

D - 7 4

Name der Anlage: TVK FUN SPORTS ZENTRUM

Anschrift: Bogenstraße 35

PLZ/Ort: D-70806 Kornwestheim
Tel./Fax: Tel.: 0 71 54/83 08-0
Fax: 0 71 54/83 08-14
E-Mail: tvk@region-LB.de
Internet: -

Ansprechpartner: Thomas Eeg

Öffnungszeiten: tgl. 9.00 - 22.30 h

Eintrittspreise: DM 12,- (DM 10,-)

Zufahrt mit öffentl. Verkehrsmitteln möglich:
☒ Ja ☐ Nein

Zufahrt mit dem PKW:
B27 - Ausf. „Kornwestheim Süd" re. - gleich wieder li. - re.- T-Stück li. - vorbei an Beach-Plätzen - li.

Größe/Kletterfläche:	185 m²	**Übernachtungsmöglichkeiten:**		
Größe/Grundfläche:	k.A.	☐ Ja	☒ Nein	
Dachbereich:	8 m²			
Boulderbereich:	40 m²	**Weitere Angebote:**		
Wandhöhe:	8,5 m	Kinderkurse:	☒ Ja	☐ Nein
max. Kletterlänge:	9 m	Anfängerkurse:	☒ Ja	☐ Nein
		Fortgeschrittenenkurse:	☐ Ja	☒ Nein
Schwierigkeiten der Routen: von 3 bis 8-		Klettershop:	☐ Ja	☒ Nein
Anzahl der Routen:	60 Stück	Restaurant od. Bistro:	☒ Ja	☐ Nein
Vorstieg möglich:	☒ Ja ☐ Nein	Sauna:	☒ Ja	☐ Nein
Toprope-Seile vorhanden:	☒ Ja ☐ Nein	Dampfbad:	☒ Ja	☐ Nein
		Solarium:	☒ Ja	☐ Nein
Hersteller Kletterwand:		Squash:	☒ Ja	☐ Nein
Mastergrip		Badminton:	☒ Ja	☐ Nein
		Streetball:	☒ Ja	☐ Nein
Hersteller Griffe:		Fitness:	☒ Ja	☐ Nein
Mastergrip		Aerobic:	☒ Ja	☐ Nein
		Tennis:	☐ Ja	☒ Nein
Zugang nur für AV-Mitglieder:		Billard:	☐ Ja	☒ Nein
☐ Ja ☒ Nein		Tischfußball:	☐ Ja	☒ Nein

Wandbetreuung vorhanden:
☒ Ja ☐ Nein

Sonstiges:
Kegeln, Beach-Volleyball, Indoor-Soccer, Spinning, Massage

Leihausrüstung:
☒ Ja ☐ Nein

Follow your dreams

n allen Wänden und auf allen
ipfeln der Welt zu Hause:
AUDE-Funktionsausrüstung
nd Lucky-Kletterhardware.

VAUDE & Lucky
Vaude Straße 2
D-88069 Tettnang

info@vaude.de
www.vaude.de

D - 7 5

Name der Anlage: PINK POWER

Anschrift: Röhrer Weg 2
PLZ/Ort: D-71032 Böblingen
Tel./Fax: Tel.: 0 70 31/27 20 31
Fax: 0 70 31/27 68 88
E-Mail: -
Internet: -

Ansprechpartner: Jochen Schlecht

Öffnungszeiten: Mo. - Fr. 9.00 - 24.00 h, Sa. 10.00 - 21.00 h (Mai bis Okt. 13.00 - 20.00 h), So. 9.00 - 22.00 h
Eintrittspreise: DM 9,- (DM 16,-/DM 12,-)

Zufahrt mit öffentl. Verkehrsmitteln möglich:
☒ Ja   ☐ Nein

Zufahrt mit dem PKW:
A 81 Ausf. „Böblingen/Sindelfingen" Richt. Tübingen - nach Bahnübergang 2. Str. li.

Größe/Kletterfläche: 250 m²
Größe/Grundfläche: 60 m²
Dachbereich: 12 m²
Boulderbereich: - m²
Wandhöhe: 7 m
max. Kletterlänge: 16 m

Schwierigkeiten der Routen: von 3 bis 10
Anzahl der Routen: 50 Stück
Vorstieg möglich: ☒ Ja ☐ Nein
Toprope-Seile vorhanden: ☒ Ja ☐ Nein

Hersteller Kletterwand:
Vertikal, Mastergrip

Hersteller Griffe:
Vertikal, Mastergrip, TDS

Zugang nur für AV-Mitglieder:
☐ Ja   ☒ Nein

Wandbetreuung vorhanden:
☒ Ja   ☐ Nein

Leihausrüstung:
☒ Ja   ☐ Nein

Übernachtungsmöglichkeiten:
☐ Ja   ☒ Nein

Weitere Angebote:
Kinderkurse:	☒ Ja	☐ Nein
Anfängerkurse:	☒ Ja	☐ Nein
Fortgeschrittenenkurse:	☒ Ja	☐ Nein
Klettershop:	☒ Ja	☐ Nein
Restaurant od. Bistro:	☒ Ja	☐ Nein
Sauna:	☒ Ja	☐ Nein
Dampfbad:	☐ Ja	☒ Nein
Solarium:	☒ Ja	☐ Nein
Squash:	☒ Ja	☐ Nein
Badminton:	☒ Ja	☐ Nein
Streetball:	☐ Ja	☒ Nein
Fitness:	☒ Ja	☐ Nein
Aerobic:	☒ Ja	☐ Nein
Tennis:	☐ Ja	☒ Nein
Billard:	☐ Ja	☒ Nein
Tischfußball:	☐ Ja	☒ Nein

Sonstiges:
Gymnastik, Kinderbetreuung

D - 7 6

Name der Anlage: FREIZEITANLAGE ZIMMERSCHLAG (Außenanlage)

Anschrift: Sportvereinigung Böblingen
Im Zimmerschlag 7
PLZ/Ort: D-71032 Böblingen
Tel./Fax: Tel.: 0 70 31/27 84 80

E-Mail: -
Internet: -

Ansprechpartner: Frau Meder

Öffnungszeiten: tgl. 9.00 h - Einbruch d. Dunkelheit

Eintrittspreise: DM 16,- (DM 8,-)

Zufahrt mit öffentl. Verkehrsmitteln möglich:
☒ Ja ☐ Nein

Zufahrt mit dem PKW:
A 81 Richt. Singen - Ausf. „Böblingen-Ost" - durch Böblingen Richt. Schönaich/ Nürtingen - am Ortsausgang Böblingen (beim Bahnübergang) re.

Größe/Kletterfläche: 160 m²
Größe/Grundfläche: k.A.
Dachbereich: - m²
Boulderbereich: 20 m²
Wandhöhe: 11 m
max. Kletterlänge: 16 m

Schwierigkeiten der Routen: von 4 bis 9
Anzahl der Routen: 20 Stück
Vorstieg möglich: ☒ Ja ☐ Nein
Toprope-Seile vorhanden: ☐ Ja ☒ Nein

Hersteller Kletterwand:
Spritzbeton (Entre Prises)

Hersteller Griffe:
Entre Prises

Zugang nur für AV-Mitglieder:
☐ Ja ☒ Nein

Wandbetreuung vorhanden:
☐ Ja ☒ Nein

Leihausrüstung:
☒ Ja ☐ Nein

Übernachtungsmöglichkeiten:
☐ Ja ☒ Nein

Weitere Angebote:
Kinderkurse:	☒ Ja	☐ Nein
Anfängerkurse:	☒ Ja	☐ Nein
Fortgeschrittenenkurse:	☒ Ja	☐ Nein
Klettershop:	☐ Ja	☒ Nein
Restaurant od. Bistro:	☒ Ja	☐ Nein
Sauna:	☐ Ja	☒ Nein
Dampfbad:	☐ Ja	☒ Nein
Solarium:	☐ Ja	☒ Nein
Squash:	☐ Ja	☒ Nein
Badminton:	☐ Ja	☒ Nein
Streetball:	☐ Ja	☒ Nein
Fitness:	☐ Ja	☒ Nein
Aerobic:	☐ Ja	☒ Nein
Tennis:	☒ Ja	☐ Nein
Billard:	☐ Ja	☒ Nein
Tischfußball:	☐ Ja	☒ Nein

Sonstiges:
Fun-Ball-Tennis, Tischtennis

D-77

Name der Anlage: SPORTPARK VFL SINDELFINGEN

Anschrift: VfL Sindelfingen
Böblinger Straße 6
PLZ/Ort: D-71065 Sindelfingen
Tel./Fax: Tel.: 0 70 31/79 63-0
Fax: 0 70 31/79 63-99
E-Mail: sportpark@vfl-sindelfingen.de
Internet: www.vfl-sindelfingen.de

Ansprechpartner: k.A.

Öffnungszeiten: Mo. - Fr. 9.00 - 22.00 h, Sa. 10.00 - 16.00 h, So. 10.00 - 16.00 h

Eintrittspreise: DM 17,- (DM 12,-)

Zufahrt mit öffentl. Verkehrsmitteln möglich:
☒ Ja   ☐ Nein

Zufahrt mit dem PKW:
A 81 Ausf. „Sindelfingen-Ost" - stadteinwärts - nach 3,5 km (nach AGIP-Tankstelle) re. ab Richt. Stadtmitte - nach 500 m Kreuzung (Gartenstr./Böblinger Str.) geradeaus - nach 30 m li. Gebäude (Tiefgarage 100 m geradeaus)

Größe/Kletterfläche:	145 m²
Größe/Grundfläche:	k.A.
Dachbereich:	4 m²
Boulderbereich:	40 m²
Wandhöhe:	7,5 m
max. Kletterlänge:	15 m

Schwierigkeiten der Routen: von 4 bis 8
Anzahl der Routen: 25 Stück
Vorstieg möglich: ☒ Ja ☐ Nein
Toprope-Seile vorhanden: ☒ Ja ☐ Nein

Hersteller Kletterwand:
Mastergrip

Hersteller Griffe:
Mastergrip

Zugang nur für AV-Mitglieder:
☐ Ja   ☒ Nein

Wandbetreuung vorhanden:
☒ Ja   ☐ Nein

Leihausrüstung:
☒ Ja   ☐ Nein

Übernachtungsmöglichkeiten:
☐ Ja   ☒ Nein

Weitere Angebote:

Kinderkurse:	☒ Ja	☐ Nein
Anfängerkurse:	☒ Ja	☐ Nein
Fortgeschrittenenkurse:	☐ Ja	☒ Nein
Klettershop:	☒ Ja	☐ Nein
Restaurant od. Bistro:	☒ Ja	☐ Nein
Sauna:	☒ Ja	☐ Nein
Dampfbad:	☐ Ja	☒ Nein
Solarium:	☒ Ja	☐ Nein
Squash:	☐ Ja	☒ Nein
Badminton:	☒ Ja	☐ Nein
Streetball:	☒ Ja	☐ Nein
Fitness:	☒ Ja	☐ Nein
Aerobic:	☒ Ja	☐ Nein
Tennis:	☐ Ja	☒ Nein
Billard:	☐ Ja	☒ Nein
Tischfußball:	☐ Ja	☒ Nein

Sonstiges:
Streetball

D - 7 8

Name der Anlage: **SPORTHOTEL ARAMIS**

Anschrift: Siedlerstr. 40 - 44

Öffnungszeiten: tgl. 7.00 - 23.00 h

PLZ/Ort: D-71126 Gäufelden-Nebringen
Tel./Fax: Tel.: 0 70 32/78 10
Fax: 0 70 32/78 15 55

Eintrittspreise: DM 15,- (DM 10,-/DM 12,-)

E-Mail: info@aramis.de
Internet: www.aramis.de

Zufahrt mit öffentl. Verkehrsmitteln möglich:
☒ Ja   ☐ Nein

Ansprechpartner: Balkan Cantürk

Zufahrt mit dem PKW:
A 81 Ausf. „Herrenberg" - B 28 Richt. Herrenberg - nach 3 km li. ab - nach 2 km re. ab nach Nebringen

---

Größe/Kletterfläche:	200 m²	
Größe/Grundfläche:	60 m²	
Dachbereich:	14 m²	
Boulderbereich:	60 m²	
Wandhöhe:	7 m	
max. Kletterlänge:	26 m	

Schwierigkeiten der Routen: von 3 bis 10
Anzahl der Routen: 54 Stück
Vorstieg möglich: ☒ Ja   ☐ Nein
Toprope-Seile vorhanden: ☒ Ja   ☐ Nein

Hersteller Kletterwand:
Mastergrip

Hersteller Griffe:
Mastergrip

Zugang nur für AV-Mitglieder:
☐ Ja   ☒ Nein

Wandbetreuung vorhanden:
☒ Ja   ☐ Nein

Leihausrüstung:
☒ Ja   ☐ Nein

Übernachtungsmöglichkeiten:
☒ Ja   ☐ Nein

Weitere Angebote:

Kinderkurse:	☐ Ja	☒ Nein
Anfängerkurse:	☒ Ja	☐ Nein
Fortgeschrittenenkurse:	☒ Ja	☐ Nein
Klettershop:	☐ Ja	☒ Nein
Restaurant od. Bistro:	☒ Ja	☐ Nein
Sauna:	☒ Ja	☐ Nein
Dampfbad:	☒ Ja	☐ Nein
Solarium:	☒ Ja	☐ Nein
Squash:	☒ Ja	☐ Nein
Badminton:	☒ Ja	☐ Nein
Streetball:	☐ Ja	☒ Nein
Fitness:	☒ Ja	☐ Nein
Aerobic:	☒ Ja	☐ Nein
Tennis:	☒ Ja	☐ Nein
Billard:	☒ Ja	☐ Nein
Tischfußball:	☐ Ja	☒ Nein

Sonstiges:
Beach-Volleyball, Fußball, Handball

Freeclimbing

Hier geht es für Sie steil bergauf

Klettern bei jedem Wetter, unabhängig von Tages- und Jahreszeit: Freeclimbing im ARAMIS. Ein sportliches Vergnügen für alle, die Spaß an Kraft und Bewegung haben.

Kletterfläche: ca. 200 qm
max. Kletterhöhe: 7 m
Besonderheiten: Kletterkamin, Überhang, Dach
Schwierigkeitsgrade: 3 bis 10

Zeitzonen von A bis C:
A 7 - 14 Uhr   DM 10,–
B 14 - 18 Uhr   DM 12,– (10,–)
C 18 - 23 Uhr   DM 15,– (12,–)
▶ Kurse auf Anfrage

ARAMIS
HOTEL
TAGUNGEN
SPORT

Aramis · Siedlerstr. 40-44 · 71126 Gäufelden-Nebringen

D - 7 9

Name der Anlage: ACTIVE GARDEN

Anschrift: Maybachstraße 12

PLZ/Ort: D-71404 Korb
Tel./Fax: Tel.: 0 71 51/3 70 32
Fax: 0 71 51/3 66 82
E-Mail: active.garden@01019freenet.de
Internet: -

Ansprechpartner: Ulrike Müller

Öffnungszeiten: Mo. - Fr. 9.00 - 23.00 h,
Sa., So. 9.00 - 20.00 h
Mai - Okt.: Sa.12.00 - 18.00 h bzw.
16.00h, So. 9.00 - 18.00 h bzw. 16.00 h
Eintrittspreise: DM 18,-/15,- (DM 15,-/12,-)

Zufahrt mit öffentl. Verkehrsmitteln möglich:
☐ Ja   ☒ Nein

Zufahrt mit dem PKW:
Von Stuttgart B 14 Richt. Winnenden - Ausf. „Waiblingen-Nord/Korb" - 1. Ampel re. Richt. Kleinheppach-Gewerbegebiet - nach 800m re. Steinstr. bis Ortsende - li. abbiegen in Maybachstraße

---

Größe/Kletterfläche: 600 m²
Größe/Grundfläche: 260 m²
Dachbereich: 40 m²
Boulderbereich: 100 m²
Wandhöhe: 8,5 m
max. Kletterlänge: 15 m

Schwierigkeiten der Routen: von 3 bis 10-
Anzahl der Routen: 80 Stück
Vorstieg möglich: ☒ Ja ☐ Nein
Toprope-Seile vorhanden: ☒ Ja ☐ Nein

Hersteller Kletterwand:
T-Wall

Hersteller Griffe:
verschiedene

Zugang nur für AV-Mitglieder:
☐ Ja   ☒ Nein

Wandbetreuung vorhanden:
☒ Ja   ☐ Nein

Leihausrüstung:
☒ Ja   ☐ Nein

Übernachtungsmöglichkeiten:
☐ Ja   ☒ Nein

Weitere Angebote:

Kinderkurse:	☒ Ja	☐ Nein
Anfängerkurse:	☒ Ja	☐ Nein
Fortgeschrittenenkurse:	☒ Ja	☐ Nein
Klettershop:	☒ Ja	☐ Nein
Restaurant od. Bistro:	☒ Ja	☐ Nein
Sauna:	☒ Ja	☐ Nein
Dampfbad:	☒ Ja	☐ Nein
Solarium:	☒ Ja	☐ Nein
Squash:	☒ Ja	☐ Nein
Badminton:	☒ Ja	☐ Nein
Streetball:	☐ Ja	☒ Nein
Fitness:	☒ Ja	☐ Nein
Aerobic:	☐ Ja	☒ Nein
Tennis:	☐ Ja	☒ Nein
Billard:	☐ Ja	☒ Nein
Tischfußball:	☒ Ja	☐ Nein

Sonstiges:
Elektr. gesteuerte Boulderwand, Sintersäulen, Campusboard, Steckbrett, Kindergeburtstage, Kinderspiel-zimmer, Indoor-Soccer

Foto: Joachim Scharpf

Active Garden
Maybachstraße 12 · 71404 Korb
Telefon 0 71 51/3 70 32 · Telefax 0 71 51/3 66 82
active.garden@01019freenet.de

D - 80

Name der Anlage: MTV BEWEGUNGSZENTRUM / OUTDOOR KLETTERHOF

Anschrift: Bebenhäuser Str. 41

PLZ/Ort: D - 71638 Ludwigsburg
Tel./Fax: Tel.: 0 71 41/87 03 69
Fax: 0 71 41/28 06 17
E-Mail: info@mtv-ludwigsburg.de
Internet: http://www.mtv-ludwigsburg.de

Ansprechpartner: MTV-Geschäftsstelle

Öffnungszeiten: April - Okt.: Mo. 18.30 - 20.30 h, evtl. Do. 18.30 - 20.30 h

Eintrittspreise: DM 10,- (DM 5,-)

Zufahrt mit öffentl. Verkehrsmitteln möglich:
☒ Ja ☐ Nein

Zufahrt mit dem PKW:
Richt. Jahn-Stadion/Sportstätten

Größe/Kletterfläche:	85 m²			
Größe/Grundfläche:	k.A.			
Dachbereich:	4 m²			
Boulderbereich:	- m²			
Wandhöhe:	6 m			
max. Kletterlänge:	7 m			

Schwierigkeiten der Routen: von 2 bis 8
Anzahl der Routen: 22 Stück
Vorstieg möglich: ☒ Ja ☐ Nein
Toprope-Seile vorhanden: ☐ Ja ☒ Nein

Hersteller Kletterwand:
Pyramide

Hersteller Griffe:
Pyramide

Zugang nur für AV-Mitglieder:
☐ Ja ☒ Nein

Wandbetreuung vorhanden:
☒ Ja ☐ Nein

Leihausrüstung:
☒ Ja ☐ Nein

Übernachtungsmöglichkeiten:
☐ Ja ☒ Nein

Weitere Angebote:

Kinderkurse:	☒ Ja	☐ Nein
Anfängerkurse:	☒ Ja	☐ Nein
Fortgeschrittenenkurse:	☒ Ja	☐ Nein
Klettershop:	☐ Ja	☒ Nein
Restaurant od. Bistro:	☐ Ja	☒ Nein
Sauna:	☐ Ja	☒ Nein
Dampfbad:	☐ Ja	☒ Nein
Solarium:	☐ Ja	☒ Nein
Squash:	☐ Ja	☒ Nein
Badminton:	☐ Ja	☒ Nein
Streetball:	☒ Ja	☐ Nein
Fitness:	☒ Ja	☐ Nein
Aerobic:	☒ Ja	☐ Nein
Tennis:	☒ Ja	☐ Nein
Billard:	☐ Ja	☒ Nein
Tischfußball:	☐ Ja	☒ Nein

Sonstiges:
Beach-Volleyball, Boule

FREIZEITCENTER HIRSCHAU
emka...

... die neue Kletterhalle in Tübingen!!

Neueröffnung: Anfang November 1999!

Straße:	Rittweg 51
Ort:	72070 Tübingen-Hirschau
Tel.:	0 70 71 / 79 14 24
Fax:	0 70 71 / 7 20 97
Ansprechpartner der Halle:	Jörg Mahrdt

Zufahrt mit dem PKW:
<u>Von A 81</u>: Abf. „Rottenburg" in Richt. Rottenburg/Tübingen, vor Industriegeb. Rottenburg li. n. Wurmlingen/Tübingen-Süd. Anf. Wurmlingen re. nach Hirschau. Vor Hirschau re. ins Industriegeb. „Rittweg", nach ca. 1 km auf der rechten Seite.
<u>Von Stuttgart/Reutlingen auf der B 27</u>: in Richt. Rottenburg, nach Ortsausg. Tübingen nach 2 km re. nach Hirschau, vor Hirschau li. ins Industriegebiet „Rittweg", nach 1 km auf der linken Seite.

Größe (Kletterfläche):	600 m²	Sonstiges:	Tennis
Größe (Grundfläche):	450 m²		Squash
Dachbereich:	150 m²		Badminton
Boulderbereich:	70 m²		Kegeln
Wandhöhe:	8 m		Sauna
max. Kletterlänge:	18 m		Sonnenstudio
Schwierigkeiten der Routen:	von 3 bis 9+		Billiard (Turniertische)
Anzahl der Routen:	ca. 80 Stück		Gemütliches Bistro
Vorstieg möglich:	ja		Biergarten
Toprope-Seile vorhanden:	ja		Boule
Hersteller Kletterwand:	T-Wall		Darts
Hersteller Griffe:	verschiedene		Kinder-Freizeit-Camps
Zugang nur für AV-Mitglieder:	nein		
Wandbetreuung:	ja		
Öffnungszeiten:	täglich 9 - 24 Uhr (auch Sa + So)		

D - 82

Name der Anlage: **KLETTERWAND DES TUS METZINGEN**

Anschrift: Schillerhalle

Öffnungszeiten: Mo. 17.45 - 19.30 h, So. 18.00 - 21.00 h

PLZ/Ort: D-72555 Metzingen
Tel./Fax: Tel.: 0 71 21/34 68 28 od. 0 71 23/94 71 66

Eintrittspreise: DM 10,-

E-Mail: -
Internet: -

Zufahrt mit öffentl. Verkehrsmitteln möglich:
☒ Ja   ☐ Nein

Ansprechpartner: Arnold Kaltwasser, Sebastian Krieg

Zufahrt mit dem PKW:
In Metzingen Richt. Hallenbad - parken beim Hallenbad - gegenüber liegt die Schillerhalle

---

Größe/Kletterfläche:	50 m²	
Größe/Grundfläche:	k.A.	
Dachbereich:	- m²	
Boulderbereich:	- m²	
Wandhöhe:	7 m	
max. Kletterlänge:	10 m	

Schwierigkeiten der Routen: von 3 bis 8
Anzahl der Routen: 18 Stück
Vorstieg möglich: ☒ Ja   ☐ Nein
Toprope-Seile vorhanden: ☒ Ja   ☐ Nein

Hersteller Kletterwand:
T-Wall

Hersteller Griffe:
T-Wall, TDS

Zugang nur für AV-Mitglieder:
☐ Ja   ☒ Nein

Wandbetreuung vorhanden:
☒ Ja   ☐ Nein

Leihausrüstung:
☒ Ja   ☐ Nein

Übernachtungsmöglichkeiten:
☐ Ja   ☒ Nein

Weitere Angebote:

Kinderkurse:	☒ Ja	☐ Nein
Anfängerkurse:	☒ Ja	☐ Nein
Fortgeschrittenenkurse:	☒ Ja	☐ Nein
Klettershop:	☐ Ja	☒ Nein
Restaurant od. Bistro:	☐ Ja	☒ Nein
Sauna:	☐ Ja	☒ Nein
Dampfbad:	☐ Ja	☒ Nein
Solarium:	☐ Ja	☒ Nein
Squash:	☐ Ja	☒ Nein
Badminton:	☐ Ja	☒ Nein
Streetball:	☐ Ja	☒ Nein
Fitness:	☐ Ja	☒ Nein
Aerobic:	☐ Ja	☒ Nein
Tennis:	☐ Ja	☒ Nein
Billard:	☐ Ja	☒ Nein
Tischfußball:	☐ Ja	☒ Nein

Sonstiges:

D - 83

Name der Anlage: FITNESSPARK GYMNASION

Anschrift: Hohenstaufenstr. 16

PLZ/Ort: D-73033 Göppingen
Tel./Fax: Tel.: 0 71 61/7 01 44
Fax: 0 71 61/1 48 89
E-Mail: -
Internet: -

Ansprechpartner: Herr Schnersch, Herr Chojetzki

Öffnungszeiten: Mo., Fr. 9.00 - 22.00 h, Di., Do. 9.00 - 18.30 h, Mi. 9.00 - 15.00 h u. 18.00 - 22.00 h, Sa. 10.00 - 17.00 h, So. 9.00 - 17.00 h
Eintrittspreise: DM 14,-

Zufahrt mit öffentl. Verkehrsmitteln möglich:
☒ Ja ☐ Nein

Zufahrt mit dem PKW:
Von Ortsmitte Göppingen in Richt. Schwäbisch Gmünd

Größe/Kletterfläche:	220 m²		
Größe/Grundfläche:	k.A.		
Dachbereich:	10 m²		
Boulderbereich:	60 m²		
Wandhöhe:	12 m		
max. Kletterlänge:	16 m		

Schwierigkeiten der Routen: von 3 bis 9
Anzahl der Routen: 15 Stück
Vorstieg möglich: ☒ Ja ☐ Nein
Toprope-Seile vorhanden: ☒ Ja ☐ Nein

Hersteller Kletterwand:
Entre Prises, T-Wall

Hersteller Griffe:
verschiedene

Zugang nur für AV-Mitglieder:
☐ Ja ☒ Nein

Wandbetreuung vorhanden:
☐ Ja ☒ Nein

Leihausrüstung:
☐ Ja ☒ Nein

Übernachtungsmöglichkeiten:
☐ Ja ☒ Nein

Weitere Angebote:

Kinderkurse:	☒ Ja	☐ Nein
Anfängerkurse:	☒ Ja	☐ Nein
Fortgeschrittenenkurse:	☒ Ja	☐ Nein
Klettershop:	☐ Ja	☒ Nein
Restaurant od. Bistro:	☒ Ja	☐ Nein
Sauna:	☒ Ja	☐ Nein
Dampfbad:	☒ Ja	☐ Nein
Solarium:	☒ Ja	☐ Nein
Squash:	☐ Ja	☒ Nein
Badminton:	☐ Ja	☒ Nein
Streetball:	☐ Ja	☒ Nein
Fitness:	☒ Ja	☐ Nein
Aerobic:	☒ Ja	☐ Nein
Tennis:	☐ Ja	☒ Nein
Billard:	☐ Ja	☒ Nein
Tischfußball:	☐ Ja	☒ Nein

Sonstiges:
Aerobic, Rückenschule, Diätclub

D - 84

Name der Anlage: **KLETTERSCHULE TORRE GRANDE**

Anschrift: Robert-Bosch-Str. 9

Öffnungszeiten: tgl. 8.00 - 24.00 h

PLZ/Ort: D-73550 Waldstetten
Tel./Fax: Tel.: 0 71 71/46 86
Fax: 0 71 71/4 49 19

Eintrittspreise: DM 18,- (DM 10,- bis DM 14,-)

E-Mail: -
Internet: -

Zufahrt mit öffentl. Verkehrsmitteln möglich:
☒ Ja ☐ Nein

Ansprechpartner: Squash + Fit GmbH, Ulla Bressmer

Zufahrt mit dem PKW:
B 29 Richt. Schwäbisch Gmünd - in Waldstetten Richt. Industriegebiet Ost (Turm re. Berg oben sichtbar)

Größe/Kletterfläche: 1000 m²
Größe/Grundfläche: 250 m²
Dachbereich: 50 m²
Boulderbereich: 40 m²
Wandhöhe: 17,5 m
max. Kletterlänge: 23,5 m

Schwierigkeiten der Routen: von 4 bis 9+
Anzahl der Routen: 54 Stück
Vorstieg möglich: ☒ Ja ☐ Nein
Toprope-Seile vorhanden: ☒ Ja ☐ Nein

Hersteller Kletterwand:
Reality Wall

Hersteller Griffe:
verschiedene

Zugang nur für AV-Mitglieder:
☐ Ja ☒ Nein

Wandbetreuung vorhanden:
☒ Ja ☐ Nein

Leihausrüstung:
☒ Ja ☐ Nein

Übernachtungsmöglichkeiten:
☐ Ja ☒ Nein

Weitere Angebote:
Kinderkurse:	☒ Ja	☐ Nein
Anfängerkurse:	☒ Ja	☐ Nein
Fortgeschrittenenkurse:	☒ Ja	☐ Nein
Klettershop:	☒ Ja	☐ Nein
Restaurant od. Bistro:	☒ Ja	☐ Nein
Sauna:	☒ Ja	☐ Nein
Dampfbad:	☒ Ja	☐ Nein
Solarium:	☒ Ja	☐ Nein
Squash:	☒ Ja	☐ Nein
Badminton:	☒ Ja	☐ Nein
Streetball:	☒ Ja	☐ Nein
Fitness:	☒ Ja	☐ Nein
Aerobic:	☒ Ja	☐ Nein
Tennis:	☒ Ja	☐ Nein
Billard:	☒ Ja	☐ Nein
Tischfußball:	☒ Ja	☐ Nein

Sonstiges:
Kletterreisen, Alpin-Kurse, Outdoor-Anlage, Halfpipe, Biergarten

D - 8 4

**Kletterschule
Torre Grande**

Leitung: Hermann Berie
Robert-Bosch-Straße 9
(Im Squash & Fit,
Industriegebiet Ost)
73550 Waldstetten

Telefon 07171. 46 86
Telefax 07171. 35 16 57

Über 1000 m² Kletteranlagen!
Kletterkurse
Kletter- und Erlebnisreisen
Einzelführungen
Eisklettern
Skihochtouren
artConcept

Torre Grande
The Separate Reality.

Kletterschule Torre Grande

D - 85

Name der Anlage: PETER DI CARLO-WAND

Anschrift: Fachhochschule für Technik
Flandernstraße 101
PLZ/Ort: D-73732 Esslingen
Tel./Fax: Tel.: 0 71 53/2 82 49 (ab 18.30 h)

E-Mail: -
Internet: -

**Ansprech-
partner:** Helmut Heinl

Öffnungszeiten: Mo. - Fr. 16.00 - 22.00 h

Eintrittspreise: DM 6,-

Zufahrt mit öffentl. Verkehrsmitteln möglich:
☐ Ja   ☒ Nein

Zufahrt mit dem PKW:
Esslingen Richt. Krankenhaus bis große Kreuzung - danach 1. Str. li. bis Hochschule

Größe/Kletterfläche:	120 m²	
Größe/Grundfläche:	k.A.	
Dachbereich:	10 m²	
Boulderbereich:	30 m²	
Wandhöhe:	8,5 m	
max. Kletterlänge:	18 m	

Schwierigkeiten der Routen: von 4+ bis 10
Anzahl der Routen: 30 Stück
Vorstieg möglich: ☒ Ja   ☐ Nein
Toprope-Seile vorhanden: ☐ Ja   ☒ Nein

Hersteller Kletterwand:
Griffit

Hersteller Griffe:
verschiedene

Zugang nur für AV-Mitglieder:
☒ Ja   ☐ Nein

Wandbetreuung vorhanden:
☐ Ja   ☒ Nein

Leihausrüstung:
☐ Ja   ☒ Nein

Übernachtungsmöglichkeiten:
☐ Ja   ☒ Nein

Weitere Angebote:
Kinderkurse:	☐ Ja	☒ Nein
Anfängerkurse:	☒ Ja	☐ Nein
Fortgeschrittenenkurse:	☒ Ja	☐ Nein
Klettershop:	☐ Ja	☒ Nein
Restaurant od. Bistro:	☐ Ja	☒ Nein
Sauna:	☐ Ja	☒ Nein
Dampfbad:	☐ Ja	☒ Nein
Solarium:	☐ Ja	☒ Nein
Squash:	☐ Ja	☒ Nein
Badminton:	☐ Ja	☒ Nein
Streetball:	☐ Ja	☒ Nein
Fitness:	☒ Ja	☐ Nein
Aerobic:	☐ Ja	☒ Nein
Tennis:	☐ Ja	☒ Nein
Billard:	☐ Ja	☒ Nein
Tischfußball:	☐ Ja	☒ Nein

Sonstiges:
Kraftraum mit Trainingsgeräten

D - 86

Name der Anlage: CANYON-KLETTERHALLE

Anschrift:	Hauptstraße 55	**Öffnungszeiten:**	Okt. - April: tgl. 10.00 - 22.00 h, Mai - Sept. auf Anmeldung
PLZ/Ort:	D-74369 Löchgau		
Tel./Fax:	Tel.: 0 71 43/2 46 57	**Eintrittspreise:**	DM 12,- (DM 8,-)
	Fax: 0 71 43/2 57 79		
E-Mail:	-	**Zufahrt mit öffentl. Verkehrsmitteln möglich:**	
Internet:	-	☒ Ja ☐ Nein	
Ansprechpartner:	Uwe Hofstädter	**Zufahrt mit dem PKW:** A 81 Ausf. „Mundelsheim" - Besigheim - Löchgau	

Größe/Kletterfläche: 160 m²
Größe/Grundfläche: k.A.
Dachbereich: 70 m²
Boulderbereich: 55 m²
Wandhöhe: 10 m
max. Kletterlänge: 14 m

Schwierigkeiten der Routen: von 4 bis 10
Anzahl der Routen: 40 Stück
Vorstieg möglich: ☒ Ja   ☐ Nein
Toprope-Seile vorhanden: ☐ Ja   ☒ Nein

Hersteller Kletterwand:
Canyon

Hersteller Griffe:
verschiedene

Zugang nur für AV-Mitglieder:
☐ Ja   ☒ Nein

Wandbetreuung vorhanden:
☐ Ja   ☒ Nein

Leihausrüstung:
☒ Ja   ☐ Nein

Übernachtungsmöglichkeiten:
☐ Ja   ☒ Nein

Weitere Angebote:
Kinderkurse:	☐ Ja	☒ Nein
Anfängerkurse:	☐ Ja	☒ Nein
Fortgeschrittenenkurse:	☐ Ja	☒ Nein
Klettershop:	☒ Ja	☐ Nein
Restaurant od. Bistro:	☐ Ja	☒ Nein
Sauna:	☐ Ja	☒ Nein
Dampfbad:	☐ Ja	☒ Nein
Solarium:	☐ Ja	☒ Nein
Squash:	☐ Ja	☒ Nein
Badminton:	☐ Ja	☒ Nein
Streetball:	☐ Ja	☒ Nein
Fitness:	☐ Ja	☒ Nein
Aerobic:	☐ Ja	☒ Nein
Tennis:	☐ Ja	☒ Nein
Billard:	☐ Ja	☒ Nein
Tischfußball:	☐ Ja	☒ Nein

Sonstiges:

D - 87

Name der Anlage: **MONTANA-KLETTERHALLE**

Anschrift: Talstraße 30

PLZ/Ort: D-74379 Ingersheim
Tel./Fax: Tel.: 0 71 42/68 65
Fax: 0 71 42/98 88 92
E-Mail:
Internet:

Ansprechpartner: Herr Palmer

Öffnungszeiten: Mo. - Do. 9.00 - 12.00 h, 14.30 - 22.00 h, Fr. 14.30 - 22.00 h, Sa. 13.00 - 17.30 h, So. 10.00 - 16.00 h
Eintrittspreise: DM 15,- (DM 12,-/DM 10,-/DM 8,-)

Zufahrt mit öffentl. Verkehrsmitteln möglich:
☒ Ja   ☐ Nein

Zufahrt mit dem PKW:
A 81 Ausf. „Pleidelsheim" Richt. Ingersheim - in Ingersheim 1. Str. re. und wieder re.

Größe/Kletterfläche: 380 m²
Größe/Grundfläche: k.A.
Dachbereich: 40 m²
Boulderbereich: 5 m²
Wandhöhe: 9 m
max. Kletterlänge: 25 m

Schwierigkeiten der Routen: von 3 bis 8+
Anzahl der Routen: 60 Stück
Vorstieg möglich: ☒ Ja   ☐ Nein
Toprope-Seile vorhanden: ☒ Ja   ☐ Nein

Hersteller Kletterwand:
Reality Wall

Hersteller Griffe:
verschiedene

Zugang nur für AV-Mitglieder:
☐ Ja   ☒ Nein

Wandbetreuung vorhanden:
☒ Ja   ☐ Nein

Leihausrüstung:
☒ Ja   ☐ Nein

Übernachtungsmöglichkeiten:
☐ Ja   ☒ Nein

Weitere Angebote:
Kinderkurse:	☒ Ja	☐ Nein
Anfängerkurse:	☒ Ja	☐ Nein
Fortgeschrittenenkurse:	☒ Ja	☐ Nein
Klettershop:	☒ Ja	☐ Nein
Restaurant od. Bistro:	☒ Ja	☐ Nein
Sauna:	☒ Ja	☐ Nein
Dampfbad:	☐ Ja	☒ Nein
Solarium:	☒ Ja	☐ Nein
Squash:	☐ Ja	☒ Nein
Badminton:	☐ Ja	☒ Nein
Streetball:	☐ Ja	☒ Nein
Fitness:	☒ Ja	☐ Nein
Aerobic:	☐ Ja	☒ Nein
Tennis:	☐ Ja	☒ Nein
Billard:	☐ Ja	☒ Nein
Tischfußball:	☐ Ja	☒ Nein

Sonstiges:

Aktiv Fitness Club MONTANA

Montana-Kletterhalle

9 Meter Wandhöhe

380 m² Kletterfläche Sauna

überhängende Boulderwand

Reality-Wall Kletterlehrer

40 m² Dachbereich Überhänge bis 3 Meter

Kletterkurse Kinderkurse Kletterartikel

Insgesamt 60 Routen (von 3 bis 8+)

Kletterkurse & Klettergruppen auf Anfrage

Kindergeburtstagsangebote

Aktiv Fitness Club Montana GmbH & Co. KG
Talstraße 30 · 74379 Ingersheim
Telefon 0 71 42/68 65 · Telefax 0 71 42/98 88 92
www.aktiv-fitness-club-montana.de

D - 88

Name der Anlage: **KLETTERHALLE VERTIKAL**

Anschrift: Industriestr. 19

PLZ/Ort: D-74589 Satteldorf
Tel./Fax: Tel.: 0 79 51/4 39 96
Fax: 0 79 51/4 30 19
E-Mail: -
Internet: -

**Ansprech-
partner:** Herr Sauermann

Öffnungszeiten: Mo. - Fr. 14.00 - 22.00 h,
Sa., So. 10.00 - 19.00 h

Eintrittspreise: DM 15,-

Zufahrt mit öffentl. Verkehrsmitteln möglich:
☒ Ja   ☐ Nein

Zufahrt mit dem PKW:
A 6 Ausf. „Crailsheim/Satteldorf "Richt. Industriegebiet Satteldorf

---

Größe/Kletterfläche:	600 m²		
Größe/Grundfläche:	240 m²		
Dachbereich:	50 m²		
Boulderbereich:	35 m²		
Wandhöhe:	10 m		
max. Kletterlänge:	25 m		

Schwierigkeiten der Routen: von 3 bis 10
Anzahl der Routen: 65 Stück
Vorstieg möglich: ☒ Ja   ☐ Nein
Toprope-Seile vorhanden: ☒ Ja   ☐ Nein

Hersteller Kletterwand:
Reality Wall

Hersteller Griffe:
Reality Wall, ASS

Zugang nur für AV-Mitglieder:
☐ Ja   ☒ Nein

Wandbetreuung vorhanden:
☒ Ja   ☐ Nein

Leihausrüstung:
☒ Ja   ☐ Nein

Übernachtungsmöglichkeiten:
☐ Ja   ☒ Nein

Weitere Angebote:
Kinderkurse:	☒ Ja	☐ Nein
Anfängerkurse:	☒ Ja	☐ Nein
Fortgeschrittenenkurse:	☒ Ja	☐ Nein
Klettershop:	☒ Ja	☐ Nein
Restaurant od. Bistro:	☒ Ja	☐ Nein
Sauna:	☒ Ja	☐ Nein
Dampfbad:	☒ Ja	☐ Nein
Solarium:	☐ Ja	☒ Nein
Squash:	☐ Ja	☒ Nein
Badminton:	☐ Ja	☒ Nein
Streetball:	☐ Ja	☒ Nein
Fitness:	☐ Ja	☒ Nein
Aerobic:	☐ Ja	☒ Nein
Tennis:	☐ Ja	☒ Nein
Billard:	☐ Ja	☒ Nein
Tischfußball:	☐ Ja	☒ Nein

Sonstiges:
Outdoor-Kletteranlage, Holzbahnen für Pickel und Steigeisen, Eisklettern

Direkt an der A6 Heilbronn - Nürnberg Ausfahrt 46

Industriestraße 19
74589 Satteldorf
Telefon 07951/43996

Kletterwand GmbH
Planung – Bau – Vermietung
Telefon 07951/43026
Fax   07951/43019

D - 89

Name der Anlage: **TENNIS- UND SPORTZENTRUM**

Anschrift: Kilgensmühle 3

PLZ/Ort: D-74722 Buchen
Tel./Fax: Tel.: 0 62 81/87 08

E-Mail: -
Internet: -

**Ansprech-
partner:** Peter Nirmaier

Öffnungszeiten: Di. 18.00 - 22.00 h, nach Vereinbarung

Eintrittspreise: DM 10,-

Zufahrt mit öffentl. Verkehrsmitteln möglich:
☒ Ja ☐ Nein

Zufahrt mit dem PKW:
Ausf. „Buchen-Mitte" - re. Richt. Buchen - 2. li. abbiegen (nach VW Händler) - nach ca. 100 m li.

Größe/Kletterfläche:	160 m²
Größe/Grundfläche:	70 m²
Dachbereich:	25 m²
Boulderbereich:	25 m²
Wandhöhe:	7 m
max. Kletterlänge:	12 m

Schwierigkeiten der Routen: von 3 bis 8
Anzahl der Routen: 26 Stück
Vorstieg möglich: ☒ Ja ☐ Nein
Toprope-Seile vorhanden: ☒ Ja ☐ Nein

Hersteller Kletterwand:
Pyramide

Hersteller Griffe:
verschiedene

Zugang nur für AV-Mitglieder:
☐ Ja ☒ Nein

Wandbetreuung vorhanden:
☒ Ja ☐ Nein

Leihausrüstung:
☒ Ja ☐ Nein

Übernachtungsmöglichkeiten:
☐ Ja ☒ Nein

Weitere Angebote:
Kinderkurse:	☒ Ja	☐ Nein
Anfängerkurse:	☒ Ja	☐ Nein
Fortgeschrittenenkurse:	☒ Ja	☐ Nein
Klettershop:	☐ Ja	☒ Nein
Restaurant od. Bistro:	☒ Ja	☐ Nein
Sauna:	☐ Ja	☒ Nein
Dampfbad:	☐ Ja	☒ Nein
Solarium:	☐ Ja	☒ Nein
Squash:	☒ Ja	☐ Nein
Badminton:	☐ Ja	☒ Nein
Streetball:	☐ Ja	☒ Nein
Fitness:	☐ Ja	☒ Nein
Aerobic:	☐ Ja	☒ Nein
Tennis:	☒ Ja	☐ Nein
Billard:	☐ Ja	☒ Nein
Tischfußball:	☐ Ja	☒ Nein

Sonstiges:

D - 9 0

Name der Anlage: WALTER-WITZENMANN-HAUS

Anschrift: Heidenheimer Straße 3

PLZ/Ort: D-75179 Pforzheim
Tel./Fax: Tel.: 0 72 31/1 40 90-0/-1

E-Mail: -
Internet: -

Ansprechpartner: Frau Janetzka

Öffnungszeiten: auf Anfrage

Eintrittspreise: auf Anfrage

Zufahrt mit öffentl. Verkehrsmitteln möglich:
☒ Ja ☐ Nein

Zufahrt mit dem PKW:
Sportzentrum Wilferdinger Höhe

Größe/Kletterfläche: 450 m²
Größe/Grundfläche: 600 m²
Dachbereich: 41 m²
Boulderbereich: 95 m²
Wandhöhe: 10 m
max. Kletterlänge: 13 m

Schwierigkeiten der Routen: von 3 bis 8+
Anzahl der Routen: 60-70 Stück
Vorstieg möglich: ☒ Ja ☐ Nein
Toprope-Seile vorhanden: ☒ Ja ☐ Nein

Hersteller Kletterwand:
Pyramide, Eigenbau

Hersteller Griffe:
Pyramide, On Sight

Zugang nur für AV-Mitglieder:
☐ Ja ☒ Nein

Wandbetreuung vorhanden:
☐ Ja ☒ Nein

Leihausrüstung:
☐ Ja ☒ Nein

Übernachtungsmöglichkeiten:
☐ Ja ☒ Nein

Weitere Angebote:
Kinderkurse:	☒ Ja	☐ Nein
Anfängerkurse:	☒ Ja	☐ Nein
Fortgeschrittenenkurse:	☒ Ja	☐ Nein
Klettershop:	☐ Ja	☒ Nein
Restaurant od. Bistro:	☐ Ja	☒ Nein
Sauna:	☐ Ja	☒ Nein
Dampfbad:	☐ Ja	☒ Nein
Solarium:	☐ Ja	☒ Nein
Squash:	☐ Ja	☒ Nein
Badminton:	☐ Ja	☒ Nein
Streetball:	☐ Ja	☒ Nein
Fitness:	☒ Ja	☐ Nein
Aerobic:	☒ Ja	☐ Nein
Tennis:	☐ Ja	☒ Nein
Billard:	☐ Ja	☒ Nein
Tischfußball:	☐ Ja	☒ Nein

Sonstiges:
Gymnastik

D-91

Name der Anlage: TOM`S BERGSPORTLADEN

Anschrift: Kimmichwiesen 5

PLZ/Ort: D-75365 Calw
Tel./Fax: Tel.: 0 70 51/93 09 99
Fax: 0 70 51/93 09 98
E-Mail: -
Internet: -

Ansprechpartner: Tomas Regelmann

Öffnungszeiten: Di. - Fr. 9.30 - 12.30 h u. 14.30 - 18.30 h, Sa. 9.30 - 13.00 h

Eintrittspreise: kostenlos

Zufahrt mit öffentl. Verkehrsmitteln möglich:
☒ Ja ☐ Nein

Zufahrt mit dem PKW:
Calw Industriegebiet Kimmichwiesen - Kreuzung Stuttgart/Herrenberg/Calw

---

Größe/Kletterfläche: 25 m^2
Größe/Grundfläche: k.A.
Dachbereich: - m^2
Boulderbereich: 40 m^2
Wandhöhe: 9 m
max. Kletterlänge: 21 m

Schwierigkeiten der Routen: von 3 bis 9
Anzahl der Routen: - Stück
Vorstieg möglich: ☒ Ja ☐ Nein
Toprope-Seile vorhanden: ☒ Ja ☐ Nein

Hersteller Kletterwand:
Eigenbau

Hersteller Griffe:
On Sight, Griffit, Entre Prises

Zugang nur für AV-Mitglieder:
☐ Ja ☒ Nein

Wandbetreuung vorhanden:
☐ Ja ☒ Nein

Leihausrüstung:
☒ Ja ☐ Nein

Übernachtungsmöglichkeiten:
☐ Ja ☒ Nein

Weitere Angebote:
Kinderkurse: ☐ Ja ☒ Nein
Anfängerkurse: ☐ Ja ☒ Nein
Fortgeschrittenenkurse: ☐ Ja ☒ Nein
Klettershop: ☒ Ja ☐ Nein
Restaurant od. Bistro: ☒ Ja ☐ Nein
Sauna: ☐ Ja ☒ Nein
Dampfbad: ☐ Ja ☒ Nein
Solarium: ☐ Ja ☒ Nein
Squash: ☐ Ja ☒ Nein
Badminton: ☐ Ja ☒ Nein
Streetball: ☐ Ja ☒ Nein
Fitness: ☐ Ja ☒ Nein
Aerobic: ☐ Ja ☒ Nein
Tennis: ☒ Ja ☐ Nein
Billard: ☒ Ja ☐ Nein
Tischfußball: ☒ Ja ☐ Nein

Sonstiges:

Klettergriffe   Trainingsbalken

s: DM 4,- l: DM 8,-   s: DM 90,- l: DM 120,-
m: DM 6,- xl: DM 10,-

kostenlosen Prospekt anfordern unter: Gerhard Kölbl,
Helwigstr. 54, D-64521 Gross-Gerau, 0049-6152-3895

D - 9 2

Name der Anlage: **SPORTHALLE NEUBULACH**

Anschrift: Bühlstraße 1

PLZ/Ort: D-75387 Neubulach
Tel./Fax: Tel.: 0 70 53/96 95 15
Fax: 0 70 53/64 16
E-Mail: -
Internet: -

**Ansprech-
partner:** Tom`s Bergsportladen (Tel.: 0 70 51/93 09 99)

Öffnungszeiten: Winter: Okt. - März: Mi., Fr. 19.30 - 22.00 h, So. 18.00 - 21.00 h
Sommer: April - Sept. nach Absprache mit Tom`s Bergsportladen

Eintrittspreise: DM 6,- (DM 5,-/DM 4,-)

Zufahrt mit öffentl. Verkehrsmitteln möglich:
☒ Ja ☐ Nein

Zufahrt mit dem PKW:
Von Ortsdurchfahrt Neubulach zum Schul- und Sportgebiet

Größe/Kletterfläche: 150 m²
Größe/Grundfläche: k.A.
Dachbereich: 16 m²
Boulderbereich: 16 m²
Wandhöhe: 13 m
max. Kletterlänge: 13 m

Schwierigkeiten der Routen: von 3 bis 9
Anzahl der Routen: 18 Stück
Vorstieg möglich: ☒ Ja ☐ Nein
Toprope-Seile vorhanden: ☒ Ja ☐ Nein

Hersteller Kletterwand:
Griffit, Entre Prises

Hersteller Griffe:
Griffit, Entre Prises, On Sight

Zugang nur für AV-Mitglieder:
☐ Ja ☒ Nein

Wandbetreuung vorhanden:
☒ Ja ☐ Nein

Leihausrüstung:
☒ Ja ☐ Nein

Übernachtungsmöglichkeiten:
☐ Ja ☒ Nein

Weitere Angebote:
Kinderkurse:	☒ Ja	☐ Nein
Anfängerkurse:	☒ Ja	☐ Nein
Fortgeschrittenenkurse:	☒ Ja	☐ Nein
Klettershop:	☐ Ja	☒ Nein
Restaurant od. Bistro:	☐ Ja	☒ Nein
Sauna:	☐ Ja	☒ Nein
Dampfbad:	☐ Ja	☒ Nein
Solarium:	☐ Ja	☒ Nein
Squash:	☐ Ja	☒ Nein
Badminton:	☐ Ja	☒ Nein
Streetball:	☐ Ja	☒ Nein
Fitness:	☐ Ja	☒ Nein
Aerobic:	☐ Ja	☒ Nein
Tennis:	☐ Ja	☒ Nein
Billard:	☐ Ja	☒ Nein
Tischfußball:	☐ Ja	☒ Nein

Sonstiges:

D - 93

Name der Anlage: imPULSIV SPORTCENTER KARLSRUHE

Anschrift: Eckener Str. 54
PLZ/Ort: D-76185 Karlsruhe
Tel./Fax: Tel.: 07 21/57 37 93
Fax: 07 21/50 17 54
E-Mail: -
Internet: -

Ansprechpartner: Elisabeth Lohnert

Öffnungszeiten: Mo. - Fr. 10.00 - 24.00 h,
Sa., So. 10.00 - 22.00 h

Eintrittspreise: DM 22,- (DM 14,- bis DM 20,-)

Zufahrt mit öffentl. Verkehrsmitteln möglich:
☒ Ja ☐ Nein

Zufahrt mit dem PKW:
A 5 Ausf. „Karlsruhe Mitte" Richt. Landau - Ausf. „Mühlburg",
li. B 36 Richt. Rastatt - Kreuzung Eckener Str./Rheinhafenstr.
(re. großes weißes Haus)

Größe/Kletterfläche: 490 m²
Größe/Grundfläche: k.A.
Dachbereich: 30 m²
Boulderbereich: 40 m²
Wandhöhe: 12 m
max. Kletterlänge: 20 m

Schwierigkeiten der Routen: von 4 bis 9
Anzahl der Routen: 50 Stück
Vorstieg möglich: ☒ Ja ☐ Nein
Toprope-Seile vorhanden: ☒ Ja ☐ Nein

Hersteller Kletterwand:
Reality Wall, Vertikal, Great Swiss Wall

Hersteller Griffe:
Reality Wall, Vertikal, Great Swiss Wall

Zugang nur für AV-Mitglieder:
☐ Ja ☒ Nein

Wandbetreuung vorhanden:
☒ Ja ☐ Nein

Leihausrüstung:
☒ Ja ☐ Nein

Übernachtungsmöglichkeiten:
☐ Ja ☒ Nein

Weitere Angebote:
Kinderkurse:	☒ Ja	☐ Nein
Anfängerkurse:	☒ Ja	☐ Nein
Fortgeschrittenenkurse:	☐ Ja	☒ Nein
Klettershop:	☒ Ja	☐ Nein
Restaurant od. Bistro:	☒ Ja	☐ Nein
Sauna:	☒ Ja	☐ Nein
Dampfbad:	☐ Ja	☒ Nein
Solarium:	☒ Ja	☐ Nein
Squash:	☒ Ja	☐ Nein
Badminton:	☐ Ja	☒ Nein
Streetball:	☐ Ja	☒ Nein
Fitness:	☐ Ja	☒ Nein
Aerobic:	☐ Ja	☒ Nein
Tennis:	☐ Ja	☒ Nein
Billard:	☐ Ja	☒ Nein
Tischfußball:	☐ Ja	☒ Nein

Sonstiges:
Rollstudio

D-94

Name der Anlage: ALOYS-HENHÖFER-SCHULE

Anschrift: Industriestraße 2

PLZ/Ort: D-76327 Pfinztal-Kleinsteinbach
Tel./Fax: Tel.: 0 72 40/9 25 50
Fax: 0 72 40/92 55 90
E-Mail: -
Internet: -

Ansprechpartner: Thomas Beutler

Öffnungszeiten: nach Absprache

Eintrittspreise: nach Absprache

Zufahrt mit öffentl. Verkehrsmitteln möglich:
☒ Ja ☐ Nein

Zufahrt mit dem PKW:
A8 Ausfahrt „Pforzheim West" - B10 Richt. Karlsruhe - Kleinsteinbach - Kreuzung mit Ampel - re. -Aloys-Henhöfer-Schule

---

Größe/Kletterfläche: 50 m²
Größe/Grundfläche: k.A.
Dachbereich: - m²
Boulderbereich: - m²
Wandhöhe: 12 m
max. Kletterlänge: 12 m

Schwierigkeiten der Routen: von 3 bis 8
Anzahl der Routen: 10 Stück
Vorstieg möglich: ☒ Ja ☐ Nein
Toprope-Seile vorhanden: ☐ Ja ☒ Nein

Hersteller Kletterwand:
Eigenbau auf Betongrund

Hersteller Griffe:
On Sight

Zugang nur für AV-Mitglieder:
☐ Ja ☒ Nein

Wandbetreuung vorhanden:
☐ Ja ☒ Nein

Leihausrüstung:
☒ Ja ☐ Nein

Übernachtungsmöglichkeiten:
☐ Ja ☒ Nein

Weitere Angebote:

Kinderkurse:	☐ Ja	☒ Nein
Anfängerkurse:	☐ Ja	☒ Nein
Fortgeschrittenenkurse:	☐ Ja	☒ Nein
Klettershop:	☐ Ja	☒ Nein
Restaurant od. Bistro:	☐ Ja	☒ Nein
Sauna:	☐ Ja	☒ Nein
Dampfbad:	☐ Ja	☒ Nein
Solarium:	☐ Ja	☒ Nein
Squash:	☐ Ja	☒ Nein
Badminton:	☐ Ja	☒ Nein
Streetball:	☐ Ja	☒ Nein
Fitness:	☐ Ja	☒ Nein
Aerobic:	☐ Ja	☒ Nein
Tennis:	☐ Ja	☒ Nein
Billard:	☐ Ja	☒ Nein
Tischfußball:	☐ Ja	☒ Nein

Sonstiges:

D - 9 5

Name der Anlage: IN DER FABRIK / WASGAU KLETTERSCHULE

Anschrift:	Elisabethenstr. 1
PLZ/Ort:	D-76846 Hauenstein
Tel./Fax:	Tel.: 01 71/6 51 03 47
	Fax: 0 63 92/71 06
E-Mail:	wasgau@Kletterschule.de
Internet:	www.Kletterschule.de

Ansprechpartner: Wolfgang Seibel

Öffnungszeiten: 1.11. - 24.3.: Sa., So. 13.30 - 18.00 h, Di., Mi., Do. 18.30 - 22.15 h

Eintrittspreise: DM 16,- (DM 14,-)

Zufahrt mit öffentl. Verkehrsmitteln möglich:
☒ Ja ☐ Nein

Zufahrt mit dem PKW:
B 10 Richt. Ortsmitte abbiegen - im Ort Aussch. „Fabrik" folgen

---

Größe/Kletterfläche:	400 m²
Größe/Grundfläche:	k.A.
Dachbereich:	50 m²
Boulderbereich:	12 m²
Wandhöhe:	12 m
max. Kletterlänge:	16 m

Schwierigkeiten der Routen: von 3 bis 9+
Anzahl der Routen: 60 Stück
Vorstieg möglich: ☒ Ja ☐ Nein
Toprope-Seile vorhanden: ☒ Ja ☐ Nein

Hersteller Kletterwand:
T-Wall, Canyon, Makak

Hersteller Griffe:
verschiedene

Zugang nur für AV-Mitglieder:
☐ Ja ☒ Nein

Wandbetreuung vorhanden:
☒ Ja ☐ Nein

Leihausrüstung:
☒ Ja ☐ Nein

Übernachtungsmöglichkeiten:
☐ Ja ☒ Nein

Weitere Angebote:

Kinderkurse:	☒ Ja	☐ Nein
Anfängerkurse:	☒ Ja	☐ Nein
Fortgeschrittenenkurse:	☒ Ja	☐ Nein
Klettershop:	☒ Ja	☐ Nein
Restaurant od. Bistro:	☒ Ja	☐ Nein
Sauna:	☐ Ja	☒ Nein
Dampfbad:	☐ Ja	☒ Nein
Solarium:	☐ Ja	☒ Nein
Squash:	☐ Ja	☒ Nein
Badminton:	☐ Ja	☒ Nein
Streetball:	☐ Ja	☒ Nein
Fitness:	☐ Ja	☒ Nein
Aerobic:	☐ Ja	☒ Nein
Tennis:	☐ Ja	☒ Nein
Billard:	☐ Ja	☒ Nein
Tischfußball:	☐ Ja	☒ Nein

Sonstiges:
Die Kletterhalle liegt im Zentrum vom Klettergebiet Südpfalz

Rotpunkt Verlag

D - 9 6

Name der Anlage: UHLANDHALLE

Anschrift: Uhlandstraße

PLZ/Ort: D-78224 Singen
Tel./Fax: Tel.: 0 75 31/2 17 94

E-Mail: -
Internet: -

Ansprechpartner: DAV Sektion Konstanz/Thomas Blasche

Öffnungszeiten: Di., Mi. 20.00 - 22.00 h,
Sa.,So. 14.00 - 18.00 h,
Juni bis Sept. nur bei Schlechtwetter
Eintrittspreise: DM 8,- (DM 5,-/DM 4,-)

Zufahrt mit öffentl. Verkehrsmitteln möglich:
☒ Ja   ☐ Nein

Zufahrt mit dem PKW:
A 81 - Ausf. „Singen" - Richt. Nordstadt

Größe/Kletterfläche: 150 m²
Größe/Grundfläche: k.A.
Dachbereich: 50 m²
Boulderbereich: 20 m²
Wandhöhe: 8 m
max. Kletterlänge: 15 m

Schwierigkeiten der Routen: von 3 bis 9
Anzahl der Routen: 25 Stück
Vorstieg möglich: ☒ Ja ☐ Nein
Toprope-Seile vorhanden: ☒ Ja ☐ Nein

Hersteller Kletterwand:
Mastergrip

Hersteller Griffe:
Mastergrip, Bendcrete, T-Wall

Zugang nur für AV-Mitglieder:
☐ Ja   ☒ Nein

Wandbetreuung vorhanden:
☒ Ja   ☐ Nein

Leihausrüstung:
☒ Ja   ☐ Nein

Übernachtungsmöglichkeiten:
☐ Ja   ☒ Nein

Weitere Angebote:
Kinderkurse:	☐ Ja	☒ Nein
Anfängerkurse:	☒ Ja	☐ Nein
Fortgeschrittenenkurse:	☒ Ja	☐ Nein
Klettershop:	☐ Ja	☒ Nein
Restaurant od. Bistro:	☐ Ja	☒ Nein
Sauna:	☐ Ja	☒ Nein
Dampfbad:	☐ Ja	☒ Nein
Solarium:	☐ Ja	☒ Nein
Squash:	☐ Ja	☒ Nein
Badminton:	☐ Ja	☒ Nein
Streetball:	☐ Ja	☒ Nein
Fitness:	☐ Ja	☒ Nein
Aerobic:	☐ Ja	☒ Nein
Tennis:	☐ Ja	☒ Nein
Billard:	☐ Ja	☒ Nein
Tischfußball:	☐ Ja	☒ Nein

Sonstiges:

http://www.adv.es/freeclimbing

Distributed by:

UP&UP Climbing Equipment
Mark Cole and Richard Matthews
Joseph Belli Weg 5 , 78467 Konstanz
Tel.07531-69 53 05, Fax. 69 53 06
E-Mail: up&up@T-Online.DE

D - 97

Name der Anlage: aquaMONTE

Anschrift: Balinger Str. 7
PLZ/Ort: D-78628 Rottweil
Tel./Fax: Tel.: 07 41/71 96
Fax: 07 41/71 66
E-Mail: aquaMonte@t-online.de
Internet: http://www.aquaMonte.de

Ansprechpartner: k.A.

Öffnungszeiten: Mo. - Sa. 10.00 - 23.00 h,
So. 10.00 - 22.00 h

Eintrittspreise: DM 15,- (DM 12,-)

Zufahrt mit öffentl. Verkehrsmitteln möglich:
☒ Ja   ☐ Nein

Zufahrt mit dem PKW:
A 81 Ausf. „Rottweil" - Richt. Stadtmitte - B 27 Richt. Balingen/Tübingen - 300 m nach d. Viadukt li.

Größe/Kletterfläche: 200 m²
Größe/Grundfläche: 80 m²
Dachbereich: 16 m²
Boulderbereich: 40 m²
Wandhöhe: 12 m
max. Kletterlänge: 20 m

Schwierigkeiten der Routen: von 4 bis 9+
Anzahl der Routen: k. A.
Vorstieg möglich: ☒ Ja ☐ Nein
Toprope-Seile vorhanden: ☒ Ja ☐ Nein

Hersteller Kletterwand:
T-Wall, Kit-Grimpe

Hersteller Griffe:
verschiedene

Zugang nur für AV-Mitglieder:
☐ Ja   ☒ Nein

Wandbetreuung vorhanden:
☒ Ja   ☐ Nein

Leihausrüstung:
☒ Ja   ☐ Nein

Übernachtungsmöglichkeiten:
☐ Ja   ☒ Nein

Weitere Angebote:
Kinderkurse:	☒ Ja	☐ Nein
Anfängerkurse:	☒ Ja	☐ Nein
Fortgeschrittenenkurse:	☒ Ja	☐ Nein
Klettershop:	☒ Ja	☐ Nein
Restaurant od. Bistro:	☒ Ja	☐ Nein
Sauna:	☐ Ja	☒ Nein
Dampfbad:	☐ Ja	☒ Nein
Solarium:	☐ Ja	☒ Nein
Squash:	☐ Ja	☒ Nein
Badminton:	☐ Ja	☒ Nein
Streetball:	☐ Ja	☒ Nein
Fitness:	☐ Ja	☒ Nein
Aerobic:	☐ Ja	☒ Nein
Tennis:	☐ Ja	☒ Nein
Billard:	☐ Ja	☒ Nein
Tischfußball:	☐ Ja	☒ Nein

Sonstiges:
Kletter-, Kanu- und Trekkingshop, Reiseveranstalter

D - 9 8

Name der Anlage: NECKARHALLE

Anschrift: Austraße

PLZ/Ort: D-78727 Oberndorf a. N.
Tel./Fax: k.A.

E-Mail: -
Internet: -

Ansprechpartner: Gerhard Hauser (Tel.: 0 74 23/46 30)

Öffnungszeiten: Okt. - Juni: Mo., Do. 19.00 - 22.00 h

Eintrittspreise: kostenlos

Zufahrt mit öffentl. Verkehrsmitteln möglich:
☒ Ja   ☐ Nein

Zufahrt mit dem PKW:
A 81 Ausf. „Oberndorf" - beim 1. Kreisverkehr nach li. und nach 2 km re. ab Richt. Oberndorf - nach 1 km nach der Brücke re. ab und nach 800 m zur Halle an der Straße - Eingang an der li. Hinterseite

---

Größe/Kletterfläche: 66 m²
Größe/Grundfläche: 100 m²
Dachbereich: - m²
Boulderbereich: 20 m²
Wandhöhe: 6 m
max. Kletterlänge: 8 m

Schwierigkeiten der Routen: von 3 bis 8
Anzahl der Routen: 14 Stück
Vorstieg möglich: ☒ Ja ☐ Nein
Toprope-Seile vorhanden: ☒ Ja ☐ Nein

Hersteller Kletterwand:
Eigenbau

Hersteller Griffe:
On Sight

Zugang nur für AV-Mitglieder:
☒ Ja   ☐ Nein

Wandbetreuung vorhanden:
☒ Ja   ☐ Nein

Leihausrüstung:
☒ Ja   ☐ Nein

Übernachtungsmöglichkeiten:
☒ Ja   ☐ Nein

Weitere Angebote:
Kinderkurse:	☒ Ja	☐ Nein
Anfängerkurse:	☒ Ja	☐ Nein
Fortgeschrittenenkurse:	☒ Ja	☐ Nein
Klettershop:	☒ Ja	☐ Nein
Restaurant od. Bistro:	☒ Ja	☐ Nein
Sauna:	☒ Ja	☐ Nein
Dampfbad:	☒ Ja	☐ Nein
Solarium:	☒ Ja	☐ Nein
Squash:	☒ Ja	☐ Nein
Badminton:	☒ Ja	☐ Nein
Streetball:	☒ Ja	☐ Nein
Fitness:	☒ Ja	☐ Nein
Aerobic:	☒ Ja	☐ Nein
Tennis:	☒ Ja	☐ Nein
Billard:	☒ Ja	☐ Nein
Tischfußball:	☒ Ja	☐ Nein

Sonstiges:

D-99

Name der Anlage: EIGERNORD

Anschrift: Hans-Bunte-Str. 10a

PLZ/Ort: 79108 Freiburg
Tel./Fax: Tel.: 07 61/5 56 27 01
Fax: 07 61/5 56 11 58
E-Mail: eigernord@t-online.de
Internet: www.eigernord.de

Ansprechpartner: Günther Mohr

Öffnungszeiten: tgl. 10.00 - 22.00 h

Eintrittspreise: DM 20,- (DM 12,- bis DM 17,-)

Zufahrt mit öffentl. Verkehrsmitteln möglich:
☒ Ja ☐ Nein

Zufahrt mit dem PKW:
A5 zur Ausf. „Freiburg Nord", weiter Richt. Waldkirch zur Abfahrt „Industriegebiet Nord", 1. Ampel li. (Hans-Bunte-Str.), nach 700 m li.

Größe/Kletterfläche: 1080 m²
Größe/Grundfläche: 160 m²
Dachbereich: 25 m²
Boulderbereich: 70 m²
Wandhöhe: 15 m
max. Kletterlänge: 30 m

Schwierigkeiten der Routen: von 4 bis 10+
Anzahl der Routen: 60 Stück
Vorstieg möglich: ☒ Ja ☐ Nein
Toprope-Seile vorhanden: ☒ Ja ☐ Nein

Hersteller Kletterwand:
Red Rooster

Hersteller Griffe:
CB, Volx, Lapis

Zugang nur für AV-Mitglieder:
☐ Ja ☒ Nein

Wandbetreuung vorhanden:
☒ Ja ☐ Nein

Leihausrüstung:
☒ Ja ☐ Nein

Übernachtungsmöglichkeiten:
☐ Ja ☒ Nein

Weitere Angebote:
Kinderkurse:	☒ Ja	☐ Nein
Anfängerkurse:	☒ Ja	☐ Nein
Fortgeschrittenenkurse:	☒ Ja	☐ Nein
Klettershop:	☒ Ja	☐ Nein
Restaurant od. Bistro:	☒ Ja	☐ Nein
Sauna:	☐ Ja	☒ Nein
Dampfbad:	☐ Ja	☒ Nein
Solarium:	☐ Ja	☒ Nein
Squash:	☐ Ja	☒ Nein
Badminton:	☐ Ja	☒ Nein
Streetball:	☐ Ja	☒ Nein
Fitness:	☐ Ja	☒ Nein
Aerobic:	☐ Ja	☒ Nein
Tennis:	☐ Ja	☒ Nein
Billard:	☐ Ja	☒ Nein
Tischfußball:	☐ Ja	☒ Nein

Sonstiges:
Video, Abseilpodest, Campusboard, Rißkletterei

Klettercenter EigerNord
...eines der Größten!

Klettercenter EigerNord

Hans-Bunte-Straße 10a · 79108 Freiburg
homepage: www.eigernord.de
e-mail: eigernord@t-online.de
Telefon 07 61 / 5 56 27 01
Telefax 07 61 / 5 56 11 58

D-100

Name der Anlage: a.R.3 MERZHAUSER NORDWAND

Anschrift: Am Rohrgraben 3
PLZ/Ort: D-79249 Merzhausen
Tel./Fax: Tel.: 07 61/40 20 55
Fax: 07 61/4 09 71 51
E-Mail: -
Internet: -

Ansprechpartner: Jochen Wiesler

Öffnungszeiten: Mo. - Sa. 10.00 - 20.00 h,
So. 14.00 - 22.00 h

Eintrittspreise: k.A.

Zufahrt mit öffentl. Verkehrsmitteln möglich:
☒ Ja ☐ Nein

Zufahrt mit dem PKW:
Merzhauser Straße Freiburg stadtauswärts in Richt. Merzhausen (Dorf) - 1. Straße re., dann 2. Str. li. in den Rohrgraben

---

Größe/Kletterfläche: 72 m^2
Größe/Grundfläche: 80 m^2
Dachbereich: - m^2
Boulderbereich: 10 m^2
Wandhöhe: 8 m
max. Kletterlänge: 9 m

Schwierigkeiten der Routen: von 3 bis 8-
Anzahl der Routen: 30 Stück
Vorstieg möglich: ☒ Ja ☐ Nein
Toprope-Seile vorhanden: ☒ Ja ☐ Nein

Hersteller Kletterwand:
k.A.

Hersteller Griffe:
k.A.

Zugang nur für AV-Mitglieder:
☐ Ja ☒ Nein

Wandbetreuung vorhanden:
☒ Ja ☐ Nein

Leihausrüstung:
☒ Ja ☐ Nein

Übernachtungsmöglichkeiten:
☐ Ja ☒ Nein

Weitere Angebote:
Kinderkurse:	☒ Ja	☐ Nein
Anfängerkurse:	☒ Ja	☐ Nein
Fortgeschrittenenkurse:	☒ Ja	☐ Nein
Klettershop:	☐ Ja	☒ Nein
Restaurant od. Bistro:	☒ Ja	☐ Nein
Sauna:	☒ Ja	☐ Nein
Dampfbad:	☐ Ja	☒ Nein
Solarium:	☒ Ja	☐ Nein
Squash:	☐ Ja	☒ Nein
Badminton:	☐ Ja	☒ Nein
Streetball:	☐ Ja	☒ Nein
Fitness:	☒ Ja	☐ Nein
Aerobic:	☒ Ja	☐ Nein
Tennis:	☐ Ja	☒ Nein
Billard:	☐ Ja	☒ Nein
Tischfußball:	☐ Ja	☒ Nein

Sonstiges:

Internet-Versand

Klettergurt voll verstellbar DM 99,--
Kletterschuhe DM 120,--
Kletterseile DM 189,--
Chalk bag DM 29,--

www.outdoorware.de

Express-Set DM 29,90
HMS-Karabiner DM 24,90
Schlafsäcke, Magnesia
Rucksäcke, Reepschnüre

und vieles mehr...
www.outdoorware.de

D-101

Name der Anlage: imPULSIV SPORTCENTER EMMENDINGEN

Anschrift: Am Sportfeld 21

PLZ/Ort: D-79312 Emmendingen
Tel./Fax: Tel.: 0 76 41/4 88 99
Fax: 0 76 41/4 44 68
E-Mail: -
Internet: http://www.impulsiv.de

Ansprechpartner: Kurt Hauri, Fritz Neuendorf

Öffnungszeiten: tgl. 9.00 - 24.00 h

Eintrittspreise: DM 20,- (DM 13,- bis DM 18,-)

Zufahrt mit öffentl. Verkehrsmitteln möglich:
☒ Ja   ☐ Nein

Zufahrt mit dem PKW:
A5 Ausf. „Teningen" Richt. Teningen - nach Teningen re. Richt. Freiburg - 2. Ampel re. Richt. Sportzentrum

---

Größe/Kletterfläche:	920 m²
Größe/Grundfläche:	500 m²
Dachbereich:	50 m²
Boulderbereich:	100 m²
Wandhöhe:	17 m
max. Kletterlänge:	20 m

Schwierigkeiten der Routen: von 3+ bis 10-
Anzahl der Routen: 100 Stück
Vorstieg möglich: ☒ Ja ☐ Nein
Toprope-Seile vorhanden: ☒ Ja ☐ Nein

Hersteller Kletterwand:
Reality Wall, Great Swiss Wall, Vertikal, Entre Prises, Eigenbau

Hersteller Griffe:
verschiedene

Zugang nur für AV-Mitglieder:
☒ Ja   ☐ Nein

Wandbetreuung vorhanden:
☒ Ja   ☐ Nein

Leihausrüstung:
☒ Ja   ☐ Nein

Übernachtungsmöglichkeiten:
☐ Ja   ☒ Nein

Weitere Angebote:

Kinderkurse:	☒ Ja	☐ Nein
Anfängerkurse:	☒ Ja	☐ Nein
Fortgeschrittenenkurse:	☒ Ja	☐ Nein
Klettershop:	☒ Ja	☐ Nein
Restaurant od. Bistro:	☒ Ja	☐ Nein
Sauna:	☒ Ja	☐ Nein
Dampfbad:	☐ Ja	☒ Nein
Solarium:	☒ Ja	☐ Nein
Squash:	☒ Ja	☐ Nein
Badminton:	☒ Ja	☐ Nein
Streetball:	☒ Ja	☐ Nein
Fitness:	☒ Ja	☐ Nein
Aerobic:	☐ Ja	☒ Nein
Tennis:	☒ Ja	☐ Nein
Billard:	☐ Ja	☒ Nein
Tischfußball:	☐ Ja	☒ Nein

Sonstiges:
17 m hohe Sintersäule, Außenkletterwand 80 m², Streetball, Indoor-Soccer, Kegelbahnen, Kinderbetreuung, Kurs- und Seminarräume, Klettervideos, Steckbrett

Wo das **KLETTERN** zum reinen **VERGNÜGEN** wird

imPULSIV Klettergärten gibt es in:

SPORT CENTER imPULSIV EMMENDINGEN	FREIZEIT CENTER imPULSIV WEIL-OTTERBACH	SPORT CENTER imPULSIV KARLSRUHE
Am Sportfeld 21	Basler Strasse 45	Eckener Strasse 54
79312 Emmendingen	79576 Weil a. Rh.	76185 Karlsruhe
Tel.: 0 76 41 / 4 88 99	Tel.: 0 76 21 / 77 900	Tel.: 07 21 / 57 37 93
www.impulsiv.de.	www.impulsiv-weil.de.	www.impulsiv.de.

... UND DIE FREIZEIT BEGINNT!

D-102

Name der Anlage: imPULSIV FREIZEITCENTER WEIL AM RHEIN

Anschrift: Baslerstraße 45

PLZ/Ort: D-79576 Weil am Rhein
Tel./Fax: Tel.: 0 76 21/7 79 00
Fax: 0 76 21/7 39 59
E-Mail: imPULSIV-weil@t-online.de
Internet: www.impulsiv-weil.de

Ansprechpartner: Herr Pötzsch

Öffnungszeiten: Mo. - Fr. 10.00 - 23.00 h,
Sa., So. 10.00 - 19.30 h

Eintrittspreise: DM 20,- (DM 15,-)

Zufahrt mit öffentl. Verkehrsmitteln möglich:
☒ Ja ☐ Nein

Zufahrt mit dem PKW:
A5 Ausf. „Weil a. Rh." - B 3 Richt. Otterbach - Anlage li. an der B 3

Größe/Kletterfläche: 700 m²
Größe/Grundfläche: 280 m²
Dachbereich: 20 m²
Boulderbereich: 50 m²
Wandhöhe: 12 m
max. Kletterlänge: 16 m

Schwierigkeiten der Routen: von 5 bis 10-
Anzahl der Routen: 90 Stück
Vorstieg möglich: ☒ Ja ☐ Nein
Toprope-Seile vorhanden: ☒ Ja ☐ Nein

Hersteller Kletterwand:
T-Wall, Great Swiss Wall, Blocx

Hersteller Griffe:
verschiedene

Zugang nur für AV-Mitglieder:
☐ Ja ☒ Nein

Wandbetreuung vorhanden:
☐ Ja ☒ Nein

Leihausrüstung:
☒ Ja ☐ Nein

Übernachtungsmöglichkeiten:
☐ Ja ☒ Nein

Weitere Angebote:
Kinderkurse: ☒ Ja ☐ Nein
Anfängerkurse: ☒ Ja ☐ Nein
Fortgeschrittenenkurse: ☒ Ja ☐ Nein
Klettershop: ☐ Ja ☒ Nein
Restaurant od. Bistro: ☒ Ja ☐ Nein
Sauna: ☒ Ja ☐ Nein
Dampfbad: ☐ Ja ☒ Nein
Solarium: ☒ Ja ☐ Nein
Squash: ☒ Ja ☐ Nein
Badminton: ☒ Ja ☐ Nein
Streetball: ☐ Ja ☒ Nein
Fitness: ☒ Ja ☐ Nein
Aerobic: ☐ Ja ☒ Nein
Tennis: ☒ Ja ☐ Nein
Billard: ☒ Ja ☐ Nein
Tischfußball: ☒ Ja ☐ Nein

Sonstiges:
Kindertreff, Eissporthalle, Disco, Pizzeria

D - 1 0 3

Name der Anlage: PROTEUS

Anschrift: Giessenstraße 18

PLZ/Ort: D-79713 Bad Säckingen
Tel./Fax: Tel.: 0 77 61/36 10
Fax: 0 77 61/36 10
E-Mail: -
Internet: -

**Ansprech-
partner:** Ewald Hegener

Öffnungszeiten: Di. - Fr. 14.00 - 21.00 h

Eintrittspreise: DM 5,- (DM 2,- bis DM 3,-)

Zufahrt mit öffentl. Verkehrsmitteln möglich:
☒ Ja   ☐ Nein

Zufahrt mit dem PKW:
Von der B 34 am Scheffelgymnasium in die Untere Flüh abbiegen - 2. Str. re. - 50 m nach dem Hotel Schneider li. zum Eingang vom Haus der Jugend

---

Größe/Kletterfläche: 163 m²
Größe/Grundfläche: 224 m²
Dachbereich: k.A.
Boulderbereich: 2 m²
Wandhöhe: 5 m
max. Kletterlänge: 10 m

Schwierigkeiten der Routen: von 3   bis 9
Anzahl der Routen: 30 Stück
Vorstieg möglich: ☒ Ja   ☐ Nein
Toprope-Seile vorhanden: ☒ Ja   ☐ Nein

Hersteller Kletterwand:
Eigenbau

Hersteller Griffe:
verschiedene

Zugang nur für AV-Mitglieder:
☐ Ja   ☒ Nein

Wandbetreuung vorhanden:
☐ Ja   ☒ Nein

Leihausrüstung:
☒ Ja   ☐ Nein

Übernachtungsmöglichkeiten:
☐ Ja   ☒ Nein

Weitere Angebote:

Kinderkurse:	☒ Ja	☐ Nein
Anfängerkurse:	☒ Ja	☐ Nein
Fortgeschrittenenkurse:	☒ Ja	☐ Nein
Klettershop:	☐ Ja	☒ Nein
Restaurant od. Bistro:	☐ Ja	☒ Nein
Sauna:	☐ Ja	☒ Nein
Dampfbad:	☐ Ja	☒ Nein
Solarium:	☐ Ja	☒ Nein
Squash:	☐ Ja	☒ Nein
Badminton:	☐ Ja	☒ Nein
Streetball:	☒ Ja	☐ Nein
Fitness:	☐ Ja	☒ Nein
Aerobic:	☐ Ja	☒ Nein
Tennis:	☐ Ja	☒ Nein
Billard:	☒ Ja	☐ Nein
Tischfußball:	☒ Ja	☐ Nein

Sonstiges:

D - 1 0 4

Name der Anlage: MTV MÜNCHEN

Anschrift: Häberlstraße 11

PLZ/Ort: D-80337 München
Tel./Fax: Tel.: 0 89/53 48 90
Fax: 0 89/53 60 96
E-Mail: info@mtv-muenchen.de
Internet: www.mtv-muenchen.de

Ansprechpartner: Herr Kaltenecker, Herr Albert

Öffnungszeiten: Mo. - Fr. 9.30 - 22.00 h,
Sa, So. 10.00 - 22.00 h

Eintrittspreise: DM 13,- (DM 5,- bis DM 9,-)

Zufahrt mit öffentl. Verkehrsmitteln möglich:
☒ Ja   ☐ Nein

Zufahrt mit dem PKW:
München Stadtmitte, Lindwurmstr. bis Goetheplatz, Häberlstr.

Größe/Kletterfläche: 300 m^2
Größe/Grundfläche: 250 m^2
Dachbereich: 4 m^2
Boulderbereich: 25 m^2
Wandhöhe: 11 m
max. Kletterlänge: 13 m

Schwierigkeiten der Routen: von 4 bis 9
Anzahl der Routen: 40 Stück
Vorstieg möglich: ☒ Ja   ☐ Nein
Toprope-Seile vorhanden: ☒ Ja   ☐ Nein

Hersteller Kletterwand:
Pyramide

Hersteller Griffe:
verschiedene

Zugang nur für AV-Mitglieder:
☐ Ja   ☒ Nein

Wandbetreuung vorhanden:
☒ Ja   ☐ Nein

Leihausrüstung:
☒ Ja   ☐ Nein

Übernachtungsmöglichkeiten:
☐ Ja   ☒ Nein

Weitere Angebote:
Kinderkurse: ☒ Ja   ☐ Nein
Anfängerkurse: ☒ Ja   ☐ Nein
Fortgeschrittenenkurse: ☒ Ja   ☐ Nein
Klettershop: ☐ Ja   ☒ Nein
Restaurant od. Bistro: ☒ Ja   ☐ Nein
Sauna: ☒ Ja   ☐ Nein
Dampfbad: ☐ Ja   ☒ Nein
Solarium: ☒ Ja   ☐ Nein
Squash: ☐ Ja   ☒ Nein
Badminton: ☒ Ja   ☐ Nein
Streetball: ☐ Ja   ☒ Nein
Fitness: ☒ Ja   ☐ Nein
Aerobic: ☒ Ja   ☐ Nein
Tennis: ☒ Ja   ☐ Nein
Billard: ☐ Ja   ☒ Nein
Tischfußball: ☐ Ja   ☒ Nein

Sonstiges:

D-105

Name der Anlage: SCHULSPORTHALLE NYMPHENBURG

Anschrift: Sadelerstr. 10

PLZ/Ort: D-80638 München
Tel./Fax: Tel.: 0 89/29 07 09-0
Fax: 0 89/29 07 09-15
E-Mail: -
Internet: http://www.dav-oberland.de

**Ansprech-
partner:** DAV-Sektion Oberland

Öffnungszeiten: Nutzung für Gruppen nach Absprache mit der Sektion

Eintrittspreise: nach Absprache

Zufahrt mit öffentl. Verkehrsmitteln möglich:
☒ Ja ☐ Nein

Zufahrt mit dem PKW:
Stadtteil Nymphenburg - Sadelerstr./Ecke Alarichstr. - Eingang Alarichstr.

Größe/Kletterfläche:	10 m²
Größe/Grundfläche:	320 m²
Dachbereich:	2,5 m²
Boulderbereich:	70 m²
Wandhöhe:	3-5,5 m
max. Kletterlänge:	7 m

Schwierigkeiten der Routen: von 3 bis 8
Anzahl der Routen: 25 Stück
Vorstieg möglich: ☒ Ja ☐ Nein
Toprope-Seile vorhanden: ☒ Ja ☐ Nein

Hersteller Kletterwand:
Mics

Hersteller Griffe:
verschiedene

Zugang nur für AV-Mitglieder:
☐ Ja ☒ Nein

Wandbetreuung vorhanden:
☒ Ja ☐ Nein

Leihausrüstung:
☒ Ja ☐ Nein

Übernachtungsmöglichkeiten:
☐ Ja ☒ Nein

Weitere Angebote:

Kinderkurse:	☒ Ja	☐ Nein
Anfängerkurse:	☒ Ja	☐ Nein
Fortgeschrittenenkurse:	☒ Ja	☐ Nein
Klettershop:	☐ Ja	☒ Nein
Restaurant od. Bistro:	☐ Ja	☒ Nein
Sauna:	☐ Ja	☒ Nein
Dampfbad:	☐ Ja	☒ Nein
Solarium:	☐ Ja	☒ Nein
Squash:	☐ Ja	☒ Nein
Badminton:	☐ Ja	☒ Nein
Streetball:	☐ Ja	☒ Nein
Fitness:	☐ Ja	☒ Nein
Aerobic:	☐ Ja	☒ Nein
Tennis:	☐ Ja	☒ Nein
Billard:	☐ Ja	☒ Nein
Tischfußball:	☐ Ja	☒ Nein

Sonstiges:

D-106

Name der Anlage: **KLETTERHALLE IM ESV MÜNCHEN**

Anschrift: Herthastr. 41

PLZ/Ort: D-80639 München
Tel./Fax: Tel.: 0 89/29 07 09-0
Fax: 0 89/29 07 09-15
E-Mail: -
Internet: http://www.dav-oberland.de

Ansprechpartner: DAV-Sektion Oberland

Öffnungszeiten: Mo., Mi., Do., Fr. 18.00 - 21.45 h,
Sa. 10.00 - 17.00 h

Eintrittspreise: DM 13,- (DM 9,-) Jahresbeitrag für DAV-Mitglieder

Zufahrt mit öffentl. Verkehrsmitteln möglich:
☒ Ja ☐ Nein

Zufahrt mit dem PKW:
Stadtteil Laim zum ESV-Vereinsgelände Herthastr.

Größe/Kletterfläche: 120 m²
Größe/Grundfläche: 80 m²
Dachbereich: 35 m²
Boulderbereich: 120 m²
Wandhöhe: 5 m
max. Kletterlänge: 18 m

Schwierigkeiten der Routen: von 6 bis 10
Anzahl der Routen: k.A.
Vorstieg möglich: ☐ Ja ☒ Nein
Toprope-Seile vorhanden: ☐ Ja ☒ Nein

Hersteller Kletterwand:
k.A.

Hersteller Griffe:
verschiedene

Zugang nur für AV-Mitglieder:
☒ Ja ☐ Nein

Wandbetreuung vorhanden:
☒ Ja ☐ Nein

Leihausrüstung:
☐ Ja ☒ Nein

Übernachtungsmöglichkeiten:
☐ Ja ☒ Nein

Weitere Angebote:
Kinderkurse:	☐ Ja	☒ Nein
Anfängerkurse:	☐ Ja	☒ Nein
Fortgeschrittenenkurse:	☐ Ja	☒ Nein
Klettershop:	☐ Ja	☒ Nein
Restaurant od. Bistro:	☐ Ja	☒ Nein
Sauna:	☐ Ja	☒ Nein
Dampfbad:	☐ Ja	☒ Nein
Solarium:	☐ Ja	☒ Nein
Squash:	☐ Ja	☒ Nein
Badminton:	☐ Ja	☒ Nein
Streetball:	☐ Ja	☒ Nein
Fitness:	☐ Ja	☒ Nein
Aerobic:	☐ Ja	☒ Nein
Tennis:	☐ Ja	☒ Nein
Billard:	☐ Ja	☒ Nein
Tischfußball:	☐ Ja	☒ Nein

Sonstiges:

D-107

Name der Anlage: DAV-KLETTERANLAGE THALKIRCHEN (Außenanlage)

Anschrift: Thalkirchener Str. 211

PLZ/Ort: D-81371 München

Tel./Fax: Tel.: 0 89/22 15 91
Fax: 0 89/ 29 07 09-15

E-Mail: zwack@kletterzentrum-muenchen.de

Internet: http://www.kletterzentrum-muenchen.de

Ansprechpartner: Wolfgang Zwack

Öffnungszeiten: März - Oktober: Mo. - So. 9.00 h bis zum Einbruch der Dunkelheit
November - Februar: 10.00 - 15.00 h

Eintrittspreise: DM 15,- DAV-Mitglieder erhalten Ermäßigung

Zufahrt mit öffentl. Verkehrsmitteln möglich:
☒ Ja   ☐ Nein

Zufahrt mit dem PKW:
Ortsteil München-Thalkirchen - nähe Brudermühlstr. (U-Bahn) - Anfahrt über Thalkirchener Str. Richt. Thalkirchener Platz - nach ca. 500 m li. P - Kletteranlage liegt hinter Bezirkssportanlage

---

Größe/Kletterfläche: 1900 m²
Größe/Grundfläche: 2000 m²
Dachbereich: 80 m²
Boulderbereich: 100 m²
Wandhöhe: 18 m
max. Kletterlänge: 22 m

Schwierigkeiten der Routen: von 3 bis 10
Anzahl der Routen: 180 Stück
Vorstieg möglich: ☒ Ja ☐ Nein
Toprope-Seile vorhanden: ☐ Ja ☒ Nein

Hersteller Kletterwand:
Entre Prises, T-Wall, Art Rock, Betonstruktur, etc.

Hersteller Griffe:
verschiedene

Zugang nur für AV-Mitglieder:
☐ Ja   ☒ Nein

Wandbetreuung vorhanden:
☒ Ja   ☐ Nein

Leihausrüstung:
☒ Ja   ☐ Nein

Übernachtungsmöglichkeiten:
☐ Ja   ☒ Nein

Weitere Angebote:
Kinderkurse:	☐ Ja	☒ Nein
Anfängerkurse:	☐ Ja	☒ Nein
Fortgeschrittenenkurse:	☐ Ja	☒ Nein
Klettershop:	☐ Ja	☒ Nein
Restaurant od. Bistro:	☐ Ja	☒ Nein
Sauna:	☐ Ja	☒ Nein
Dampfbad:	☐ Ja	☒ Nein
Solarium:	☐ Ja	☒ Nein
Squash:	☐ Ja	☒ Nein
Badminton:	☐ Ja	☒ Nein
Streetball:	☐ Ja	☒ Nein
Fitness:	☐ Ja	☒ Nein
Aerobic:	☐ Ja	☒ Nein
Tennis:	☐ Ja	☒ Nein
Billard:	☐ Ja	☒ Nein
Tischfußball:	☐ Ja	☒ Nein

Sonstiges:

D-108

Name der Anlage: DAV-KLETTERANLAGE THALKIRCHEN (Indoor)

Anschrift: Thalkirchener Str. 211

PLZ/Ort: D-81371 München
Tel./Fax: Tel.: 0 89/22 15 91
Fax: 0 89/ 29 07 09-15
E-Mail: zwack@kletterzentrum-muenchen.de
Internet: http://www.kletterzentrum-muenchen.de
Ansprechpartner: Wolfgang Zwack

Öffnungszeiten: tgl. 9.00 - 23.00 h

Eintrittspreise: war bei Drucklegung noch nicht bekannt

Zufahrt mit öffentl. Verkehrsmitteln möglich:
☒ Ja ☐ Nein

Zufahrt mit dem PKW:
Ortsteil München-Thalkirchen - nähe Brudermühlstr. (U-Bahn) - Anfahrt über Thalkirchener Str. Richt. Thalkirchener Platz - nach ca. 500 m li. P - Kletteranlage liegt hinter Bezirkssportanlage

---

Größe/Kletterfläche: 1700 m²
Größe/Grundfläche: 470 m²
Dachbereich: 180 m²
Boulderbereich: 360 m²
Wandhöhe: 18 m
max. Kletterlänge: 50 m

Schwierigkeiten der Routen: von 3 bis 10
Anzahl der Routen: 150 Stück
Vorstieg möglich: ☒ Ja ☐ Nein
Toprope-Seile vorhanden: ☒ Ja ☐ Nein

Hersteller Kletterwand:
Entre Prises, Art Rock

Hersteller Griffe:
verschiedene

Zugang nur für AV-Mitglieder:
☐ Ja ☒ Nein

Wandbetreuung vorhanden:
☒ Ja ☐ Nein

Leihausrüstung:
☒ Ja ☐ Nein

Übernachtungsmöglichkeiten:
☐ Ja ☒ Nein

Weitere Angebote:
Kinderkurse:	☐ Ja	☒ Nein
Anfängerkurse:	☐ Ja	☒ Nein
Fortgeschrittenenkurse:	☐ Ja	☒ Nein
Klettershop:	☒ Ja	☐ Nein
Restaurant od. Bistro:	☒ Ja	☐ Nein
Sauna:	☒ Ja	☐ Nein
Dampfbad:	☐ Ja	☒ Nein
Solarium:	☐ Ja	☒ Nein
Squash:	☐ Ja	☒ Nein
Badminton:	☐ Ja	☒ Nein
Streetball:	☐ Ja	☒ Nein
Fitness:	☐ Ja	☒ Nein
Aerobic:	☐ Ja	☒ Nein
Tennis:	☐ Ja	☒ Nein
Billard:	☐ Ja	☒ Nein
Tischfußball:	☐ Ja	☒ Nein

Sonstiges:

KLETTERZENTRUM MÜNCHEN

- Halle 1.700 qm Kletterfläche
- Freigelände 1.900 qm Kletterfläche
- 18 m hohe Außenwände
- 18 m hohe Innenwände
- elektrisch verstellbare Wände
- 50 m Kletterlänge im Torbogen
- Deutschland-Cup tauglich
- Sauna, Bistro
- 3.600 qm Gesamtkletterfläche
- aktuelle Preise im Internet

EUROPAS GRÖSSTE KLETTERANLAGE

...gerverein der Münchner Sektionen für die
...-Kletteranlage München-Thalkirchen e.V.,
...kirchnerstr. 211 (U-Bahnhof Brudermühlstr.)
...71 München
...089/22 15 91, Fax. 089/290 70 915
...rnet: http://www.kletterzentrum-muenchen.de

D-109

Name der Anlage: HEAVENS GATE

Anschrift: Grafinger Str. 6

PLZ/Ort: D-81671 München
Tel./Fax: Tel.: 0 89/40 90 88 03
Fax: 0 89/40 90 88 05
E-Mail: heavensgate@first-out.de
Internet: http://www.first-out.de

Ansprechpartner: Richard Ebert, Julia Huber

Öffnungszeiten: tgl. 10.00 - 23.00 h

Eintrittspreise: DM 18,- (DM 11,- bis DM 16,-)
Mitglieder der IG Klettern
erhalten Ermäßigung

Zufahrt mit öffentl. Verkehrsmitteln möglich:
☒ Ja ☐ Nein

Zufahrt mit dem PKW:
In München am Mittleren Ring bis zum Ende der BAB Salzburg/München (Ramersdorf) - auf Rosenheimer Str. ca. 1,5 km stadteinwärts bis zur Friedensstr. - 1. Str. re. Grafinger Str. - an der Pforte des Kunstparks re. und nach höchstem Gebäude schauen

---

Größe/Kletterfläche: 2800 m^2
Größe/Grundfläche: 550 m^2
Dachbereich: 70 m^2
Boulderbereich: 50 m^2
Wandhöhe: 30 m
max. Kletterlänge: 40 m

Schwierigkeiten der Routen: von 3 bis 9+
Anzahl der Routen: 132 Stück
Vorstieg möglich: ☒ Ja ☐ Nein
Toprope-Seile vorhanden: ☐ Ja ☒ Nein

Hersteller Kletterwand:
verschiedene

Hersteller Griffe:
verschiedene

Zugang nur für AV-Mitglieder:
☐ Ja ☒ Nein

Wandbetreuung vorhanden:
☒ Ja ☐ Nein

Leihausrüstung:
☒ Ja ☐ Nein

Übernachtungsmöglichkeiten:
☐ Ja ☒ Nein

Weitere Angebote:
Kinderkurse:	☒ Ja	☐ Nein
Anfängerkurse:	☒ Ja	☐ Nein
Fortgeschrittenenkurse:	☒ Ja	☐ Nein
Klettershop:	☒ Ja	☐ Nein
Restaurant od. Bistro:	☒ Ja	☐ Nein
Sauna:	☐ Ja	☒ Nein
Dampfbad:	☐ Ja	☒ Nein
Solarium:	☐ Ja	☒ Nein
Squash:	☐ Ja	☒ Nein
Badminton:	☒ Ja	☐ Nein
Streetball:	☐ Ja	☒ Nein
Fitness:	☐ Ja	☒ Nein
Aerobic:	☐ Ja	☒ Nein
Tennis:	☐ Ja	☒ Nein
Billard:	☐ Ja	☒ Nein
Tischfußball:	☐ Ja	☒ Nein

Sonstiges:

Beach-Volleyball, „Durchfeiern" bis zum Morgengrauen

Heavens Gate

Heavens Gate ist ein Muß für alle Kletterer, solche die es werden wollen oder einfach jeden der sonst noch Probleme mit der Schwerkraft hat.

Kurzgesagt Heavens Gate ist :

- Klettervergnügen in 8 Silos mit 30 Metern Höhe !
- Lange und kurze Routen, perfekt zum Lernen, Trainieren oder einfach nur um Spaß zu haben
- Separater Boulderbereich
- Witziges Ambiente, modernes Flair, coole Musik
- Kletterfläche 3.000 m²

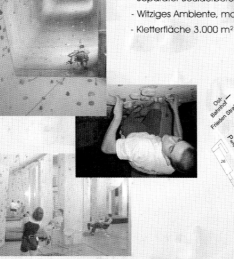

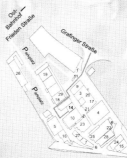

1. Akwarium
2. Vorverkauf
3. Amerikanos
4. Antikmarkt
5. Babylon
6. Beach Volley
7. Bo Bien
8. Bongo Bar
9. Büros
10. Cinerama
11. Colosseum
12. EC
13. Flohmarkt
14. Glaspalast
15. **Heavens Gate**
16. Heizkraftwerk
17. Incognito
18. Kalibar
19. Keller
20. Kunstpark Forum
21. Matador
22. Milch + Bar
23. Möbelmarkt
24. Nachtkantine
25. Natroi Tempie
26. Planet Wiesn
27. Skaten' Fun
28. Titania
29. Ultraschall II
30. Werkbar

Grafinger Str. 6, 81671 München (im Kunstpark Ost)
Tel: 089 4090 8803 / e-Mail: heavensgate@first-out.de

D-110

Name der Anlage: GRÜNWALDER FREIZEITPARK

Anschrift: Ebertstraße 1

PLZ/Ort: D-82031 Grünwald
Tel./Fax: Tel.: 0 89/6 41 89 10
Fax: 0 89/6 41 89 113
E-Mail: gfzp-gmbh@t-online.de
Internet: http://www.gruenwalder-freizeitpark.de

Ansprechpartner: Frau Härtle

Öffnungszeiten: Mo. - Fr. 15.00 - 19.30 h,
Sa., So. 10.00 - 19.30 h

Eintrittspreise: DM 8,- (DM 5,-) DAV-Mitglieder erhalten Ermäßigung

Zufahrt mit öffentl. Verkehrsmitteln möglich:
☒ Ja ☐ Nein

Zufahrt mit dem PKW:
P Grünwalder Freizeitpark

Größe/Kletterfläche: 156 m²
Größe/Grundfläche: 25 m²
Dachbereich: 30 m²
Boulderbereich: 50 m²
Wandhöhe: 8 m
max. Kletterlänge: 9 m

Schwierigkeiten der Routen: von 4 bis 8
Anzahl der Routen: 16 Stück
Vorstieg möglich: ☒ Ja ☐ Nein
Toprope-Seile vorhanden: ☒ Ja ☐ Nein

Hersteller Kletterwand:
Entre Prises

Hersteller Griffe:
Entre Prises

Zugang nur für AV-Mitglieder:
☒ Ja ☐ Nein

Wandbetreuung vorhanden:
☒ Ja ☐ Nein

Leihausrüstung:
☒ Ja ☐ Nein

Übernachtungsmöglichkeiten:
☐ Ja ☒ Nein

Weitere Angebote:
Kinderkurse: ☒ Ja ☐ Nein
Anfängerkurse: ☒ Ja ☐ Nein
Fortgeschrittenenkurse: ☒ Ja ☐ Nein
Klettershop: ☐ Ja ☒ Nein
Restaurant od. Bistro: ☒ Ja ☐ Nein
Sauna: ☐ Ja ☒ Nein
Dampfbad: ☐ Ja ☒ Nein
Solarium: ☐ Ja ☒ Nein
Squash: ☐ Ja ☒ Nein
Badminton: ☐ Ja ☒ Nein
Streetball: ☐ Ja ☒ Nein
Fitness: ☒ Ja ☐ Nein
Aerobic: ☒ Ja ☐ Nein
Tennis: ☐ Ja ☒ Nein
Billard: ☐ Ja ☒ Nein
Tischfußball: ☐ Ja ☒ Nein

Sonstiges:
Inline Skating, Half Pipe, Schwimmhalle, Seminar- und Tagungsräume, Kinderspielplatz

Der Weg zum Gipfel wird erst mit genau abgestimmter Ausrüstung zur Erfolgssache. Ausgewählte Qualitätsmarken gibts bei **ALPINSPORT** in München-Gollierstr. 13, 0 89 – 50 42 50.

Die Ware vom Feinsten: z.B. Daunenschlafsäcke 96/4, Asolo Expeditionsschuh ohne Naht und vieles andere.

Die Preise vom Kleinsten: z.B. 3-teilige Stöcke ab 49,–, Haftspannfelle Mohair ab 99,–, Goretexjacken ab 299,– uuuuuuund soooo weiter ...

Gollierstraße 13 · 80339 München · Tel. 0 89/50 42 50 · Fax 0 89/50 83 50

Touristik-Topoführerverlag Hermann Froidl
81241 München · Landsberger Str. 485 · Tel./Fax 0 89/5 70 50 55

ISBN:	Topoführer:	Preis:
05/	best climbs (IV-IX, 90°) -weltweit-	DM 39,80
64/	Funclimbs der Mittelmeerländer (IV-VIII)	DM 48,80
83/	Kanarische Inseln (IV-X)	DM 46,80
48/	Bayr. Wald u. Wachau (III-X)	DM 39,80
67/	Mallorca u. Ibiza (IV-X)	DM 39,80
32/	Hohe Ziele der Ost- u. Westalpen (I-VI, 60°)	DM 46,80
13/	Bayern-Tirol f. Lehrlinge (II-VI)	DM 46,80
08/	USA-Climbs -I- (III-X)	DM 35,80
75/	USA.Climbs -II- (III-IX)	DM 35,80
59/	Westkanada (III-IX) u. Trails	DM 35,80
21/	Velebit/Vipava/Costeria/Obro. (II-X)	DM 32,80
3x/	Norwegen u. Südgrönland (II-VIII, 60°)	DM 29,80
72/	Korsika (II-V) u. GR 20	DM 24,80
56/	Heilbrunner Sandstein (II-VII)	DM 24,80
16/	Inkatrail/Königskordillere (I-IV, 60°)	DM 23,80
40/	MT. Kenya u. Kilimanjaro (I-IV)	DM 19,80
80/	Neuseeland (I-IV, 50°)	DM 19,80
99/	Nepal (I-III, 50°)	DM 19,80

Auslieferung erfolgt zuzüglich Porto bzw. per Nachnahme.

D-111

Name der Anlage: CLIMB IN

Anschrift: c/o Matchbox
Carl-Benz-Straße 5
PLZ/Ort: D-82205 Gilching
Tel./Fax: Tel.: 0 81 05/2 38 38
Fax: 0 81 05/13 78
E-Mail: Tilmann.Bernhard@t-online.de
Internet: -

Ansprechpartner: Julia und Bernhard Tilmann

Öffnungszeiten: tgl. 8.00 - 23.00 h

Eintrittspreise: DM 13,- (DM 9,-)

Zufahrt mit öffentl. Verkehrsmitteln möglich:
☒ Ja ☐ Nein

Zufahrt mit dem PKW:
A 96 Ausf. „Gilching" - Richt. Gewerbegebiet

Größe/Kletterfläche: 350 m²
Größe/Grundfläche: k.A.
Dachbereich: 10 m²
Boulderbereich: 100 m²
Wandhöhe: 7,5 m
max. Kletterlänge: 8 m

Schwierigkeiten der Routen: von 1 bis 9
Anzahl der Routen: 30 Stück
Vorstieg möglich: ☒ Ja ☐ Nein
Toprope-Seile vorhanden: ☒ Ja ☐ Nein

Hersteller Kletterwand:
MICS

Hersteller Griffe:
verschiedene

Zugang nur für AV-Mitglieder:
☐ Ja ☒ Nein

Wandbetreuung vorhanden:
☐ Ja ☒ Nein

Leihausrüstung:
☒ Ja ☐ Nein

Übernachtungsmöglichkeiten:
☐ Ja ☒ Nein

Weitere Angebote:
Kinderkurse:	☒ Ja	☐ Nein
Anfängerkurse:	☒ Ja	☐ Nein
Fortgeschrittenenkurse:	☒ Ja	☐ Nein
Klettershop:	☐ Ja	☒ Nein
Restaurant od. Bistro:	☒ Ja	☐ Nein
Sauna:	☒ Ja	☐ Nein
Dampfbad:	☐ Ja	☒ Nein
Solarium:	☒ Ja	☐ Nein
Squash:	☒ Ja	☐ Nein
Badminton:	☒ Ja	☐ Nein
Streetball:	☐ Ja	☒ Nein
Fitness:	☐ Ja	☒ Nein
Aerobic:	☐ Ja	☒ Nein
Tennis:	☒ Ja	☐ Nein
Billard:	☒ Ja	☐ Nein
Tischfußball:	☐ Ja	☒ Nein

Sonstiges:

Bernd Eberle
Im Gries 14
82481 Mittenwald
Telefon 0 88 23/93 27 78 - Fax 93 27 79

Planung – Bau – individuelle Gestaltung

Griffe ab 6,– DM

Wandelemente ab 65,– DM/qm

Bernd Eberle, Flößerstraße 18,
82499 Wallgau, Tel./Fax: 0 88 25/3 51

die neue serie:
Competition
take it or leave it

proconcept VII.1

OnSight
KLETTERGRIFFE
St.-Hubertus-Str. 24
75181 Pforzheim
T/F: 07231.979820
onsight@t-online.de
www.onsight.de

D-112

Name der Anlage: KLETTERWELT TRIFTHOF

Anschrift: Industriegebiet Trifthof
Trifthofstraße 58
PLZ/Ort: D-82362 Weilheim/Obb.
Tel./Fax: Tel.: 08 81/4 11 22 od. 6 91 72
Fax: 08 81/6 91 76
E-Mail: -
Internet: http://www.bergfuehrer.com/kletterwelt.de
Ansprechpartner: Norbert Kunz

Öffnungszeiten: Di. - Do. 14.00 -23.00 h, Fr. 12.00 - 23.00 h, Sa. 10.00 - 23.00 h, So. 10.00 - 22.00 h
Eintrittspreise: DM 18,- (DM 12,- bis DM 16,-)

Zufahrt mit öffentl. Verkehrsmitteln möglich:
☒ Ja   ☐ Nein

Zufahrt mit dem PKW:
In Weilheim Beschilderung Industriegebiet Trifthof folgen - re. in die Trifthofstr. - hinter der Telekom li. in den Hof

---

Größe/Kletterfläche: 650 m²
Größe/Grundfläche: 400 m²
Dachbereich: 80 m²
Boulderbereich: 50 m²
Wandhöhe: 11 m
max. Kletterlänge: 30 m

Schwierigkeiten der Routen: von 3 bis 10
Anzahl der Routen: 80 Stück
Vorstieg möglich: ☒ Ja ☐ Nein
Toprope-Seile vorhanden: ☒ Ja ☐ Nein

Hersteller Kletterwand:
Red Rooster

Hersteller Griffe:
On Sight, CB, Volx

Zugang nur für AV-Mitglieder:
☐ Ja   ☒ Nein

Wandbetreuung vorhanden:
☒ Ja   ☐ Nein

Leihausrüstung:
☒ Ja   ☐ Nein

Übernachtungsmöglichkeiten:
☐ Ja   ☒ Nein

Weitere Angebote:
Kinderkurse:	☒ Ja	☐ Nein
Anfängerkurse:	☒ Ja	☐ Nein
Fortgeschrittenenkurse:	☒ Ja	☐ Nein
Klettershop:	☒ Ja	☐ Nein
Restaurant od. Bistro:	☒ Ja	☐ Nein
Sauna:	☒ Ja	☐ Nein
Dampfbad:	☐ Ja	☒ Nein
Solarium:	☐ Ja	☒ Nein
Squash:	☐ Ja	☒ Nein
Badminton:	☐ Ja	☒ Nein
Streetball:	☐ Ja	☒ Nein
Fitness:	☐ Ja	☒ Nein
Aerobic:	☐ Ja	☒ Nein
Tennis:	☐ Ja	☒ Nein
Billard:	☐ Ja	☒ Nein
Tischfußball:	☐ Ja	☒ Nein

Sonstiges:
Abenteuerspielhöhle, Campusboard, Sprossenleiter, Kinderkletterwand

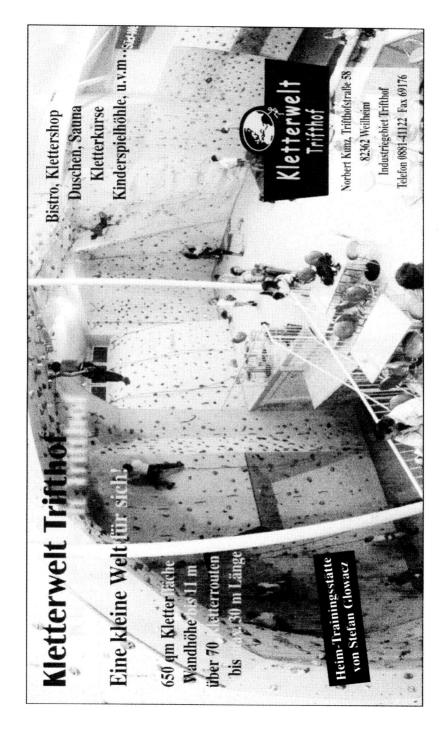

D-113

Name der Anlage: KLETTERHALLE DAV PEISSENBERG

Anschrift: Alpspitzstr. 13

PLZ/Ort: D-82380 Peißenberg
Tel./Fax: Tel.: 0 88 03/8 45

E-Mail: -
Internet: -

Ansprechpartner: Konrad Staltmayr

Öffnungszeiten: Mo. - Fr. 17.00 - 22.00 h, Do. 9.30-11.30 h, Sa., So., Feiert. 15.00 - 20.00 h

Eintrittspreise: DM 12,- (DM 9,-/DM 6,-)

Zufahrt mit öffentl. Verkehrsmitteln möglich:
☒ Ja ☐ Nein

Zufahrt mit dem PKW:
Von Schongau bzw. Weilheim kommend bei Ampel in Sonnenstr. abbiegen - anschl. re. ab in Alpspitzstr.

Größe/Kletterfläche: 300 m^2
Größe/Grundfläche: 120 m^2
Dachbereich: 30 m^2
Boulderbereich: 40 m^2
Wandhöhe: 11 m
max. Kletterlänge: 20 m

Schwierigkeiten der Routen: von 3 bis 9
Anzahl der Routen: 25 Stück
Vorstieg möglich: ☒ Ja ☐ Nein
Toprope-Seile vorhanden: ☒ Ja ☐ Nein

Hersteller Kletterwand:
Entre Prises

Hersteller Griffe:
Entre Prises, T-Wall, City Wall

Zugang nur für AV-Mitglieder:
☐ Ja ☒ Nein

Wandbetreuung vorhanden:
☒ Ja ☐ Nein

Leihausrüstung:
☒ Ja ☐ Nein

Übernachtungsmöglichkeiten:
☐ Ja ☒ Nein

Weitere Angebote:
Kinderkurse:	☒ Ja	☐ Nein
Anfängerkurse:	☒ Ja	☐ Nein
Fortgeschrittenenkurse:	☒ Ja	☐ Nein
Klettershop:	☐ Ja	☒ Nein
Restaurant od. Bistro:	☒ Ja	☐ Nein
Sauna:	☐ Ja	☒ Nein
Dampfbad:	☐ Ja	☒ Nein
Solarium:	☐ Ja	☒ Nein
Squash:	☐ Ja	☒ Nein
Badminton:	☐ Ja	☒ Nein
Streetball:	☐ Ja	☒ Nein
Fitness:	☐ Ja	☒ Nein
Aerobic:	☐ Ja	☒ Nein
Tennis:	☐ Ja	☒ Nein
Billard:	☐ Ja	☒ Nein
Tischfußball:	☐ Ja	☒ Nein

Sonstiges:

KLETTERHALLE DAV PEISSENBERG

Klettern auf ca. 350 m² Kletterfläche, größtenteils Strukturplatten der Fa. Entré Prises (Empreinte-System), die ein felsähnliches Klettergefühl vermitteln. Der Schwierigkeitsgrad bewegt sich von 3 – 10. Griffe haupsächlich von Entré Prises, aber auch einige andere.

Paradestücke der Anlage sind vier neigungsverstellbare Wandteile (60 m²), die damit optimale Bedingungen für Anfänger und Fortgeschrittene bieten.
Beste Trainingsmöglichkeiten ergeben sich auch an der neugestalteten Holzplattenwand sowie im ca. 60 m² Boulderbereich.
Campusbrett, Strickleiter, Klemmriß im Dach und Balancekette sind auch vorhanden.

Größe: 350 m² Kletterfläche bis 11 m Höhe und maximal 40° Überhang, davon 60 m² Boulderbereich mit 6m Dach

Öffnungszeiten: Werktags 17.00 Uhr – 22.00 Uhr
Samstag, Sonntag, Feiertag 15.00 Uhr – 20.00 Uhr

Preise: Tageskarte Erwachsene   12,– DM
Zehnerkarte   100,– DM
Tageskarte AV Mitglieder   9,– DM
Zehnerkarte   75,– DM

Ermäßigung für Schüler, Studenten, Wehr- und Zivildienstleistende

Kinder bis 10 Jahre in Begleitung von Erwachsenen frei!

Für Gruppen und Kurse besteht die Möglichkeit die Kletterhalle außerhalb der Öffnungszeiten zu reservieren.

Materialverleih: Seile, Gurte und Schuhe können ausgeliehen werden.

Außerdem bieten wir einen Getränkeausschank im Eingangs- und Zuschauerbereich

Kletterhalle Peißenberg: Albspitzstraße 13 · 82380 Peißenberg (Zufahrt Richtung Sporthalle) · Telefon 0 88 03/8 45

D-114

Name der Anlage: DAV-ROSENHEIM

Anschrift: Pürstlingstr. 47 a
PLZ/Ort: D-83024 Rosenheim
Tel./Fax: Tel.: 0 80 31/4 58 68 od. 1 48 88 od. 9 76 74
Fax: 0 80 31/1 48 88
E-Mail: info@montagne.de
Internet: Montagne.de

Ansprechpartner: Anita Tischlinger

Öffnungszeiten: 1.10.- 30.4.: Mo. - Sa. 9.00 - 23.00 h,
So. 9.00 - 22.00 h
1.5. - 30.9.: geänderte Öffnungszeiten
Eintrittspreise: DM 14,50 (DM 5,-)

Zufahrt mit öffentl. Verkehrsmitteln möglich:
☒ Ja ☐ Nein

Zufahrt mit dem PKW:
Aussch. „DJK Campus" folgen

Größe/Kletterfläche: 230 m²
Größe/Grundfläche: 70 m²
Dachbereich: 40 m²
Boulderbereich: 25 m²
Wandhöhe: 7,5 m
max. Kletterlänge: 14 m

Schwierigkeiten der Routen: von 4 bis 9
Anzahl der Routen: 70 Stück
Vorstieg möglich: ☒ Ja ☐ Nein
Toprope-Seile vorhanden: ☐ Ja ☒ Nein

Hersteller Kletterwand:
Red Rooster

Hersteller Griffe:
verschiedene

Zugang nur für AV-Mitglieder:
☐ Ja ☒ Nein

Wandbetreuung vorhanden:
☒ Ja ☐ Nein

Leihausrüstung:
☒ Ja ☐ Nein

Übernachtungsmöglichkeiten:
☐ Ja ☒ Nein

Weitere Angebote:
Kinderkurse:	☒ Ja	☐ Nein
Anfängerkurse:	☒ Ja	☐ Nein
Fortgeschrittenenkurse:	☒ Ja	☐ Nein
Klettershop:	☐ Ja	☒ Nein
Restaurant od. Bistro:	☒ Ja	☐ Nein
Sauna:	☒ Ja	☐ Nein
Dampfbad:	☐ Ja	☒ Nein
Solarium:	☐ Ja	☒ Nein
Squash:	☐ Ja	☒ Nein
Badminton:	☐ Ja	☒ Nein
Streetball:	☐ Ja	☒ Nein
Fitness:	☐ Ja	☒ Nein
Aerobic:	☐ Ja	☒ Nein
Tennis:	☒ Ja	☐ Nein
Billard:	☐ Ja	☒ Nein
Tischfußball:	☐ Ja	☒ Nein

Sonstiges:

D-115

Name der Anlage: **DAV KLETTERHALLE PRIEN**

Anschrift: Buchenstraße 17

Öffnungszeiten: tgl. 8.00 - 22.00 h

PLZ/Ort: D-83233 Bernau
Tel./Fax: Tel.: 0 80 51/88 22

Eintrittspreise: DM 18,- (DM 13,-/DM 10,-)

E-Mail: -
Internet: -

Zufahrt mit öffentl. Verkehrsmitteln möglich:
☒ Ja   ☐ Nein

Ansprechpartner: Tennishalle Bernau

Zufahrt mit dem PKW:
B 305 Richt. Grassau - Ortsausgang - li. Beschilderung folgen

---

Größe/Kletterfläche:	320 m²	
Größe/Grundfläche:	100 m²	
Dachbereich:	18 m²	
Boulderbereich:	35 m²	
Wandhöhe:	13 m	
max. Kletterlänge:	16 m	

Schwierigkeiten der Routen: von 4   bis 8
Anzahl der Routen: 30 Stück
Vorstieg möglich: ☒ Ja   ☐ Nein
Toprope-Seile vorhanden: ☐ Ja   ☒ Nein

Hersteller Kletterwand:
Pyramide, Entre Prises

Hersteller Griffe:
Pyramide, Entre Prises

Zugang nur für AV-Mitglieder:
☐ Ja   ☒ Nein

Wandbetreuung vorhanden:
☒ Ja   ☐ Nein

Leihausrüstung:
☒ Ja   ☐ Nein

Übernachtungsmöglichkeiten:
☒ Ja   ☐ Nein

Weitere Angebote:

Kinderkurse:	☒ Ja	☐ Nein
Anfängerkurse:	☒ Ja	☐ Nein
Fortgeschrittenenkurse:	☐ Ja	☒ Nein
Klettershop:	☒ Ja	☐ Nein
Restaurant od. Bistro:	☒ Ja	☐ Nein
Sauna:	☒ Ja	☐ Nein
Dampfbad:	☐ Ja	☒ Nein
Solarium:	☒ Ja	☐ Nein
Squash:	☒ Ja	☐ Nein
Badminton:	☐ Ja	☒ Nein
Streetball:	☐ Ja	☒ Nein
Fitness:	☐ Ja	☒ Nein
Aerobic:	☐ Ja	☒ Nein
Tennis:	☒ Ja	☐ Nein
Billard:	☐ Ja	☒ Nein
Tischfußball:	☐ Ja	☒ Nein

Sonstiges:

D - 116

Name der Anlage: ALOIS-BÖCK-TURNHALLE

Anschrift: Jahnstraße

PLZ/Ort: D-83308 Trostberg/Alz
Tel./Fax: k.A.

E-Mail: -
Internet: -

Ansprech- Dr. Höger (DAV Sekt. Trostberg
partner: Tel.: 0 86 21/6 17 10)

Öffnungszeiten: 15.9. - 30.4. Mi. 20.00 - 22.00 h, Fr. 19.30 - 21.30 h
1.5. - 31.7. Fr. 19.30 - 21.30 h
Eintrittspreise: DM 3,- (DM 2,-)

Zufahrt mit öffentl. Verkehrsmitteln möglich:
☐ Ja   ☒ Nein

Zufahrt mit dem PKW:
Zum Sportplatz in Trostberg

Größe/Kletterfläche: 75 m²
Größe/Grundfläche: k.A.
Dachbereich: 8 m²
Boulderbereich: 16 m²
Wandhöhe: 6 m
max. Kletterlänge: 8 m

Schwierigkeiten der Routen: von 3 bis 7+
Anzahl der Routen: 10 Stück
Vorstieg möglich: ☒ Ja   ☐ Nein
Toprope-Seile vorhanden: ☐ Ja   ☒ Nein

Hersteller Kletterwand:
Eigenbau

Hersteller Griffe:
EMPE

Zugang nur für AV-Mitglieder:
☐ Ja   ☒ Nein

Wandbetreuung vorhanden:
☐ Ja   ☒ Nein

Leihausrüstung:
☒ Ja   ☐ Nein

Übernachtungsmöglichkeiten:
☐ Ja   ☒ Nein

Weitere Angebote:
Kinderkurse: ☐ Ja   ☒ Nein
Anfängerkurse: ☐ Ja   ☒ Nein
Fortgeschrittenenkurse: ☐ Ja   ☒ Nein
Klettershop: ☐ Ja   ☒ Nein
Restaurant od. Bistro: ☒ Ja   ☐ Nein
Sauna: ☐ Ja   ☒ Nein
Dampfbad: ☐ Ja   ☒ Nein
Solarium: ☐ Ja   ☒ Nein
Squash: ☐ Ja   ☒ Nein
Badminton: ☐ Ja   ☒ Nein
Streetball: ☐ Ja   ☒ Nein
Fitness: ☐ Ja   ☒ Nein
Aerobic: ☐ Ja   ☒ Nein
Tennis: ☐ Ja   ☒ Nein
Billard: ☐ Ja   ☒ Nein
Tischfußball: ☐ Ja   ☒ Nein

Sonstiges:

D-117

Name der Anlage: SKATE- UND KLETTERHALLE RUHPOLDING

Anschrift: Am Wellenbad

PLZ/Ort: D-83324 Ruhpolding
Tel./Fax: Tel.: 0 86 63/80 05 84 od. 21 93
Fax: 0 86 63/99 09
E-Mail: -
Internet: -

Ansprechpartner: Herr Pichler/Herr Fuschlberger

Öffnungszeiten: Mo. - Fr. 15.00 - 21.00 h, Sa., So., Feiert., Ferien 13.00 - 21.00 h

Eintrittspreise: DM 10,- (DM 8,-)

Zufahrt mit öffentl. Verkehrsmitteln möglich:
☐ Ja ☒ Nein

Zufahrt mit dem PKW:
Autobahn München-Salzburg - Ausf. „Siegsdorf/Ruhpolding" - an der Ampel re. Richt. Wellenbad

---

Größe/Kletterfläche: 280 m²
Größe/Grundfläche: 200 m²
Dachbereich: 50 m²
Boulderbereich: 65 m²
Wandhöhe: 13 m
max. Kletterlänge: 48 m

Schwierigkeiten der Routen: von 3 bis 10
Anzahl der Routen: 35 Stück
Vorstieg möglich: ☒ Ja ☐ Nein
Toprope-Seile vorhanden: ☒ Ja ☐ Nein

Hersteller Kletterwand:
Red Rooster

Hersteller Griffe:
k.A.

Zugang nur für AV-Mitglieder:
☐ Ja ☒ Nein

Wandbetreuung vorhanden:
☒ Ja ☐ Nein

Leihausrüstung:
☒ Ja ☐ Nein

Übernachtungsmöglichkeiten:
☐ Ja ☒ Nein

Weitere Angebote:
Kinderkurse:	☒ Ja	☐ Nein
Anfängerkurse:	☒ Ja	☐ Nein
Fortgeschrittenenkurse:	☒ Ja	☐ Nein
Klettershop:	☒ Ja	☐ Nein
Restaurant od. Bistro:	☒ Ja	☐ Nein
Sauna:	☐ Ja	☒ Nein
Dampfbad:	☐ Ja	☒ Nein
Solarium:	☐ Ja	☒ Nein
Squash:	☐ Ja	☒ Nein
Badminton:	☐ Ja	☒ Nein
Streetball:	☒ Ja	☐ Nein
Fitness:	☐ Ja	☒ Nein
Aerobic:	☐ Ja	☒ Nein
Tennis:	☐ Ja	☒ Nein
Billard:	☐ Ja	☒ Nein
Tischfußball:	☐ Ja	☒ Nein

Sonstiges:
Inline Park, Skate Halle

D-118

Name der Anlage: BOULDERRAUM DER SEKT. FREILASSING (BOULDERANLAGE)

Anschrift: Mehrzweckhalle der Gemeinde Piding **Öffnungszeiten:** tgl. 8.00 - 22.00 h

PLZ/Ort: D-83451 Piding
Tel./Fax: k.A. **Eintrittspreise:** Jahresbeitrag DM 50,-

E-Mail: - **Zufahrt mit öffentl. Verkehrsmitteln möglich:**
Internet: - ☒ Ja   ☐ Nein

Ansprech-
partner: Hans-Chr. Hocke **Zufahrt mit dem PKW:**
A 8 München-Salzburg - Ausf. „Bad Reichenhall"

Größe/Kletterfläche: 80 m²   **Übernachtungsmöglichkeiten:**
Größe/Grundfläche: k.A.   ☐ Ja   ☒ Nein
Dachbereich: k.A.
Boulderbereich: 80 m²   **Weitere Angebote:**
Wandhöhe: 3 m   Kinderkurse: ☐ Ja   ☒ Nein
max. Kletterlänge: - m   Anfängerkurse: ☐ Ja   ☒ Nein
              Fortgeschrittenenkurse: ☐ Ja   ☒ Nein
Schwierigkeiten der Routen: von - bis -   Klettershop: ☐ Ja   ☒ Nein
Anzahl der Routen: - Stück   Restaurant od. Bistro: ☐ Ja   ☒ Nein
Vorstieg möglich: ☐ Ja   ☒ Nein   Sauna: ☐ Ja   ☒ Nein
Toprope-Seile vorhanden: ☐ Ja ☒ Nein   Dampfbad: ☐ Ja   ☒ Nein
              Solarium: ☐ Ja   ☒ Nein
Hersteller Kletterwand: Squash: ☐ Ja   ☒ Nein
MICS, Eigenbau   Badminton: ☐ Ja   ☒ Nein
              Streetball: ☐ Ja   ☒ Nein
Hersteller Griffe: Fitness: ☐ Ja   ☒ Nein
verschiedene   Aerobic: ☐ Ja   ☒ Nein
              Tennis: ☐ Ja   ☒ Nein
Zugang nur für AV-Mitglieder: Billard: ☐ Ja   ☒ Nein
☒ Ja   ☐ Nein   Tischfußball: ☐ Ja   ☒ Nein

Wandbetreuung vorhanden: **Sonstiges:**
☐ Ja   ☒ Nein

Leihausrüstung:
☐ Ja   ☒ Nein

D-119

Name der Anlage: **BERGSTEIGERHAUS GANZ**

Anschrift: DAV Sekt. Berchtesgaden
Watzmannstr. 4
PLZ/Ort: D-83489 Strub
Tel./Fax: Tel.: 0 86 52/22 07

E-Mail: -
Internet: -

Ansprechpartner: DAV Sektion Berchtesgaden

Öffnungszeiten: Mo. - So. 10.00 - 22.00 h,
Do. 17.30 - 20.00 h

Eintrittspreise: DM 8,-

Zufahrt mit öffentl. Verkehrsmitteln möglich:
☒ Ja   ☐ Nein

Zufahrt mit dem PKW:
Bei Bundeswehrkaserne Bischofswiesen (Ortsteil Strub) beim Haupteingang der Kaserne hinter Denkmal (Watzmannstraße) entlang - bei Linkskurve weiter kleine Str. geradeaus (Halle befindet sich am Ende der Str.)

Größe/Kletterfläche: 300 m²
Größe/Grundfläche: 50 m²
Dachbereich: 120 m²
Boulderbereich: 20 m²
Wandhöhe: 12 m
max. Kletterlänge: 15 m

Schwierigkeiten der Routen: von 4 bis 9
Anzahl der Routen: 25 Stück
Vorstieg möglich: ☒ Ja ☐ Nein
Toprope-Seile vorhanden: ☐ Ja ☒ Nein

Hersteller Kletterwand:
Red Rooster

Hersteller Griffe:
Art Rock, Entre Prises, TDS

Zugang nur für AV-Mitglieder:
☐ Ja   ☒ Nein

Wandbetreuung vorhanden:
☐ Ja   ☒ Nein

Leihausrüstung:
☐ Ja   ☒ Nein

Übernachtungsmöglichkeiten:
☐ Ja   ☒ Nein

Weitere Angebote:
Kinderkurse:	☐ Ja	☒ Nein
Anfängerkurse:	☐ Ja	☒ Nein
Fortgeschrittenenkurse:	☐ Ja	☒ Nein
Klettershop:	☐ Ja	☒ Nein
Restaurant od. Bistro:	☐ Ja	☒ Nein
Sauna:	☐ Ja	☒ Nein
Dampfbad:	☐ Ja	☒ Nein
Solarium:	☐ Ja	☒ Nein
Squash:	☐ Ja	☒ Nein
Badminton:	☐ Ja	☒ Nein
Streetball:	☐ Ja	☒ Nein
Fitness:	☐ Ja	☒ Nein
Aerobic:	☐ Ja	☒ Nein
Tennis:	☐ Ja	☒ Nein
Billard:	☐ Ja	☒ Nein
Tischfußball:	☐ Ja	☒ Nein

Sonstiges:

D-120

Name der Anlage: KLETTERHALLE TÖLZ

Anschrift: General-Patton-Straße 38
PLZ/Ort: D-83646 Bad Tölz
Tel./Fax: Tel.: 0 80 41/74 03 82

E-Mail: -
Internet: -

Ansprechpartner: DAV Sekt. Tölz

Öffnungszeiten: Mo. - Fr. 18.00 - 22.00 h, Sa., So. 14.00 - 19.00 h

Eintrittspreise: DM 13,- (bis DM 3,-)

Zufahrt mit öffentl. Verkehrsmitteln möglich:
☒ Ja   ☐ Nein

Zufahrt mit dem PKW:
A 8 Ausf. „Holzkirchen" - Richt. Bad Tölz - A 95 Ausf. Wolfratshausen Richt. Bad Tölz - Flintkaserne

---

Größe/Kletterfläche:	150 m²
Größe/Grundfläche:	80 m²
Dachbereich:	40 m²
Boulderbereich:	50 m²
Wandhöhe:	8 m
max. Kletterlänge:	18 m

Schwierigkeiten der Routen: von 4 bis 9
Anzahl der Routen: 80 Stück
Vorstieg möglich: ☒ Ja ☐ Nein
Toprope-Seile vorhanden: ☐ Ja ☒ Nein

Hersteller Kletterwand:
Red Rooster

Hersteller Griffe:
verschiedene

Zugang nur für AV-Mitglieder:
☐ Ja   ☒ Nein

Wandbetreuung vorhanden:
☒ Ja   ☐ Nein

Leihausrüstung:
☒ Ja   ☐ Nein

Übernachtungsmöglichkeiten:
☐ Ja   ☒ Nein

Weitere Angebote:
Kinderkurse:	☒ Ja	☐ Nein
Anfängerkurse:	☒ Ja	☐ Nein
Fortgeschrittenenkurse:	☒ Ja	☐ Nein
Klettershop:	☐ Ja	☒ Nein
Restaurant od. Bistro:	☒ Ja	☐ Nein
Sauna:	☐ Ja	☒ Nein
Dampfbad:	☐ Ja	☒ Nein
Solarium:	☐ Ja	☒ Nein
Squash:	☐ Ja	☒ Nein
Badminton:	☐ Ja	☒ Nein
Streetball:	☐ Ja	☒ Nein
Fitness:	☒ Ja	☐ Nein
Aerobic:	☐ Ja	☒ Nein
Tennis:	☐ Ja	☒ Nein
Billard:	☐ Ja	☒ Nein
Tischfußball:	☐ Ja	☒ Nein

Sonstiges:

D-121

Name der Anlage: SPORTHALLE SCHOCHKASERNE

Anschrift: Niedermayerstr. 81-105
Tor 2
PLZ/Ort: D-84036 Landshut
Tel./Fax: -

E-Mail: -
Internet: -

Ansprechpartner: Sandra u. Willi Emmer (Tel.: 08 71/7 56 33)

Öffnungszeiten: Ostern - Sept. nur für Jahreskartenbesitzer
Oktober - Ostern: Di.- Fr. 17.00 -
21.00 h, Sa., So. 13.00 - 17.00 h
Eintrittspreise: DM 8,-

Zufahrt mit öffentl. Verkehrsmitteln möglich:
☒ Ja   ☐ Nein

Zufahrt mit dem PKW:
A 92 Ausf. „Landshut Nord" - B 299 geradeaus bis Bundesstr. li. abbiegt - 600 m geradeaus Niedermayerstr. entlang Kasernengelände bis Tor 2

Größe/Kletterfläche: 220 m²
Größe/Grundfläche: 500 m²
Dachbereich: 40 m²
Boulderbereich: 50 m²
Wandhöhe: 8,5 m
max. Kletterlänge: 23 m

Schwierigkeiten der Routen: von 3 bis 10
Anzahl der Routen: 42 Stück
Vorstieg möglich: ☒ Ja ☐ Nein
Toprope-Seile vorhanden: ☒ Ja ☐ Nein

Hersteller Kletterwand:
T-Wall, Eigenbau

Hersteller Griffe:
verschiedene

Zugang nur für AV-Mitglieder:
☐ Ja   ☒ Nein

Wandbetreuung vorhanden:
☒ Ja   ☐ Nein

Leihausrüstung:
☐ Ja   ☒ Nein

Übernachtungsmöglichkeiten:
☐ Ja   ☒ Nein

Weitere Angebote:
Kinderkurse: ☒ Ja ☐ Nein
Anfängerkurse: ☒ Ja ☐ Nein
Fortgeschrittenenkurse: ☒ Ja ☐ Nein
Klettershop: ☒ Ja ☐ Nein
Restaurant od. Bistro: ☐ Ja ☒ Nein
Sauna: ☐ Ja ☒ Nein
Dampfbad: ☐ Ja ☒ Nein
Solarium: ☐ Ja ☒ Nein
Squash: ☐ Ja ☒ Nein
Badminton: ☐ Ja ☒ Nein
Streetball: ☐ Ja ☒ Nein
Fitness: ☒ Ja ☐ Nein
Aerobic: ☐ Ja ☒ Nein
Tennis: ☐ Ja ☒ Nein
Billard: ☐ Ja ☒ Nein
Tischfußball: ☐ Ja ☒ Nein

Sonstiges:
Basketball

D - 1 2 2

Name der Anlage: GYMNASIUM EGGENFELDEN

Anschrift: Gern

PLZ/Ort: D-84307 Eggenfelden
Tel./Fax: Tel.: 0 87 21/57 15

E-Mail: -
Internet: -

Ansprechpartner: Franz Schliffenbacher

Öffnungszeiten: Schlüssel beim Hausmeister erhältlich, Fr. 17.00 - 20.00 h Training,

Eintrittspreise: DM 5,- DAV frei

Zufahrt mit öffentl. Verkehrsmitteln möglich:
☐ Ja   ☒ Nein

Zufahrt mit dem PKW:
In Eggenfelden auf der B 20 Richtung Burghausen. Am Kreisverkehr zum Gymnasium (ausgesch.)

Größe/Kletterfläche: 200 m²
Größe/Grundfläche: 45 m²
Dachbereich: 45 m²
Boulderbereich: - m²
Wandhöhe: 10,3 m
max. Kletterlänge: 13 m

Schwierigkeiten der Routen: von 2 bis 4
Anzahl der Routen: 11 Stück
Vorstieg möglich: ☒ Ja ☐ Nein
Toprope-Seile vorhanden: ☒ Ja ☐ Nein

Hersteller Kletterwand:
Eigenbau

Hersteller Griffe:
ASS

Zugang nur für AV-Mitglieder:
☐ Ja   ☒ Nein

Wandbetreuung vorhanden:
☐ Ja   ☒ Nein

Leihausrüstung:
☐ Ja   ☒ Nein

Übernachtungsmöglichkeiten:
☐ Ja   ☒ Nein

Weitere Angebote:
Kinderkurse:	☐ Ja	☒ Nein
Anfängerkurse:	☒ Ja	☐ Nein
Fortgeschrittenenkurse:	☒ Ja	☐ Nein
Klettershop:	☐ Ja	☒ Nein
Restaurant od. Bistro:	☐ Ja	☒ Nein
Sauna:	☐ Ja	☒ Nein
Dampfbad:	☐ Ja	☒ Nein
Solarium:	☐ Ja	☒ Nein
Squash:	☐ Ja	☒ Nein
Badminton:	☐ Ja	☒ Nein
Streetball:	☐ Ja	☒ Nein
Fitness:	☐ Ja	☒ Nein
Aerobic:	☐ Ja	☒ Nein
Tennis:	☐ Ja	☒ Nein
Billard:	☐ Ja	☒ Nein
Tischfußball:	☐ Ja	☒ Nein

Sonstiges:

D-123

Name der Anlage: KLETTERHALLE DAV BURGHAUSEN

Anschrift: Dreifachturnhalle SVW

Öffnungszeiten: tgl. 8.00 - 22.00 h

PLZ/Ort: D-84489 Burghausen
Tel./Fax: Tel.: 0 86 77/28 78
Fax: 0 86 77/28 78

Eintrittspreise: DM 8,-/DM 5,- (DM 5,-/DM 3,-)

E-Mail: -
Internet: -

Zufahrt mit öffentl. Verkehrsmitteln möglich:
☒ Ja   ☐ Nein

Ansprechpartner: Klaus Schmitt (Tel.: 0 86 31/37 94 29)

Zufahrt mit dem PKW:
Beschilderung Sportanlagen SV Wacker folgen - an den P ist die Anlage beschildert

---

Größe/Kletterfläche: 130 m²
Größe/Grundfläche: 85 m²
Dachbereich: - m²
Boulderbereich: 30 m²
Wandhöhe: 10 m
max. Kletterlänge: 11 m

Übernachtungsmöglichkeiten:
☐ Ja   ☒ Nein

Weitere Angebote:

Kinderkurse:	☒ Ja	☐ Nein
Anfängerkurse:	☒ Ja	☐ Nein
Fortgeschrittenenkurse:	☒ Ja	☐ Nein
Klettershop:	☐ Ja	☒ Nein
Restaurant od. Bistro:	☐ Ja	☒ Nein
Sauna:	☐ Ja	☒ Nein
Dampfbad:	☐ Ja	☒ Nein
Solarium:	☐ Ja	☒ Nein
Squash:	☐ Ja	☒ Nein
Badminton:	☐ Ja	☒ Nein
Streetball:	☐ Ja	☒ Nein
Fitness:	☐ Ja	☒ Nein
Aerobic:	☐ Ja	☒ Nein
Tennis:	☐ Ja	☒ Nein
Billard:	☐ Ja	☒ Nein
Tischfußball:	☐ Ja	☒ Nein

Schwierigkeiten der Routen: von 3 bis 9
Anzahl der Routen: 15 Stück
Vorstieg möglich: ☒ Ja ☐ Nein
Toprope-Seile vorhanden: ☐ Ja ☒ Nein

Hersteller Kletterwand:
Pyramide

Hersteller Griffe:
Pyramide, Entre Prises

Zugang nur für AV-Mitglieder:
☐ Ja   ☒ Nein

Wandbetreuung vorhanden:
☐ Ja   ☒ Nein

Leihausrüstung:
☒ Ja   ☐ Nein

Sonstiges:

D-124

Name der Anlage: INFORM-SPORTSTUDIO-PFAFFENHOFEN

Anschrift:	Raiffeisenstraße 30	**Öffnungszeiten:**	Mo. - Fr. 8.30 - 22.30 h, Sa., So. 13.00 - 19.00 h
PLZ/Ort:	D-85276 Pfaffenhofen		
Tel./Fax:	Tel.: 0 84 41/8 65 88	**Eintrittspreise:**	DM 18,- (DM 14,40)
	Fax: 0 84 41/7 28 94		
E-Mail:	-		
Internet:	-		

Zufahrt mit öffentl. Verkehrsmitteln möglich:
☒ Ja   ☐ Nein

Ansprechpartner: Reiner Jaeschock

Zufahrt mit dem PKW:
A 9 Ausf. „Pfaffenhofen" - Richt. Weihern - 1. Str. nach Bahndamm re. - nach 250 re.

Größe/Kletterfläche: 400 m²
Größe/Grundfläche: 100 m²
Dachbereich: 30 m²
Boulderbereich: 100 m²
Wandhöhe: 7/12 m
max. Kletterlänge: 12 m

Schwierigkeiten der Routen: von 3 bis 9-
Anzahl der Routen: 29 Stück
Vorstieg möglich: ☒ Ja   ☐ Nein
Toprope-Seile vorhanden: ☒ Ja   ☐ Nein

Hersteller Kletterwand:
Red Rooster

Hersteller Griffe:
verschiedene

Zugang nur für AV-Mitglieder:
☐ Ja   ☒ Nein

Wandbetreuung vorhanden:
☒ Ja   ☐ Nein

Leihausrüstung:
☒ Ja   ☐ Nein

Übernachtungsmöglichkeiten:
☐ Ja   ☒ Nein

Weitere Angebote:

Kinderkurse:	☒ Ja	☐ Nein
Anfängerkurse:	☒ Ja	☐ Nein
Fortgeschrittenenkurse:	☒ Ja	☐ Nein
Klettershop:	☒ Ja	☐ Nein
Restaurant od. Bistro:	☐ Ja	☒ Nein
Sauna:	☒ Ja	☐ Nein
Dampfbad:	☒ Ja	☐ Nein
Solarium:	☒ Ja	☐ Nein
Squash:	☐ Ja	☒ Nein
Badminton:	☐ Ja	☒ Nein
Streetball:	☐ Ja	☒ Nein
Fitness:	☒ Ja	☐ Nein
Aerobic:	☒ Ja	☐ Nein
Tennis:	☐ Ja	☒ Nein
Billard:	☐ Ja	☒ Nein
Tischfußball:	☐ Ja	☒ Nein

Sonstiges:
Klettershop in Planung

Raiffeisenstraße 30
85276 Pfaffenhofen/Ilm

Wo Sport einfach Spaß macht!

SPORTSTUDIO inFORM

Telefon 0 84 41/8 65 88 · Telefax 0 84 41/7 28 94

Gesundheitsorientiertes Fitnesstraining
• Training zur Gewichtsreduktion • Muskelaufbautraining • Ausdauertraining im Cardiopark, oder mit Spinning • Sportartspezifisches Training • Schwangerschaftsbegleitendes Training • Rückbildungs- und Beckenbodentraining • Rehabilitationstraining bei orthopädischen oder kardiologischen Erkrankungen • Training zur Verbesserung von Stoffwechsel- und Immunerkrankungen (Diabetes mellitus, Chemotherapie, Hypertonie) • Perrsonaltraining.

Gruppentraining
• Aerobic, Fatburner, Intervalltraining, Bodyforming • PUMP • Training im Freien
• Aquatraining • City Jam, Flamenco • Kinderkurse • Grupperntraining an den Geräten • Inlineskating für Einsteiger und Fortgeschrittene

Bouldern nach Lust und Laune an der Übungswand

Klettern
• Trainings- und Boulderwand
• Kletterkurse für Erwachsene und Kinder

Wellness
• Finnische Sauna • Biosauna/Solarium
• Dampfbad • Aroma-, Wasser- und Lichttherapie
• Damensauna • Whirlpools • Solarium
• Massagen

Klettern an der Kletterwand in 12 m Höhe

Service
• Vermietungen der Studioräume • Kinderbetreuung und Organisation von Kindergeburtstagen
• Leihservice (Handtücher, Kletterzubehör)
• Beratung im Bereich Fitness und Ernährung
• Organisation und Betreuunhg von Firmen-, Verbands- oder Vereinsveranstaltungen im Studio
• Showgruppe

Ihre Fitness und Ihr Wohlbefinden liegen uns am Herzen!

D-125

Name der Anlage: **DER SPORTKREISEL**

Anschrift: Morellstr. 33

PLZ/Ort: D-86159 Augsburg
Tel./Fax: Tel.: 08 21/59 17 58

E-Mail: Sportkreisel@t-online.de
Internet: -

Ansprechpartner: Werner Fiederl

Öffnungszeiten: Mo. - Fr. 9.00 - 22.00 h,
Sa. 9.00 - 13.00 h, So. 10.00 - 16.00 h

Eintrittspreise: DM 15,- (DM 12,-)

Zufahrt mit öffentl. Verkehrsmitteln möglich:
☒ Ja   ☐ Nein

Zufahrt mit dem PKW:
Gögginger Str. in Richt. Göggingen - li. in die Morellstr.

Größe/Kletterfläche: 200 m²
Größe/Grundfläche: k.A.
Dachbereich: 50 m²
Boulderbereich: 100 m²
Wandhöhe: 4,5 m
max. Kletterlänge: 10 m

Schwierigkeiten der Routen: von 3 bis 8
Anzahl der Routen: k.A.
Vorstieg möglich: ☒ Ja   ☐ Nein
Toprope-Seile vorhanden: ☒ Ja   ☐ Nein

Hersteller Kletterwand:
Eigenbau

Hersteller Griffe:
verschiedene

Zugang nur für AV-Mitglieder:
☐ Ja   ☒ Nein

Wandbetreuung vorhanden:
☐ Ja   ☒ Nein

Leihausrüstung:
☒ Ja   ☐ Nein

Übernachtungsmöglichkeiten:
☐ Ja   ☒ Nein

Weitere Angebote:

Kinderkurse:	☒ Ja	☐ Nein
Anfängerkurse:	☒ Ja	☐ Nein
Fortgeschrittenenkurse:	☐ Ja	☒ Nein
Klettershop:	☐ Ja	☒ Nein
Restaurant od. Bistro:	☒ Ja	☐ Nein
Sauna:	☒ Ja	☐ Nein
Dampfbad:	☐ Ja	☒ Nein
Solarium:	☐ Ja	☒ Nein
Squash:	☐ Ja	☒ Nein
Badminton:	☐ Ja	☒ Nein
Streetball:	☐ Ja	☒ Nein
Fitness:	☒ Ja	☐ Nein
Aerobic:	☒ Ja	☐ Nein
Tennis:	☐ Ja	☒ Nein
Billard:	☐ Ja	☒ Nein
Tischfußball:	☐ Ja	☒ Nein

Sonstiges:
Konditionsgymnastik, Stretching

the new power generation.

Master Range by Bindhammer Brothers

MR-climbing holds
hauptstrasse 98
d-84183 niederviehbach
tel./fax:+498702-501
e-mail: bindhammer@t-online.de

D-126

Name der Anlage: **KLETTERCENTER DAV AUGSBURG**

Anschrift: Ilsungstraße 15 B

PLZ/Ort: D-86161 Augsburg
Tel./Fax: Tel.: 08 21/5 89 40 79
Fax: 08 21/5 89 40 78
E-Mail: -
Internet: -

Ansprechpartner: Oliver Bader, Otto Ondrak

Öffnungszeiten: Mo. - Fr. 13.00 - 22.00 h,
Sa., So. 10.00 - 22.00 h

Eintrittspreise: DM 19,- (DM 14,-) DAV-Mitglieder
erhalten Ermäßigung

Zufahrt mit öffentl. Verkehrsmitteln möglich:
☒ Ja   ☐ Nein

Zufahrt mit dem PKW:
A 8 Ausf. „Augsburg West" - B 17 Richt. Landsberg - Aussch. zum Unigelände/Sportanlage folgen

---

Größe/Kletterfläche: 1400 m²
Größe/Grundfläche: k.A.
Dachbereich: 60 m²
Boulderbereich: 120 m²
Wandhöhe: 12 m
max. Kletterlänge: 26 m

Schwierigkeiten der Routen: von 3 bis 10
Anzahl der Routen: 150 Stück
Vorstieg möglich: ☒ Ja   ☐ Nein
Toprope-Seile vorhanden: ☒ Ja   ☐ Nein

Hersteller Kletterwand:
Entre Prises, Climbers

Hersteller Griffe:
Wallflowers, Entre Prises

Zugang nur für AV-Mitglieder:
☐ Ja   ☒ Nein

Wandbetreuung vorhanden:
☒ Ja   ☐ Nein

Leihausrüstung:
☒ Ja   ☐ Nein

Übernachtungsmöglichkeiten:
☐ Ja   ☒ Nein

Weitere Angebote:
Kinderkurse:	☒ Ja	☐ Nein
Anfängerkurse:	☒ Ja	☐ Nein
Fortgeschrittenenkurse:	☒ Ja	☐ Nein
Klettershop:	☒ Ja	☐ Nein
Restaurant od. Bistro:	☒ Ja	☐ Nein
Sauna:	☐ Ja	☒ Nein
Dampfbad:	☐ Ja	☒ Nein
Solarium:	☐ Ja	☒ Nein
Squash:	☐ Ja	☒ Nein
Badminton:	☐ Ja	☒ Nein
Streetball:	☐ Ja	☒ Nein
Fitness:	☐ Ja	☒ Nein
Aerobic:	☐ Ja	☒ Nein
Tennis:	☐ Ja	☒ Nein
Billard:	☐ Ja	☒ Nein
Tischfußball:	☐ Ja	☒ Nein

Sonstiges:
Liegewiese, Biergarten, Alpinum, Tischtennis

kletter-center
DAV-augsburg

- *shop*
- *caféteria*
- *kurse*
- *verleih*

rumrich shop

- 5.10. LaceUp, Velcro 159,–
- Kletterschuhe ab 89,–
- Seil, 60 m 169,–
- Sitzgurt ab 59,–

Bestellmöglichkeit
aller anderen Artikel
zu *rumrich-Preisen*.

Ilsungstraße 15b · 86161 Augsburg · Fon 08 21/5 89 40 79 · Mo–Fr 13–22 Uhr · Sa/So 10–22 Uhr

prana · 5.10. · Franklin · Black Diamond · Fossa · Boreal

D-126

D-127

Name der Anlage: KLETTERTURM DAV KRUMBACH

Anschrift: Burgweg

PLZ/Ort: D-86381 Krumbach
Tel./Fax: Fax: 0 82 82/12 23

E-Mail: -
Internet: -

Ansprechpartner: Edgar Böck (Tel.: 0 82 82/52 02)

Öffnungszeiten: Mo. - So. 17.00 - 20.30 h

Eintrittspreise: DM 5,-

Zufahrt mit öffentl. Verkehrsmitteln möglich:
☒ Ja ☐ Nein

Zufahrt mit dem PKW:
A7 Illertissen Richt. Krumbach - am Ortsrand li. Richt. Reithalle Burgweg

---

Größe/Kletterfläche: 108 m²
Größe/Grundfläche: k.A.
Dachbereich: k.A.
Boulderbereich: 30 m²
Wandhöhe: 8,4 m
max. Kletterlänge: 8,4 m

Schwierigkeiten der Routen: von 3 bis 9
Anzahl der Routen: 23 Stück
Vorstieg möglich: ☒ Ja ☐ Nein
Toprope-Seile vorhanden: ☒ Ja ☐ Nein

Hersteller Kletterwand:
Reality Wall

Hersteller Griffe:
Reality Wall

Zugang nur für AV-Mitglieder:
☐ Ja ☒ Nein

Wandbetreuung vorhanden:
☒ Ja ☐ Nein

Leihausrüstung:
☒ Ja ☐ Nein

Übernachtungsmöglichkeiten:
☐ Ja ☒ Nein

Weitere Angebote:

Kinderkurse:	☒ Ja	☐ Nein
Anfängerkurse:	☒ Ja	☐ Nein
Fortgeschrittenenkurse:	☐ Ja	☒ Nein
Klettershop:	☐ Ja	☒ Nein
Restaurant od. Bistro:	☐ Ja	☒ Nein
Sauna:	☐ Ja	☒ Nein
Dampfbad:	☐ Ja	☒ Nein
Solarium:	☐ Ja	☒ Nein
Squash:	☐ Ja	☒ Nein
Badminton:	☐ Ja	☒ Nein
Streetball:	☐ Ja	☒ Nein
Fitness:	☐ Ja	☒ Nein
Aerobic:	☐ Ja	☒ Nein
Tennis:	☐ Ja	☒ Nein
Billard:	☐ Ja	☒ Nein
Tischfußball:	☐ Ja	☒ Nein

Sonstiges:
Grillplatz, Übungsklettersteig

D-128

Name der Anlage: FREIZEIT GYM BENNY

Anschrift: Siemensstraße 3
PLZ/Ort: D-86899 Landsberg/Lech
Tel./Fax: Tel.: 0 81 91/2 13 33
Fax: 0 81 91/2 13 34
E-Mail: -
Internet: -

Ansprechpartner: Benny Stangl

Öffnungszeiten: Mo., Di., Do., Fr. 10.00 - 23.00 h, Mi. 10.00 - 13.00 h und 16.00 - 23.00 h, Sa. 14.00 - 20.00 h, So. 10.00 - 13.00 h und 16.00 - 20.00 h

Eintrittspreise: DM 14,-/DM 12,-

Zufahrt mit öffentl. Verkehrsmitteln möglich:
☒ Ja ☐ Nein

Zufahrt mit dem PKW:
A 96 Ausf. „Landsberg-Nord" - bei McDonald's re. ins Gewerbegebiet

---

Größe/Kletterfläche: 300 m²
Größe/Grundfläche: 65 m²
Dachbereich: 40 m²
Boulderbereich: 40 m²
Wandhöhe: 10 m
max. Kletterlänge: 15 m

Schwierigkeiten der Routen: von 4 bis 10-
Anzahl der Routen: 30 Stück
Vorstieg möglich: ☒ Ja ☐ Nein
Toprope-Seile vorhanden: ☒ Ja ☐ Nein

Hersteller Kletterwand:
Red Rooster

Hersteller Griffe:
On Sight

Zugang nur für AV-Mitglieder:
☐ Ja ☒ Nein

Wandbetreuung vorhanden:
☒ Ja ☐ Nein

Leihausrüstung:
☒ Ja ☐ Nein

Übernachtungsmöglichkeiten:
☐ Ja ☒ Nein

Weitere Angebote:
Kinderkurse:	☒ Ja	☐ Nein
Anfängerkurse:	☒ Ja	☐ Nein
Fortgeschrittenenkurse:	☒ Ja	☐ Nein
Klettershop:	☒ Ja	☐ Nein
Restaurant od. Bistro:	☒ Ja	☐ Nein
Sauna:	☒ Ja	☐ Nein
Dampfbad:	☒ Ja	☐ Nein
Solarium:	☒ Ja	☐ Nein
Squash:	☒ Ja	☐ Nein
Badminton:	☐ Ja	☒ Nein
Streetball:	☐ Ja	☒ Nein
Fitness:	☒ Ja	☐ Nein
Aerobic:	☒ Ja	☐ Nein
Tennis:	☐ Ja	☒ Nein
Billard:	☐ Ja	☒ Nein
Tischfußball:	☒ Ja	☐ Nein

Sonstiges:
Spinning, Biosauna

D-129

Name der Anlage: SPORTPARK WALTENHOFEN

Anschrift: Plabennec Straße 30

PLZ/Ort: D-87448 Waltenhofen
Tel./Fax: Tel.: 0 83 03/92 07-0
Fax: 0 83 03/92 07-30
E-Mail: -
Internet: -

Ansprechpartner: Herr Timmermann

Öffnungszeiten: tgl. 9.00 -22.30 h

Eintrittspreise: DM 15,-/DM 12,- (DM 10,- bis DM 12,-)

Zufahrt mit öffentl. Verkehrsmitteln möglich:
☒ Ja ☐ Nein

Zufahrt mit dem PKW:
A 7 zum AB-Dreieck Allgäu - A 980 Richt. Lindau - Ausf. „Waltenhofen" - B 19 Richt. Kempten - 1. re. (Ahornweg) - dann re. in die Plabennec Str.

Größe/Kletterfläche: 500 m^2
Größe/Grundfläche: 150 m^2
Dachbereich: 75 m^2
Boulderbereich: 120 m^2
Wandhöhe: 14 m
max. Kletterlänge: 14 m

Schwierigkeiten der Routen: von 1 bis 10-
Anzahl der Routen: 30 Stück
Vorstieg möglich: ☒ Ja ☐ Nein
Toprope-Seile vorhanden: ☒ Ja ☐ Nein

Hersteller Kletterwand:
Red Rooster

Hersteller Griffe:
Red Rooster

Zugang nur für AV-Mitglieder:
☐ Ja ☒ Nein

Wandbetreuung vorhanden:
☒ Ja ☐ Nein

Leihausrüstung:
☒ Ja ☐ Nein

Übernachtungsmöglichkeiten:
☒ Ja ☐ Nein

Weitere Angebote:
Kinderkurse:	☒ Ja	☐ Nein
Anfängerkurse:	☒ Ja	☐ Nein
Fortgeschrittenenkurse:	☒ Ja	☐ Nein
Klettershop:	☐ Ja	☒ Nein
Restaurant od. Bistro:	☒ Ja	☐ Nein
Sauna:	☒ Ja	☐ Nein
Dampfbad:	☒ Ja	☐ Nein
Solarium:	☒ Ja	☐ Nein
Squash:	☐ Ja	☒ Nein
Badminton:	☒ Ja	☐ Nein
Streetball:	☐ Ja	☒ Nein
Fitness:	☒ Ja	☐ Nein
Aerobic:	☒ Ja	☐ Nein
Tennis:	☒ Ja	☐ Nein
Billard:	☐ Ja	☒ Nein
Tischfußball:	☐ Ja	☒ Nein

Sonstiges:

Kletterwandsysteme & Services

Für alle, die sich nicht mit dem GEWÖHNLICHEN zufriedengeben

Red-Rooster
Walter Hofer KG
Gerlosberg 45 C
A - 6280 Zell/Ziller
Tel.: +43-(0)5282-3569
Fax: +43-(0)5282-35694
eMail: red-rooster@aon.at

Red-Rooster
Outdoor Consulting GmbH
Schattbucher Str. 21
D - 88279 Amtzell
Tel.: +49-(0)7520-9561-0
Fax: +49-(0)7520-9561-22
eMail: info@red-rooster.de

www.red-rooster.de

Griffkunst-Kunstgriff

K L E T T E R N mit

multifunktionale Kletteranlagen
Griffit - Bauteile
Griffit - Griffkollektion
Griffit - Mietkletterwände

Norbert Schneider Kletteranlagen · Vogelsangstraße 70 · 70197 Stuttgart · Tel. 0711-639 639 · Fax 63 23 93

D - 1 3 0

Name der Anlage: 1. ALLGÄUER SPORTKLETTERCLUB

Anschrift: Heinrich-Nicolaus-Straße 15

PLZ/Ort: D-87480 Weitnau-Seltmanns
Tel./Fax: Tel.: 0 83 75/82 19

E-Mail: -
Internet: -

Ansprechpartner: B. Prause

Öffnungszeiten: Winter: Mo. - Do. 17.30 - 22.00 h, Fr. 16.00 - 21.00 h, Sa. 13.00 - 21.00 h, So. 11.00 - 18.00 h
Sommer: Mo. - Fr. ab 18.00 h, Sa., So. ab 13.00 h
Juli, Aug. geschlossen!

Eintrittspreise: DM 13,- (DM 7,-/DM 5,-)

Zufahrt mit öffentl. Verkehrsmitteln möglich:
☒ Ja   ☐ Nein

Zufahrt mit dem PKW:
A 7 zum A-Kreuz Allgäu - auf B 12 in Richt. Lindau nach Seltmanns

---

Größe/Kletterfläche: 1400 m²
Größe/Grundfläche: 600 m²
Dachbereich: 100 m²
Boulderbereich: 150 m²
Wandhöhe: 8 m
max. Kletterlänge: 36 m

Schwierigkeiten der Routen: von 2 bis 10
Anzahl der Routen: 180 Stück
Vorstieg möglich: ☒ Ja ☐ Nein
Toprope-Seile vorhanden: ☒ Ja ☐ Nein

Hersteller Kletterwand:
Bendcrete, ASS

Hersteller Griffe:
verschiedene

Zugang nur für AV-Mitglieder:
☐ Ja   ☒ Nein

Wandbetreuung vorhanden:
☒ Ja   ☐ Nein

Leihausrüstung:
☒ Ja   ☐ Nein

Übernachtungsmöglichkeiten:
☐ Ja   ☒ Nein

Weitere Angebote:
Kinderkurse:	☒ Ja	☐ Nein
Anfängerkurse:	☒ Ja	☐ Nein
Fortgeschrittenenkurse:	☒ Ja	☐ Nein
Klettershop:	☐ Ja	☒ Nein
Restaurant od. Bistro:	☒ Ja	☐ Nein
Sauna:	☐ Ja	☒ Nein
Dampfbad:	☐ Ja	☒ Nein
Solarium:	☐ Ja	☒ Nein
Squash:	☐ Ja	☒ Nein
Badminton:	☐ Ja	☒ Nein
Streetball:	☐ Ja	☒ Nein
Fitness:	☐ Ja	☒ Nein
Aerobic:	☐ Ja	☒ Nein
Tennis:	☐ Ja	☒ Nein
Billard:	☐ Ja	☒ Nein
Tischfußball:	☐ Ja	☒ Nein

Sonstiges:

D-131

Name der Anlage: EISSPORTZENTRUM OBERSTDORF

Anschrift: Roßbichlstraße 2
PLZ/Ort: D-87561 Oberstdorf
Tel./Fax: Tel.: 0 83 22/9 15-0
Fax: 0 83 22/9 15-111
E-Mail: Sportamt.Oberstdorf@t-online.de
Internet: Oberstdorf-Sport.de

Ansprechpartner: Sportstätten Oberstdorf

Öffnungszeiten: tgl. 9.30 - 21.00 h., ca. April/Mai geschlossen

Eintrittspreise: DM 7,-

Zufahrt mit öffentl. Verkehrsmitteln möglich:
☒ Ja   ☐ Nein

Zufahrt mit dem PKW:
Kreisverkehr vor Ortsschild Oberstdorf Richt. Eislaufstadion/Nebelhornbahn

---

Größe/Kletterfläche: 270 m²
Größe/Grundfläche: k.A.
Dachbereich: 50 m²
Boulderbereich: - m²
Wandhöhe: 15 m
max. Kletterlänge: 20 m

Schwierigkeiten der Routen: von 4 bis 10
Anzahl der Routen: 31 Stück
Vorstieg möglich: ☒ Ja ☐ Nein
Toprope-Seile vorhanden: ☐ Ja ☒ Nein

Hersteller Kletterwand:
Eigenbau

Hersteller Griffe:
Tec-Rock, On Sight, Griffit

Zugang nur für AV-Mitglieder:
☐ Ja   ☒ Nein

Wandbetreuung vorhanden:
☐ Ja   ☒ Nein

Leihausrüstung:
☒ Ja   ☐ Nein

Übernachtungsmöglichkeiten:
☐ Ja   ☒ Nein

Weitere Angebote:
Kinderkurse: ☒ Ja   ☐ Nein
Anfängerkurse: ☒ Ja   ☐ Nein
Fortgeschrittenenkurse: ☐ Ja   ☒ Nein
Klettershop: ☐ Ja   ☒ Nein
Restaurant od. Bistro: ☒ Ja   ☐ Nein
Sauna: ☐ Ja   ☒ Nein
Dampfbad: ☐ Ja   ☒ Nein
Solarium: ☐ Ja   ☒ Nein
Squash: ☐ Ja   ☒ Nein
Badminton: ☐ Ja   ☒ Nein
Streetball: ☐ Ja   ☒ Nein
Fitness: ☐ Ja   ☒ Nein
Aerobic: ☐ Ja   ☒ Nein
Tennis: ☐ Ja   ☒ Nein
Billard: ☐ Ja   ☒ Nein
Tischfußball: ☐ Ja   ☒ Nein

Sonstiges:
Eislaufen

D-132

Name der Anlage: SPORT-TREFF

Anschrift: Carl-Benz-Str. 5

PLZ/Ort: D-87656 Germaringen
Tel./Fax: Tel.: 0 83 41/6 68 18
Fax: 0 83 41/60 07 85
E-Mail: -
Internet: -

Ansprechpartner: Irene Wolf

Öffnungszeiten: tgl. 7.00 - 24.00 h

Eintrittspreise: DM 17,- /DM 15,- (DM 11,- bis DM 15,-)

Zufahrt mit öffentl. Verkehrsmitteln möglich:
☒ Ja   ☐ Nein

Zufahrt mit dem PKW:
Von Memmingen B 18 Richt. München - Ausf. „Mindelheim" - Richt. Kaufbeuren nach Germaringen

---

Größe/Kletterfläche: 650 m²
Größe/Grundfläche: k.A.
Dachbereich: 120 m²
Boulderbereich: 85 m²
Wandhöhe: 11 m
max. Kletterlänge: 25 m

Schwierigkeiten der Routen: von 3 bis 10
Anzahl der Routen: 45 Stück
Vorstieg möglich: ☒ Ja   ☐ Nein
Toprope-Seile vorhanden: ☒ Ja   ☐ Nein

Hersteller Kletterwand:
Red Rooster

Hersteller Griffe:
verschiedene

Zugang nur für AV-Mitglieder:
☐ Ja   ☒ Nein

Wandbetreuung vorhanden:
☒ Ja   ☐ Nein

Leihausrüstung:
☒ Ja   ☐ Nein

Übernachtungsmöglichkeiten:
☒ Ja   ☐ Nein

Weitere Angebote:
Kinderkurse: ☒ Ja   ☐ Nein
Anfängerkurse: ☒ Ja   ☐ Nein
Fortgeschrittenenkurse: ☒ Ja   ☐ Nein
Klettershop: ☐ Ja   ☒ Nein
Restaurant od. Bistro: ☒ Ja   ☐ Nein
Sauna: ☒ Ja   ☐ Nein
Dampfbad: ☐ Ja   ☒ Nein
Solarium: ☒ Ja   ☐ Nein
Squash: ☒ Ja   ☐ Nein
Badminton: ☒ Ja   ☐ Nein
Streetball: ☐ Ja   ☒ Nein
Fitness: ☒ Ja   ☐ Nein
Aerobic: ☒ Ja   ☐ Nein
Tennis: ☒ Ja   ☐ Nein
Billard: ☐ Ja   ☒ Nein
Tischfußball: ☐ Ja   ☒ Nein

Sonstiges:
Wochen- oder Wochenend-Kletterkurse inkl. Übernachtung und Vollpension für Sektionsgruppen mit Jugendlichen möglich (bis 30 Personen).

Sport-Treff Germaringen

Haben Sie nicht auch manchmal große Lust, an die Decke zu gehen?
Wenn ja, dann sind Sie bei uns genau richtig

- Unsere 330 qm große Kletterhalle bietet jedem, ob groß oder klein, ob Anfänger oder Könner, die Möglichkeit „an die Decke zu gehen"!
- In Wandhöhen von bis zu 13 m und Routenanlagen bis 25 m gibt es rund 40 verschiedene Wege in allen Schwierigkeitsgraden.
- Mit 110 qm Boulderfläche, verteilt in 2 Räumen, haben wir die zur Verfügung stehenden Klettermöglichkeiten für Sie nochmals erweitert.
- Wer noch am Anfang seiner Kletterkünste steht, kann in den unten aufgeführten Hauskursen, schnell und fundiert Erfahrungen sammeln.

Schnupperkurs:
Knoten, Anseilen, Toprope – Sichern und Klettern

Aufbaukurs:
Grundlegende Klettertechniken, Sturztest, Vorstieg – Sichern und Klettern

Technikkurs:
Spezielle Klettertechniken, direkte Lösungen und Problemrouten

Sturztraining:
Richtiges Stürzen wille gelernt sein! Baut Ängste ab, gibt Sicherheit

Kurstest:
Kurze Zeit nach Absolvieren eines Kurses bieten wir Ihnen die Möglichkeit, das Erlernte nochmals zu festigen.

Klettern
- 330 qm große Kletterhalle
- 110 qm Boulderfläche
- hauseigene Kletterkurse
- ständig neue Routen

Alle Kurse sind in 2er-Gruppen, inklusive Ausrüstung. Die Inhaltsangaben zu den einzelnen Kursen stellen den ungefähren Rahmen dar und werden den jeweiligen Teilnehmern individuell angepaßt.
Kinder erlangen mit dem Absolvieren des Aufbaukurses den Kletter-Stern. Mit dem Kletter-Stern können Sie nun freitags von 15.00–17.00 Uhr unter Aufsicht von Fachpersonal klettern. Für alle anderen, die nach absolviertem Kurs nicht gleich einen geeigneten Partner haben, bieten wir eine Vermittlung mit anderen Kletterern an.

Also einfach mal vorbeikommen, reinschnuppern und Spaß haben!

NEU: Sektions-Gruppen mit Jugendlichen und Kindern haben die Möglichkeit, eine Woche oder ein Wochenende incl. Übernachtung + Vollpension **„Kletterkurse"** in der Anlage durchzuführen. Bis 30 Personen.

Sport-Treff Germaringen
Die Adresse, wo Sport und Gemütlichkeit noch gute Freunde sind.
Und dies an 365 Tagen, von 7.00 bis 24.00 Uhr.
Carl-Benz-Straße 5 · 87656 Germaringen · Telefon 0 83 41/6 68 18

D-133

Name der Anlage: STADIONHALLE MEMMINGEN

Anschrift: Bodenseestr. 46

PLZ/Ort: D-87700 Memmingen
Tel./Fax: Tel.: 0 83 31/52 58
Fax: 0 83 31/52 58
E-Mail: -
Internet: -

Ansprechpartner: DAV Sekt. Memmingen

Öffnungszeiten: Mo., Di., Mi. nach Absprache

Eintrittspreise: kostenlos

Zufahrt mit öffentl. Verkehrsmitteln möglich:
☒ Ja   ☐ Nein

Zufahrt mit dem PKW:
k. A.

Größe/Kletterfläche: 120 m²
Größe/Grundfläche: 50 m²
Dachbereich: 17 m²
Boulderbereich: - m²
Wandhöhe: 11 m
max. Kletterlänge: 17 m

Schwierigkeiten der Routen: von 4 bis 9+
Anzahl der Routen: 12 Stück
Vorstieg möglich: ☒ Ja ☐ Nein
Toprope-Seile vorhanden: ☐ Ja ☒ Nein

Hersteller Kletterwand:
T-Wall

Hersteller Griffe:
T-Wall

Zugang nur für AV-Mitglieder:
☒ Ja   ☐ Nein

Wandbetreuung vorhanden:
☐ Ja   ☒ Nein

Leihausrüstung:
☐ Ja   ☒ Nein

Übernachtungsmöglichkeiten:
☐ Ja   ☒ Nein

Weitere Angebote:
Kinderkurse:	☒ Ja	☐ Nein
Anfängerkurse:	☒ Ja	☐ Nein
Fortgeschrittenenkurse:	☐ Ja	☒ Nein
Klettershop:	☐ Ja	☒ Nein
Restaurant od. Bistro:	☐ Ja	☒ Nein
Sauna:	☐ Ja	☒ Nein
Dampfbad:	☐ Ja	☒ Nein
Solarium:	☐ Ja	☒ Nein
Squash:	☐ Ja	☒ Nein
Badminton:	☐ Ja	☒ Nein
Streetball:	☐ Ja	☒ Nein
Fitness:	☐ Ja	☒ Nein
Aerobic:	☐ Ja	☒ Nein
Tennis:	☐ Ja	☒ Nein
Billard:	☐ Ja	☒ Nein
Tischfußball:	☐ Ja	☒ Nein

Sonstiges:

D-134

Name der Anlage: TENNIS FREIZEITCENTER

Anschrift: Wasserwerkweg 59

PLZ/Ort: D-87700 Memmingen
Tel./Fax: Tel.: 0 83 31/4 87 87
Fax: 0 83 31/8 81 26
E-Mail: info@tfc-sailer.de
Internet: www.tfc-sailer.de

Ansprechpartner: Wolfgang Sailer

Öffnungszeiten: tgl. 8.00 - 24.00 h

Eintrittspreise: DM 12,-

Zufahrt mit öffentl. Verkehrsmitteln möglich:
☒ Ja ☐ Nein

Zufahrt mit dem PKW:
A 7 zum A-Kreuz Memmingen - A 96 Richt. München Ausf. „Memmingen-Ost" Richt. Ottobeuren

---

Größe/Kletterfläche: 400 m²
Größe/Grundfläche: 200 m²
Dachbereich: 9 m²
Boulderbereich: 6 m²
Wandhöhe: 9 m
max. Kletterlänge: 10 m

Schwierigkeiten der Routen: von 4 bis 9
Anzahl der Routen: 18 Stück
Vorstieg möglich: ☒ Ja ☐ Nein
Toprope-Seile vorhanden: ☒ Ja ☐ Nein

Hersteller Kletterwand:
Pyramide

Hersteller Griffe:
Pyramide

Zugang nur für AV-Mitglieder:
☐ Ja ☒ Nein

Wandbetreuung vorhanden:
☒ Ja ☐ Nein

Leihausrüstung:
☒ Ja ☐ Nein

Übernachtungsmöglichkeiten:
☐ Ja ☒ Nein

Weitere Angebote:
Kinderkurse:	☒ Ja	☐ Nein
Anfängerkurse:	☒ Ja	☐ Nein
Fortgeschrittenenkurse:	☒ Ja	☐ Nein
Klettershop:	☒ Ja	☐ Nein
Restaurant od. Bistro:	☒ Ja	☐ Nein
Sauna:	☒ Ja	☐ Nein
Dampfbad:	☒ Ja	☐ Nein
Solarium:	☒ Ja	☐ Nein
Squash:	☒ Ja	☐ Nein
Badminton:	☒ Ja	☐ Nein
Streetball:	☐ Ja	☒ Nein
Fitness:	☒ Ja	☐ Nein
Aerobic:	☒ Ja	☐ Nein
Tennis:	☒ Ja	☐ Nein
Billard:	☐ Ja	☒ Nein
Tischfußball:	☒ Ja	☐ Nein

Sonstiges:
Outdoorklettern, Kinderecke, Spinning, Tischtennis, Friseur, Beauty-Center, Massage

D-135

Name der Anlage: CLIMAX FREIZEITPARK

Anschrift: Am Galgenberg 4

PLZ/Ort: D-87724 Ottobeuren
Tel./Fax: Tel.: 0 83 32/73 99 od. 93 62 62
Fax: 0 83 32/93 62 65
E-Mail: Climax-Ottobeuren@t-online.de
Internet: www.climax-ottobeuren.de

Ansprechpartner: Erwin Marz

Öffnungszeiten: tgl. 10.00 - 22.30 h

Eintrittspreise: Mo.-Fr. DM 16,- (DM 12,-/DM 8,-)
Sa./So. DM 18,- (DM 14,-/DM 10,-)

Zufahrt mit öffentl. Verkehrsmitteln möglich:
☒ Ja ☐ Nein

Zufahrt mit dem PKW:
A 96 von München Ausf. „Erkheim Ottobeuren" - 1. Kreuzung re. oder A 96 von Lindau - Ausf. „Bad Gronenbach" - 1. Kreuzung re. - Wolfertschwenden oder A 7 Ausf. „Memmingen-Süd/Ottobeuren"

Größe/Kletterfläche: 900 m²
Größe/Grundfläche: 200 m²
Dachbereich: 110 m²
Boulderbereich: 110 m²
Wandhöhe: 15 m
max. Kletterlänge: 23 m

Schwierigkeiten der Routen: von 3 bis 10
Anzahl der Routen: 80 Stück
Vorstieg möglich: ☒ Ja ☐ Nein
Toprope-Seile vorhanden: ☒ Ja ☐ Nein

Hersteller Kletterwand:
Red Rooster

Hersteller Griffe:
verschiedene

Zugang nur für AV-Mitglieder:
☐ Ja ☒ Nein

Wandbetreuung vorhanden:
☒ Ja ☐ Nein

Leihausrüstung:
☒ Ja ☐ Nein

Übernachtungsmöglichkeiten:
☒ Ja ☐ Nein

Weitere Angebote:
Kinderkurse:	☒ Ja	☐ Nein
Anfängerkurse:	☒ Ja	☐ Nein
Fortgeschrittenenkurse:	☒ Ja	☐ Nein
Klettershop:	☒ Ja	☐ Nein
Restaurant od. Bistro:	☒ Ja	☐ Nein
Sauna:	☒ Ja	☐ Nein
Dampfbad:	☒ Ja	☐ Nein
Solarium:	☒ Ja	☐ Nein
Squash:	☒ Ja	☐ Nein
Badminton:	☒ Ja	☐ Nein
Streetball:	☒ Ja	☐ Nein
Fitness:	☒ Ja	☐ Nein
Aerobic:	☒ Ja	☐ Nein
Tennis:	☒ Ja	☐ Nein
Billard:	☒ Ja	☐ Nein
Tischfußball:	☒ Ja	☐ Nein

Sonstiges:
Skaterpark, Beachfelder, Physiotherapie, Tischtennis, Kosmetik, Seminarraum

CLIMAX

KLETTERN

87724 Ottobeuren, Am Galgenberg 4
Telefon 08332/7399, Fax 08332/936265
Von A 96 o. A 7 Ausfahrt Ottobeuren > Schul-und Sportzentrum

Unsere Hauptattraktion ist eine 170 qm große, 15 m hohe und überhängende Sintersäule!

- 900 qm Kletterfläche
- Kletterkurse aller Art
- Jugendkletterclub
- Wettbewerbe
- Schulungen
- Spaß

Seit Oktober `99 NEU!!!

- Bistro
- Tennis
- Squash
- Badminton
- Sportshop
- Skaterpark
- Fitness
- Beachflächen
- Seminarräume
- Physiotherapie
- Saunalandschaft

Großes Outdoorprogramm!!!

Just go for it !!!

D-136

Name der Anlage: DAV FRIEDRICHSHAFEN

Anschrift: Vogelsangstraße 23-1

PLZ/Ort: D-88046 Friedrichshafen
Tel./Fax: Tel.: 0 75 41/2 23 61

E-Mail: -
Internet: http://hometonline.de/home/dav/fn

Ansprechpartner: Peter Schäfer

Öffnungszeiten: Mo. 19.30 - 22.30 h, Mi. - Fr. 19.00 - 22.00 h, So. 14.00 - 18.00 h

Eintrittspreise: DM 12,- (DM 6,-)

Zufahrt mit öffentl. Verkehrsmitteln möglich:
☒ Ja ☐ Nein

Zufahrt mit dem PKW:
Von der Jugendherberge über Lindauerstraße, Eberhardstraße in die Vogelsangstraße

---

Größe/Kletterfläche: 355 m²
Größe/Grundfläche: 200 m²
Dachbereich: - m²
Boulderbereich: - m²
Wandhöhe: 11 m
max. Kletterlänge: 11 m

Schwierigkeiten der Routen: von 3 bis 9
Anzahl der Routen: 29 Stück
Vorstieg möglich: ☒ Ja ☐ Nein
Toprope-Seile vorhanden: ☐ Ja ☒ Nein

Hersteller Kletterwand:
Mastergrip, Eigenbau

Hersteller Griffe:
Volx, CB, On Sight

Zugang nur für AV-Mitglieder:
☐ Ja ☒ Nein

Wandbetreuung vorhanden:
☒ Ja ☐ Nein

Leihausrüstung:
☒ Ja ☐ Nein

Übernachtungsmöglichkeiten:
☐ Ja ☒ Nein

Weitere Angebote:
	Ja	Nein
Kinderkurse:	☐	☒
Anfängerkurse:	☐	☒
Fortgeschrittenenkurse:	☐	☒
Klettershop:	☐	☒
Restaurant od. Bistro:	☐	☒
Sauna:	☐	☒
Dampfbad:	☐	☒
Solarium:	☐	☒
Squash:	☐	☒
Badminton:	☐	☒
Streetball:	☐	☒
Fitness:	☐	☒
Aerobic:	☐	☒
Tennis:	☐	☒
Billard:	☐	☒
Tischfußball:	☐	☒

Sonstiges:

ARTIFICIAL CLIMBING WALLS

PLANNING MANUFACTURING SETTING UP

NEW HOLDS DESIGNED BY FRANCOIS LEGRAND

INTERNET SHOP: www.sintroc.com

SINTROC SNC
VIA FORNACI 27/B 38062 ARCO TN ITALY
TEL. ++39 0464 518427   -   FAX ++39 0464 519650
E-MAIL: sintroc@sintroc.com

D - 1 3 7

Name der Anlage: SPORTALM SCHEIDEGG

Anschrift: Kurstraße 14

PLZ/Ort: D-88175 Scheidegg
Tel./Fax: Tel.: 0 83 81/9 26 42-0
Fax: 0 83 81/9 26 42-20
E-Mail: sportalm.scheidegg@t-online.de
Internet: -

**Ansprech-
partner:** Uli Theinert, Peter Hörzer

Öffnungszeiten: tgl. 10.00 - 23.00 h

Eintrittspreise: DM 18,-/DM 16,- (DM 12,- bis DM 16,-)

Zufahrt mit öffentl. Verkehrsmitteln möglich:
☒ Ja   ☐ Nein

Zufahrt mit dem PKW:
A 96 München-Lindau - Ausf. „Scheidegg" - in Scheidegg Richt. Weiler - kurz vor Ortsende re. in Kurstraße

---

Größe/Kletterfläche: 850 m²
Größe/Grundfläche: 600 m²
Dachbereich: k.A.
Boulderbereich: 120 m²
Wandhöhe: 12 m
max. Kletterlänge: 20 m

Schwierigkeiten der Routen: von 3 bis 10+
Anzahl der Routen: 70 Stück
Vorstieg möglich: ☒ Ja ☐ Nein
Toprope-Seile vorhanden: ☒ Ja ☐ Nein

Hersteller Kletterwand:
Red Rooster

Hersteller Griffe:
verschiedene

Zugang nur für AV-Mitglieder:
☐ Ja   ☒ Nein

Wandbetreuung vorhanden:
☒ Ja   ☐ Nein

Leihausrüstung:
☒ Ja   ☐ Nein

Übernachtungsmöglichkeiten:
☒ Ja   ☐ Nein

Weitere Angebote:
Kinderkurse:	☒ Ja	☐ Nein
Anfängerkurse:	☒ Ja	☐ Nein
Fortgeschrittenenkurse:	☒ Ja	☐ Nein
Klettershop:	☒ Ja	☐ Nein
Restaurant od. Bistro:	☒ Ja	☐ Nein
Sauna:	☒ Ja	☐ Nein
Dampfbad:	☐ Ja	☒ Nein
Solarium:	☒ Ja	☐ Nein
Squash:	☐ Ja	☒ Nein
Badminton:	☐ Ja	☒ Nein
Streetball:	☐ Ja	☒ Nein
Fitness:	☒ Ja	☐ Nein
Aerobic:	☐ Ja	☒ Nein
Tennis:	☒ Ja	☐ Nein
Billard:	☒ Ja	☐ Nein
Tischfußball:	☒ Ja	☐ Nein

Sonstiges:
Seminarraum, Outdoortraining-Managerschulungen, Mountainbike-Verleih, Trainingswochenende

SPORTALM SCHEIDEGG –
ALLES UNTER EINEM DACH

Sportalm Scheidegg, das ist die Sport- und Freizeitanlage der besonderen Art! In herrlicher Lage und günstiger Verkehrsanbindung im Dreiländereck (Nähe Bodensee) gelegen!

- Kletterhalle mit 800 qm Kletterfläche
- Tennishalle
- Bistro mit Blick auf die Kletterhalle
- gemütliches Restaurant
- komfortable, gemütliche Appartments mit Bad/WC und TV
- Sauna
- Seminarraum
- Mountainbikestation

Für Kletterer bieten wir günstige Trainingswochenenden in eine der besten Traininghallen Deutschlands an!
Leistung: 2 x Kletterhalleneintritt + Übernachtung/ Frühstück in modernen 2 - 4 Bett-Appartments zum Preis von DM 70.-/Person

ZAHLREICHE ANGEBOTE AN KLETTERKURSEN, TENNISKURSEN, AKTIVURLAUBSWOCHEN ETC.
SPEZIELLE ÜBERNACHTUNGSANGEBOTE FÜR KLETTERER!

Einfach anrufen, oder noch besser, einfach vorbeikommen! Anfahrtsbeschreibung und Preisinformationen siehe Beschreibung Seite 214

SPORTALM SCHEIDEGG GMBH, KURSTR. 14, 88175 SCHEIDEGG IM ALLGÄU
TEL 0049/8381/92642-0, FAX 08381/92642-20

D - 1 3 8

Name der Anlage: SPORTHAUS REISCHMANN

Anschrift: Bachstraße 52

PLZ/Ort: D-88214 Ravensburg
Tel./Fax: Tel.: 07 51/36 14 70
Fax: 07 51/3 61 47 17
E-Mail: -
Internet: -

Ansprechpartner: Roland Nowotny

Öffnungszeiten: Ladenöffnungszeiten

Eintrittspreise: kostenlos

Zufahrt mit öffentl. Verkehrsmitteln möglich:
☒ Ja ☐ Nein

Zufahrt mit dem PKW:
Stadtzentrum Ravensburg

Größe/Kletterfläche:	105 m²
Größe/Grundfläche:	80 m²
Dachbereich:	10 m²
Boulderbereich:	- m²
Wandhöhe:	14 m
max. Kletterlänge:	19 m

Schwierigkeiten der Routen: von 3 bis 9+
Anzahl der Routen: 10 Stück
Vorstieg möglich: ☒ Ja ☐ Nein
Toprope-Seile vorhanden: ☒ Ja ☐ Nein

Hersteller Kletterwand:
Red Rooster

Hersteller Griffe:
Volx, CB, Lapis

Zugang nur für AV-Mitglieder:
☐ Ja ☒ Nein

Wandbetreuung vorhanden:
☒ Ja ☐ Nein

Leihausrüstung:
☒ Ja ☐ Nein

Übernachtungsmöglichkeiten:
☐ Ja ☒ Nein

Weitere Angebote:
Kinderkurse:	☐ Ja	☒ Nein
Anfängerkurse:	☐ Ja	☒ Nein
Fortgeschrittenenkurse:	☐ Ja	☒ Nein
Klettershop:	☒ Ja	☐ Nein
Restaurant od. Bistro:	☐ Ja	☒ Nein
Sauna:	☐ Ja	☒ Nein
Dampfbad:	☐ Ja	☒ Nein
Solarium:	☐ Ja	☒ Nein
Squash:	☐ Ja	☒ Nein
Badminton:	☐ Ja	☒ Nein
Streetball:	☐ Ja	☒ Nein
Fitness:	☐ Ja	☒ Nein
Aerobic:	☐ Ja	☒ Nein
Tennis:	☐ Ja	☒ Nein
Billard:	☐ Ja	☒ Nein
Tischfußball:	☐ Ja	☒ Nein

Sonstiges:
Sporthaus mit über 2000 m² Verkaufsfläche

D - 1 3 9

Name der Anlage: RED ROOSTER KLETTERHALLE AMTZELL

Anschrift: Waldburgerstr. 21a

PLZ/Ort: D-88279 Amtzell
Tel./Fax: Tel.: 0 75 20/52 82

E-Mail: -
Internet: -

**Ansprech-
partner:** Fritz Würth, Hans Steinhauser

Öffnungszeiten: Mo. geschl., Di. - Do. 17.30 - 22.00 h,
Fr. 15.30 - 22.00 h, Sa. 13.00 - 22.00 h,
So. 10.00 - 19.00 h
Eintrittspreise: DM 15,- (DM 6,- bis DM 13,-)

Zufahrt mit öffentl. Verkehrsmitteln möglich:
☒ Ja   ☐ Nein

Zufahrt mit dem PKW:
A 96 Memmingen-Lindau - Ausf. „Wangen-West" - Richt. Ravensburg - in Amtzell (Ortsmitte) nach der Kirche re. Richt. Waldburg - nach 200 m li. beim Gasthof „Zum Sternen" - P 100 m vorher li.

Größe/Kletterfläche: 550 m²
Größe/Grundfläche: 210 m²
Dachbereich: 40 m²
Boulderbereich: 120 m²
Wandhöhe: 13 m
max. Kletterlänge: 25 m

Schwierigkeiten der Routen: von 3   bis 9+
Anzahl der Routen: 50 Stück
Vorstieg möglich: ☒ Ja   ☐ Nein
Toprope-Seile vorhanden: ☒ Ja   ☐ Nein

Hersteller Kletterwand:
Red Rooster

Hersteller Griffe:
On Sight, Red Rooster, Stoneware

Zugang nur für AV-Mitglieder:
☐ Ja   ☒ Nein

Wandbetreuung vorhanden:
☒ Ja   ☐ Nein

Leihausrüstung:
☒ Ja   ☐ Nein

Übernachtungsmöglichkeiten:
☐ Ja   ☒ Nein

Weitere Angebote:
Kinderkurse:	☒ Ja	☐ Nein
Anfängerkurse:	☒ Ja	☐ Nein
Fortgeschrittenenkurse:	☒ Ja	☐ Nein
Klettershop:	☐ Ja	☒ Nein
Restaurant od. Bistro:	☒ Ja	☐ Nein
Sauna:	☐ Ja	☒ Nein
Dampfbad:	☐ Ja	☒ Nein
Solarium:	☐ Ja	☒ Nein
Squash:	☐ Ja	☒ Nein
Badminton:	☐ Ja	☒ Nein
Streetball:	☐ Ja	☒ Nein
Fitness:	☐ Ja	☒ Nein
Aerobic:	☐ Ja	☒ Nein
Tennis:	☐ Ja	☒ Nein
Billard:	☐ Ja	☒ Nein
Tischfußball:	☐ Ja	☒ Nein

Sonstiges:
Kindergrotte, Biergarten

D-140

Name der Anlage: FITNESSPOINT SPORTPALAST

Anschrift:	Lortzingstraße 6
PLZ/Ort:	D-88339 Bad Waldsee
Tel./Fax:	Tel.: 0 75 24/13 13 u. 72 49
	Fax: 0 75 24/91 21 21
E-Mail:	info@fitnesspoint.com
Internet:	www.fitnesspoint.com

Ansprechpartner: Angelika Müller

Öffnungszeiten: 1.10. - 31.5.: Mo., Mi. 15.00 - 24.00 h, Di., Do. 8.30 - 24.00 h, Fr. 14.00 - 24.00 h, Sa. 14.00 - 22.00 h, So. 10.00 - 22.00
1.6. - 30.9.: Mo., Mi. 16.00 - 24.00 h, Di., Do. 8.30 - 24.00 h, Fr. 14.00 - 22.00 h, Sa. 14.00 - 21.00 h, So. 10.00 - 21.00 h

Eintrittspreise: DM 15,- (DM 10,-)

Zufahrt mit öffentl. Verkehrsmitteln möglich:
☒ Ja ☐ Nein

Zufahrt mit dem PKW:
B 30 aus Richt. Bodensee/Ulm - Ausf. „Bad Waldsee" - zu den Sportanlagen auf dem Frauenberg

---

Größe/Kletterfläche:	280 m²
Größe/Grundfläche:	k.A.
Dachbereich:	k.A.
Boulderbereich:	- m²
Wandhöhe:	11 m
max. Kletterlänge:	18 m

Schwierigkeiten der Routen: von 4- bis 8+
Anzahl der Routen: 22 Stück
Vorstieg möglich: ☒ Ja ☐ Nein
Toprope-Seile vorhanden: ☐ Ja ☒ Nein

Hersteller Kletterwand:
Red Rooster

Hersteller Griffe:
Red Rooster, CB

Zugang nur für AV-Mitglieder:
☐ Ja ☒ Nein

Wandbetreuung vorhanden:
☐ Ja ☒ Nein

Leihausrüstung:
☒ Ja ☐ Nein

Übernachtungsmöglichkeiten:
☐ Ja ☒ Nein

Weitere Angebote:

Kinderkurse:	☒ Ja	☐ Nein
Anfängerkurse:	☒ Ja	☐ Nein
Fortgeschrittenenkurse:	☒ Ja	☐ Nein
Klettershop:	☒ Ja	☐ Nein
Restaurant od. Bistro:	☒ Ja	☐ Nein
Sauna:	☒ Ja	☐ Nein
Dampfbad:	☒ Ja	☐ Nein
Solarium:	☒ Ja	☐ Nein
Squash:	☒ Ja	☐ Nein
Badminton:	☒ Ja	☐ Nein
Streetball:	☐ Ja	☒ Nein
Fitness:	☒ Ja	☐ Nein
Aerobic:	☒ Ja	☐ Nein
Tennis:	☒ Ja	☐ Nein
Billard:	☒ Ja	☐ Nein
Tischfußball:	☐ Ja	☒ Nein

Sonstiges:
Spinning, Mountainbike- und Inliner-Treff

D-141

Name der Anlage: KLETTERANLAGE DAV SAULGAU

Anschrift: Wolfartsweilerstr. 2

PLZ/Ort: D-88348 Saulgau-Bolstern
Tel./Fax: Tel.: 0 75 81/76 10 o. 2 00 81 42

E-Mail: -
Internet: -

Ansprechpartner: DAV Saulgau/Richard Michl

Öffnungszeiten: Mi. 18.00 - 21.00 h, Fr. 19.00 - 21.00 h, sonst nach Vereinbarung

Eintrittspreise: DM 10,- (DM 5,-/DM 6,-)

Zufahrt mit öffentl. Verkehrsmitteln möglich:
☒ Ja ☐ Nein

Zufahrt mit dem PKW:
Saulgau - Bolstern - Ostrach

Größe/Kletterfläche: 150 m²
Größe/Grundfläche: k.A.
Dachbereich: 10 m²
Boulderbereich: 25 m²
Wandhöhe: 8,5 m
max. Kletterlänge: 15 m

Schwierigkeiten der Routen: von 3 bis 7
Anzahl der Routen: 10 Stück
Vorstieg möglich: ☒ Ja ☐ Nein
Toprope-Seile vorhanden: ☒ Ja ☐ Nein

Hersteller Kletterwand:
Eigenbau

Hersteller Griffe:
Entre Prises, Escapade

Zugang nur für AV-Mitglieder:
☐ Ja ☒ Nein

Wandbetreuung vorhanden:
☒ Ja ☐ Nein

Leihausrüstung:
☒ Ja ☐ Nein

Übernachtungsmöglichkeiten:
☐ Ja ☒ Nein

Weitere Angebote:
Kinderkurse:	☒ Ja	☐ Nein
Anfängerkurse:	☒ Ja	☐ Nein
Fortgeschrittenenkurse:	☒ Ja	☐ Nein
Klettershop:	☐ Ja	☒ Nein
Restaurant od. Bistro:	☐ Ja	☒ Nein
Sauna:	☐ Ja	☒ Nein
Dampfbad:	☐ Ja	☒ Nein
Solarium:	☐ Ja	☒ Nein
Squash:	☐ Ja	☒ Nein
Badminton:	☐ Ja	☒ Nein
Streetball:	☐ Ja	☒ Nein
Fitness:	☐ Ja	☒ Nein
Aerobic:	☐ Ja	☒ Nein
Tennis:	☐ Ja	☒ Nein
Billard:	☐ Ja	☒ Nein
Tischfußball:	☐ Ja	☒ Nein

Sonstiges:

D - 1 4 2

Name der Anlage: **SQUASH & FITNESS TREFF**

Anschrift: Freiburger Straße 71

PLZ/Ort: D-88400 Biberach
Tel./Fax: Tel.: 0 73 51/7 68 67

E-Mail: -
Internet: -

Ansprechpartner: Christoph Mieger

Öffnungszeiten: Mo. - Fr. 14.00 - 23.00 h, Di. 9.30 - 13.00 h, Sa. 13.30 - 17.30 h, So. 10.00 - 16.30 h
Eintrittspreise: DM 16,- (DM 8,-) DAV-Mitglieder erhalten Ermäßigung

Zufahrt mit öffentl. Verkehrsmitteln möglich:
☒ Ja   ☐ Nein

Zufahrt mit dem PKW:
Von Ulm auf der B 30 Richt. Biberach - Ausf. „Biberach/Nord" - Richt. Stadtmitte - Richt. Gewerbegebiet „Freiburger Straße" gegenüber vom Bahnhof

---

Größe/Kletterfläche: 230 m²
Größe/Grundfläche: 60 m²
Dachbereich: 28 m²
Boulderbereich: - m²
Wandhöhe: 7 m
max. Kletterlänge: 15 m

Schwierigkeiten der Routen: von 3 bis 9
Anzahl der Routen: 75 Stück
Vorstieg möglich: ☒ Ja ☐ Nein
Toprope-Seile vorhanden: ☐ Ja ☒ Nein

Hersteller Kletterwand:
Eigenbau

Hersteller Griffe:
verschiedene

Zugang nur für AV-Mitglieder:
☐ Ja   ☒ Nein

Wandbetreuung vorhanden:
☐ Ja   ☒ Nein

Leihausrüstung:
☒ Ja   ☐ Nein

Übernachtungsmöglichkeiten:
☐ Ja   ☒ Nein

Weitere Angebote:

Kinderkurse:	☒ Ja	☐ Nein
Anfängerkurse:	☒ Ja	☐ Nein
Fortgeschrittenenkurse:	☒ Ja	☐ Nein
Klettershop:	☐ Ja	☒ Nein
Restaurant od. Bistro:	☒ Ja	☐ Nein
Sauna:	☒ Ja	☐ Nein
Dampfbad:	☐ Ja	☒ Nein
Solarium:	☒ Ja	☐ Nein
Squash:	☒ Ja	☐ Nein
Badminton:	☐ Ja	☒ Nein
Streetball:	☐ Ja	☒ Nein
Fitness:	☒ Ja	☐ Nein
Aerobic:	☒ Ja	☐ Nein
Tennis:	☐ Ja	☒ Nein
Billard:	☐ Ja	☒ Nein
Tischfußball:	☐ Ja	☒ Nein

Sonstiges:

D-143

Name der Anlage: HANS-LORENSER-SPORTZENTRUM

Anschrift: Stadionstraße 17

PLZ/Ort: D-89073 Ulm
Tel./Fax: Tel.: 07 31/18 46 20-0
Fax: 07 31/18 46 20-1
E-Mail: -
Internet: -

**Ansprech-
partner:** Iris Kolb-Müller

Öffnungszeiten: Mo. - Fr. 7.00 - 23.00 h,
Sa., So. 10.00 - 18.00 h

Eintrittspreise: k.A.

Zufahrt mit öffentl. Verkehrsmitteln möglich:
☒ Ja ☐ Nein

Zufahrt mit dem PKW:
Stadtmitte - Aussch. Stadion folgen - Stadionstraße bis zum Ende - re. Hans-Lorenser-Halle

---

Größe/Kletterfläche: 72 m²
Größe/Grundfläche: 100 m²
Dachbereich: 20 m²
Boulderbereich: - m²
Wandhöhe: 6,9 m
max. Kletterlänge: 12 m

Schwierigkeiten der Routen: von 3 bis 9+
Anzahl der Routen: 15 Stück
Vorstieg möglich: ☒ Ja ☐ Nein
Toprope-Seile vorhanden: ☐ Ja ☒ Nein

Hersteller Kletterwand:
Red Rooster

Hersteller Griffe:
Red Rooster

Zugang nur für AV-Mitglieder:
☐ Ja ☒ Nein

Wandbetreuung vorhanden:
☒ Ja ☐ Nein

Leihausrüstung:
☒ Ja ☐ Nein

Übernachtungsmöglichkeiten:
☐ Ja ☒ Nein

Weitere Angebote:
Kinderkurse:	☒ Ja	☐ Nein
Anfängerkurse:	☒ Ja	☐ Nein
Fortgeschrittenenkurse:	☒ Ja	☐ Nein
Klettershop:	☒ Ja	☐ Nein
Restaurant od. Bistro:	☒ Ja	☐ Nein
Sauna:	☒ Ja	☐ Nein
Dampfbad:	☐ Ja	☒ Nein
Solarium:	☒ Ja	☐ Nein
Squash:	☐ Ja	☒ Nein
Badminton:	☐ Ja	☒ Nein
Streetball:	☐ Ja	☒ Nein
Fitness:	☒ Ja	☐ Nein
Aerobic:	☒ Ja	☐ Nein
Tennis:	☐ Ja	☒ Nein
Billard:	☒ Ja	☐ Nein
Tischfußball:	☐ Ja	☒ Nein

Sonstiges:

D-144

Name der Anlage: RATIOPHARM-HALLE

Anschrift: Harthauser Straße 97

PLZ/Ort: D-89081 Ulm-Söflingen
Tel./Fax: Tel.: 07 31/9 21 67 77
Fax: 07 31/921 67 78
E-Mail: dax-ulm@t-online.de
Internet: http://www.alpenverein.de/Sektion/ulm

Ansprechpartner: Siggi Graf (Tel.: 0 73 08/4 27 97)

Öffnungszeiten: tgl. 10.00 - 22.00 h

Eintrittspreise: DM 10,- (DM 7,-)

Zufahrt mit öffentl. Verkehrsmitteln möglich:
☒ Ja   ☐ Nein

Zufahrt mit dem PKW:
Von Ulm Richt. Blaubeuren (B 28) - letzte Ampel am Stadtende li., Richt. Ermingen - nach 500 m li. und der Aussch. „TSG Söflingen-Sportanlagen" folgen

---

Größe/Kletterfläche:	124 m²			
Größe/Grundfläche:	k.A.			
Dachbereich:	- m²			
Boulderbereich:	- m²			
Wandhöhe:	8 m			
max. Kletterlänge:	12 m			

Schwierigkeiten der Routen: von 3+ bis 10-
Anzahl der Routen: 16 Stück
Vorstieg möglich: ☒ Ja ☐ Nein
Toprope-Seile vorhanden: ☐ Ja ☒ Nein

Hersteller Kletterwand:
T-Wall

Hersteller Griffe:
T-Wall

Zugang nur für AV-Mitglieder:
☐ Ja   ☒ Nein

Wandbetreuung vorhanden:
☐ Ja   ☒ Nein

Leihausrüstung:
☐ Ja   ☒ Nein

Übernachtungsmöglichkeiten:
☐ Ja   ☒ Nein

Weitere Angebote:

Kinderkurse:	☒ Ja	☐ Nein
Anfängerkurse:	☒ Ja	☐ Nein
Fortgeschrittenenkurse:	☐ Ja	☒ Nein
Klettershop:	☐ Ja	☒ Nein
Restaurant od. Bistro:	☒ Ja	☐ Nein
Sauna:	☐ Ja	☒ Nein
Dampfbad:	☐ Ja	☒ Nein
Solarium:	☐ Ja	☒ Nein
Squash:	☐ Ja	☒ Nein
Badminton:	☐ Ja	☒ Nein
Streetball:	☐ Ja	☒ Nein
Fitness:	☒ Ja	☐ Nein
Aerobic:	☐ Ja	☒ Nein
Tennis:	☐ Ja	☒ Nein
Billard:	☐ Ja	☒ Nein
Tischfußball:	☐ Ja	☒ Nein

Sonstiges:

D-145

Name der Anlage: JAHN-TURNHALLE

Anschrift: Jahnstraße

PLZ/Ort: D-89312 Günzburg
Tel./Fax: Tel.: 0 82 21/53 13
Fax: 0 82 21/3 15 80
E-Mail: -
Internet: www.alpenverein.de/Sektion/Guenzburg

Ansprechpartner: k. A.

Öffnungszeiten: siehe Internet

Eintrittspreise: siehe Internet

Zufahrt mit öffentl. Verkehrsmitteln möglich:
☐ Ja   ☒ Nein

Zufahrt mit dem PKW:
Stadtmitte - Aussch. „Jahn-Turnhalle/Forum" folgen - Jahnstraße

---

Größe/Kletterfläche: 157 m²
Größe/Grundfläche: 50 m²
Dachbereich: 20 m²
Boulderbereich: 75 m²
Wandhöhe: 11 m
max. Kletterlänge: 11 m

Schwierigkeiten der Routen: von 3 bis 9
Anzahl der Routen: 15 Stück
Vorstieg möglich: ☒ Ja   ☐ Nein
Toprope-Seile vorhanden: ☐ Ja   ☒ Nein

Hersteller Kletterwand:
Pyramide

Hersteller Griffe:
Pyramide

Zugang nur für AV-Mitglieder:
☐ Ja   ☒ Nein

Wandbetreuung vorhanden:
☒ Ja   ☐ Nein

Leihausrüstung:
☒ Ja   ☐ Nein

Übernachtungsmöglichkeiten:
☐ Ja   ☒ Nein

Weitere Angebote:
Kinderkurse: ☒ Ja ☐ Nein
Anfängerkurse: ☒ Ja ☐ Nein
Fortgeschrittenenkurse: ☒ Ja ☐ Nein
Klettershop: ☐ Ja ☒ Nein
Restaurant od. Bistro: ☐ Ja ☒ Nein
Sauna: ☐ Ja ☒ Nein
Dampfbad: ☐ Ja ☒ Nein
Solarium: ☐ Ja ☒ Nein
Squash: ☐ Ja ☒ Nein
Badminton: ☐ Ja ☒ Nein
Streetball: ☐ Ja ☒ Nein
Fitness: ☐ Ja ☒ Nein
Aerobic: ☐ Ja ☒ Nein
Tennis: ☐ Ja ☒ Nein
Billard: ☐ Ja ☒ Nein
Tischfußball: ☐ Ja ☒ Nein

Sonstiges:

D-146

Name der Anlage: SQUASH PARK FREIZEIT 2000

Anschrift: Andernacher Straße 15

PLZ/Ort: D-90411 Nürnberg
Tel./Fax: Tel.: 09 11/52 77 53 od. 52 77 54
Fax: 09 11/52 77 55
E-Mail: Freizeit 2000@cco.de
Internet: www.Freizeit 2000.cco.de

Ansprechpartner: Oliver Gutsche, Miriam Tohol

Öffnungszeiten: Mo., Di., Do., Fr. 9.00 - 24.00 h, Mi. 15.00 - 24.00 h, Sa. 13.00 - 24.00 h, So. 9.00 - 24.00 h
Eintrittspreise: DM 16,- (DM 12,-)

Zufahrt mit öffentl. Verkehrsmitteln möglich:
☒ Ja ☐ Nein

Zufahrt mit dem PKW:
Über Nürnberg: äußere Bayreuther Str. - Ziegelsteinstr. - Rathsbergstr. - Andernacher Str.
Über Ausf. AB „Nürnberg Nord/Flughafen": Bierweg - Rathsbergstr. - Andernacher Str.

Größe/Kletterfläche: 250 m²
Größe/Grundfläche: 250 m²
Dachbereich: 16 m²
Boulderbereich: 25 m²
Wandhöhe: 9 m
max. Kletterlänge: 12 m

Schwierigkeiten der Routen: von 4 bis 9+
Anzahl der Routen: 45-50 Stück
Vorstieg möglich: ☒ Ja ☐ Nein
Toprope-Seile vorhanden: ☒ Ja ☐ Nein

Hersteller Kletterwand:
Vertikal

Hersteller Griffe:
TDS, Entre Prises, Fa. Steine

Zugang nur für AV-Mitglieder:
☐ Ja ☒ Nein

Wandbetreuung vorhanden:
☒ Ja ☐ Nein

Leihausrüstung:
☒ Ja ☐ Nein

Übernachtungsmöglichkeiten:
☒ Ja ☐ Nein

Weitere Angebote:
Kinderkurse:	☒ Ja	☐ Nein
Anfängerkurse:	☒ Ja	☐ Nein
Fortgeschrittenenkurse:	☒ Ja	☐ Nein
Klettershop:	☐ Ja	☒ Nein
Restaurant od. Bistro:	☒ Ja	☐ Nein
Sauna:	☒ Ja	☐ Nein
Dampfbad:	☒ Ja	☐ Nein
Solarium:	☒ Ja	☐ Nein
Squash:	☒ Ja	☐ Nein
Badminton:	☒ Ja	☐ Nein
Streetball:	☐ Ja	☒ Nein
Fitness:	☒ Ja	☐ Nein
Aerobic:	☒ Ja	☐ Nein
Tennis:	☐ Ja	☒ Nein
Billard:	☐ Ja	☒ Nein
Tischfußball:	☐ Ja	☒ Nein

Sonstiges:
Biergarten

D - 1 4 7

Name der Anlage: CITY TOWER

Anschrift: Fürther Straße 212

PLZ/Ort: D-90429 Nürnberg
Tel./Fax: Tel.: 09 11/49 93 20
Fax: 09 11/47 37 33
E-Mail: -
Internet: www.kletterschule.frankeninternet.de

Ansprech-
partner: Kletterschule Frankenjura

Öffnungszeiten: tgl. 9.00 - 24.00 h

Eintrittspreise: DM 20,-

Zufahrt mit öffentl. Verkehrsmitteln möglich:
☒ Ja   ☐ Nein

Zufahrt mit dem PKW:
Vom Plärrer/Stadtmitte Richt. Fürth - parken in der Seitenstraße re. Regerstraße - vor dem Adler Triumph Gelände

---

Größe/Kletterfläche: 500 m²
Größe/Grundfläche: 150 m²
Dachbereich: 200 m²
Boulderbereich: 50 m²
Wandhöhe: 15 m
max. Kletterlänge: 25 m

Schwierigkeiten der Routen: von 3 bis 10
Anzahl der Routen: 50 Stück
Vorstieg möglich: ☒ Ja   ☐ Nein
Toprope-Seile vorhanden: ☒ Ja   ☐ Nein

Hersteller Kletterwand:
Red Rooster

Hersteller Griffe:
verschiedene

Zugang nur für AV-Mitglieder:
☐ Ja   ☒ Nein

Wandbetreuung vorhanden:
☒ Ja   ☐ Nein

Leihausrüstung:
☒ Ja   ☐ Nein

Übernachtungsmöglichkeiten:
☐ Ja   ☒ Nein

Weitere Angebote:
Kinderkurse: ☒ Ja   ☐ Nein
Anfängerkurse: ☒ Ja   ☐ Nein
Fortgeschrittenenkurse: ☒ Ja   ☐ Nein
Klettershop: ☐ Ja   ☒ Nein
Restaurant od. Bistro: ☒ Ja   ☐ Nein
Sauna: ☒ Ja   ☐ Nein
Dampfbad: ☒ Ja   ☐ Nein
Solarium: ☒ Ja   ☐ Nein
Squash: ☒ Ja   ☐ Nein
Badminton: ☒ Ja   ☐ Nein
Streetball: ☐ Ja   ☒ Nein
Fitness: ☒ Ja   ☐ Nein
Aerobic: ☒ Ja   ☐ Nein
Tennis: ☐ Ja   ☒ Nein
Billard: ☐ Ja   ☒ Nein
Tischfußball: ☐ Ja   ☒ Nein

Sonstiges:

D-148

Name der Anlage: KLETTERHALLE DES TSV 1846 NÜRNBERG

Anschrift: Fuggerstraße 11

PLZ/Ort: D-90439 Nürnberg
Tel./Fax: Tel.: 09 11/61 50 34 od. 61 50 35
Fax: 09 11/6 10 92 61
E-Mail: Geschaeftsstelle@tsv1846Nuernberg.de
Internet: http://www.tsv1846nuernberg.de

Ansprechpartner: Wolfgang Zwack

Öffnungszeiten: tgl. 8.00 - 23.00 h

Eintrittspreise: nur für Vereinsmitglieder

Zufahrt mit öffentl. Verkehrsmitteln möglich:
☒ Ja   ☐ Nein

Zufahrt mit dem PKW:
Abfahrt von der Rothenburgerstr. re. in Fuggerstr. - nach 100 m auf li. Seite große Sporthalle - parken auf Vereinsparkplatz

---

Größe/Kletterfläche: 350 m²
Größe/Grundfläche: 100 m²
Dachbereich: 70 m²
Boulderbereich: 350 m²
Wandhöhe: 9 m
max. Kletterlänge: 15 m

Schwierigkeiten der Routen: von 3 bis 10
Anzahl der Routen: 50 Stück
Vorstieg möglich: ☒ Ja ☐ Nein
Toprope-Seile vorhanden: ☐ Ja ☒ Nein

Hersteller Kletterwand:
Eigenbau, TDS

Hersteller Griffe:
verschiedene

Zugang nur für AV-Mitglieder:
☒ Ja   ☐ Nein

Wandbetreuung vorhanden:
☒ Ja   ☐ Nein

Leihausrüstung:
☐ Ja   ☒ Nein

Übernachtungsmöglichkeiten:
☐ Ja   ☒ Nein

Weitere Angebote:
Kinderkurse:	☐ Ja	☒ Nein
Anfängerkurse:	☐ Ja	☒ Nein
Fortgeschrittenenkurse:	☐ Ja	☒ Nein
Klettershop:	☐ Ja	☒ Nein
Restaurant od. Bistro:	☐ Ja	☒ Nein
Sauna:	☐ Ja	☒ Nein
Dampfbad:	☐ Ja	☒ Nein
Solarium:	☐ Ja	☒ Nein
Squash:	☐ Ja	☒ Nein
Badminton:	☒ Ja	☐ Nein
Streetball:	☐ Ja	☒ Nein
Fitness:	☒ Ja	☐ Nein
Aerobic:	☒ Ja	☐ Nein
Tennis:	☒ Ja	☐ Nein
Billard:	☐ Ja	☒ Nein
Tischfußball:	☐ Ja	☒ Nein

Sonstiges:
Spinning

D-149

Name der Anlage: SPORTZENTRUM NÜRNBERG

Anschrift: Schüblerstraße 15

PLZ/Ort: D-90482 Nürnberg
Tel./Fax: Tel.: 09 11/49 93 20
Fax: 09 11/47 37 33
E-Mail: -
Internet: Inernet: www.kletterschule.frankeninternet.de

Ansprechpartner: k.A.

Öffnungszeiten: Mo. - So. 8.00 - 24.00 h
Oktober - April: Mo. - Fr. 16.00 - 21.00 h, Sa., So. 13.00 - 21.00 h
Eintrittspreise: DM 20,- (DM 15,-)

Zufahrt mit öffentl. Verkehrsmitteln möglich:
☒ Ja ☐ Nein

Zufahrt mit dem PKW:
AB München-Frankfurt - Ausf. „Mögeldorf" - ca. 5 km stadteinwärts bis NO-Ring (li. Nürnberger Versicherung) - nächste Str. li. - nach Unterführung li. Schüblerstr.

Größe/Kletterfläche: 400 m²
Größe/Grundfläche: 80 m²
Dachbereich: 40 m²
Boulderbereich: 80 m²
Wandhöhe: 12,5 m
max. Kletterlänge: 15 m

Schwierigkeiten der Routen: von 4 bis 10
Anzahl der Routen: 50 Stück
Vorstieg möglich: ☒ Ja ☐ Nein
Toprope-Seile vorhanden: ☒ Ja ☐ Nein

Hersteller Kletterwand:
Alpi-in, Entre Prises

Hersteller Griffe:
verschiedene

Zugang nur für AV-Mitglieder:
☐ Ja ☒ Nein

Wandbetreuung vorhanden:
☒ Ja ☐ Nein

Leihausrüstung:
☒ Ja ☐ Nein

Übernachtungsmöglichkeiten:
☐ Ja ☒ Nein

Weitere Angebote:
Kinderkurse: ☒ Ja ☐ Nein
Anfängerkurse: ☒ Ja ☐ Nein
Fortgeschrittenenkurse: ☒ Ja ☐ Nein
Klettershop: ☐ Ja ☒ Nein
Restaurant od. Bistro: ☒ Ja ☐ Nein
Sauna: ☒ Ja ☐ Nein
Dampfbad: ☒ Ja ☐ Nein
Solarium: ☒ Ja ☐ Nein
Squash: ☒ Ja ☐ Nein
Badminton: ☒ Ja ☐ Nein
Streetball: ☐ Ja ☒ Nein
Fitness: ☒ Ja ☐ Nein
Aerobic: ☒ Ja ☐ Nein
Tennis: ☐ Ja ☒ Nein
Billard: ☐ Ja ☒ Nein
Tischfußball: ☐ Ja ☒ Nein

Sonstiges:

D-150

Name der Anlage: MATCHPOINT-SPORTZENTRUM

Anschrift: Schulstr. 14

PLZ/Ort: D-90518 Altdorf
Tel./Fax: Tel.: 0 91 87/95 26-0
Fax: 0 91 87/95 26-13
E-Mail: -
Internet: -

Ansprechpartner: Jürgen Wagner

Öffnungszeiten: tgl. 8.00 - 22.00 h

Eintrittspreise: DM 16,-

Zufahrt mit öffentl. Verkehrsmitteln möglich:
☒ Ja ☐ Nein

Zufahrt mit dem PKW:
A 3 Ausf. „Altdorf/Burgthann" - Richt. Altdorf - 1. Ampel li.

Größe/Kletterfläche: 200 m²
Größe/Grundfläche: 100 m²
Dachbereich: 40 m²
Boulderbereich: 60 m²
Wandhöhe: 8,5 m
max. Kletterlänge: k.A.

Schwierigkeiten der Routen: von 2 bis 11
Anzahl der Routen: 16 Stück
Vorstieg möglich: ☒ Ja ☐ Nein
Toprope-Seile vorhanden: ☒ Ja ☐ Nein

Hersteller Kletterwand:
Reality Wall

Hersteller Griffe:
verschiedene

Zugang nur für AV-Mitglieder:
☐ Ja ☒ Nein

Wandbetreuung vorhanden:
☒ Ja ☐ Nein

Leihausrüstung:
☒ Ja ☐ Nein

Übernachtungsmöglichkeiten:
☐ Ja ☒ Nein

Weitere Angebote:
Kinderkurse:	☒ Ja	☐ Nein
Anfängerkurse:	☒ Ja	☐ Nein
Fortgeschrittenenkurse:	☒ Ja	☐ Nein
Klettershop:	☐ Ja	☒ Nein
Restaurant od. Bistro:	☒ Ja	☐ Nein
Sauna:	☒ Ja	☐ Nein
Dampfbad:	☐ Ja	☒ Nein
Solarium:	☒ Ja	☐ Nein
Squash:	☒ Ja	☐ Nein
Badminton:	☐ Ja	☒ Nein
Streetball:	☐ Ja	☒ Nein
Fitness:	☐ Ja	☒ Nein
Aerobic:	☐ Ja	☒ Nein
Tennis:	☒ Ja	☐ Nein
Billard:	☐ Ja	☒ Nein
Tischfußball:	☐ Ja	☒ Nein

Sonstiges:

D-151

Name der Anlage: DAV-ANLAGE RÖTHENBACH

Anschrift: Friedrichsplatz 4A

PLZ/Ort: D-90552 Röthenbach a.d. Pegnitz
Tel./Fax: Tel.: 09 11/5 70 58 28
Fax: 09 11/57 63 94
E-Mail: -
Internet: www.Alpenverein.de/Sektion/Roethenbach

**Ansprech-
partner:** Jan Luft, Jürgen Engelbrecht

Öffnungszeiten: November - April: Di., Do. 18.00 - 22.00 h
Mai - Oktober: Di. 18.00 - 22.00 h

Eintrittspreise: DM 8,- (DM 4,-)
DAV-Mitglieder erhalten Ermäßigung

Zufahrt mit öffentl. Verkehrsmitteln möglich:
☒ Ja   ☐ Nein

Zufahrt mit dem PKW:
Aus Richt. Nürnberg in Schwaigerstr. - Bahnhofstr. - Friedrichs-
platz/Rathausplatz

Größe/Kletterfläche: 160 m^2
Größe/Grundfläche: 14 m^2
Dachbereich: 5 m^2
Boulderbereich: 10 m^2
Wandhöhe: 16 m
max. Kletterlänge: 18 m

Schwierigkeiten der Routen: von 5 bis 8
Anzahl der Routen: 18 Stück
Vorstieg möglich: ☐ Ja ☒ Nein
Toprope-Seile vorhanden: ☒ Ja ☐ Nein

Hersteller Kletterwand:
Eigenbau

Hersteller Griffe:
Master Range, T-Wall, Griffit

Zugang nur für AV-Mitglieder:
☐ Ja   ☒ Nein

Wandbetreuung vorhanden:
☒ Ja   ☐ Nein

Leihausrüstung:
☒ Ja   ☐ Nein

Übernachtungsmöglichkeiten:
☐ Ja   ☒ Nein

Weitere Angebote:
Kinderkurse:	☐ Ja	☒ Nein
Anfängerkurse:	☒ Ja	☐ Nein
Fortgeschrittenenkurse:	☐ Ja	☒ Nein
Klettershop:	☐ Ja	☒ Nein
Restaurant od. Bistro:	☐ Ja	☒ Nein
Sauna:	☐ Ja	☒ Nein
Dampfbad:	☐ Ja	☒ Nein
Solarium:	☐ Ja	☒ Nein
Squash:	☐ Ja	☒ Nein
Badminton:	☐ Ja	☒ Nein
Streetball:	☐ Ja	☒ Nein
Fitness:	☐ Ja	☒ Nein
Aerobic:	☐ Ja	☒ Nein
Tennis:	☐ Ja	☒ Nein
Billard:	☐ Ja	☒ Nein
Tischfußball:	☐ Ja	☒ Nein

Sonstiges:
Aufenthaltsraum mit Getränkeausgabe

D-152

Name der Anlage: INTERSPORT EISERT

Anschrift: Sedandstraße 1

PLZ/Ort: D-91052 Erlangen
Tel./Fax: Tel.: 0 91 31/8 12 80-0
Fax: 0 91 31/8 12 80-24
E-Mail: info@eisert.de
Internet: -

Ansprechpartner: Jürgen Knaub, Michael Vogel

Öffnungszeiten: Mo. - Fr. 9.30 - 20.00 h, Sa. 9.30 - 16.00 h

Eintrittspreise: kostenlos

Zufahrt mit öffentl. Verkehrsmitteln möglich:
☒ Ja   ☐ Nein

Zufahrt mit dem PKW:
k.A.

Größe/Kletterfläche: 35 m²
Größe/Grundfläche: 15 m²
Dachbereich: 8 m²
Boulderbereich: - m²
Wandhöhe: 7 m
max. Kletterlänge: 10 m

Schwierigkeiten der Routen: von 4 bis 10-
Anzahl der Routen: 12 Stück
Vorstieg möglich: ☐ Ja   ☒ Nein
Toprope-Seile vorhanden: ☒ Ja   ☐ Nein

Hersteller Kletterwand:
T-Wall

Hersteller Griffe:
T-Wall, TDS

Zugang nur für AV-Mitglieder:
☐ Ja   ☒ Nein

Wandbetreuung vorhanden:
☒ Ja   ☐ Nein

Leihausrüstung:
☒ Ja   ☐ Nein

Übernachtungsmöglichkeiten:
☐ Ja   ☒ Nein

Weitere Angebote:

Kinderkurse:	☒ Ja	☐ Nein
Anfängerkurse:	☐ Ja	☒ Nein
Fortgeschrittenenkurse:	☐ Ja	☒ Nein
Klettershop:	☒ Ja	☐ Nein
Restaurant od. Bistro:	☐ Ja	☒ Nein
Sauna:	☐ Ja	☒ Nein
Dampfbad:	☐ Ja	☒ Nein
Solarium:	☐ Ja	☒ Nein
Squash:	☐ Ja	☒ Nein
Badminton:	☐ Ja	☒ Nein
Streetball:	☐ Ja	☒ Nein
Fitness:	☐ Ja	☒ Nein
Aerobic:	☐ Ja	☒ Nein
Tennis:	☐ Ja	☒ Nein
Billard:	☐ Ja	☒ Nein
Tischfußball:	☐ Ja	☒ Nein

Sonstiges:

D-153

Name der Anlage: HANNE-JUNG-KLETTERHALLE

Anschrift: Alfred-Wegner-Straße 1

Öffnungszeiten: tgl. 7.00 - 23.00 h

PLZ/Ort: D-91052 Erlangen
Tel./Fax: Tel.: 0 91 31/2086 67
Fax: 0 91 31/20 86 02
E-Mail: dav.erlangen@net.24.de
Internet: http://www.alpenverein-erlangen.de

Eintrittspreise: DM 15,- (DM 12,-)
DAV-Mitglieder erhalten Ermäßigung
Zufahrt mit öffentl. Verkehrsmitteln möglich:
☒ Ja   ☐ Nein

Ansprechpartner: Geschäftsstelle der Sekt. Erlangen

Zufahrt mit dem PKW:
AB-Ausf. „Tennenlohe" - Richt. Erlangen - Richt. Gräfenberg - nach OBI li. abbiegen

---

Größe/Kletterfläche: 50 m²
Größe/Grundfläche: 160 m²
Dachbereich: - m²
Boulderbereich: 210 m²
Wandhöhe: 6-8 m
max. Kletterlänge: 10 m

Schwierigkeiten der Routen: von 4 bis 7
Anzahl der Routen: 6 Stück
Vorstieg möglich: ☒ Ja ☐ Nein
Toprope-Seile vorhanden: ☒ Ja ☐ Nein

Hersteller Kletterwand:
TDS

Hersteller Griffe:
verschiedene

Zugang nur für AV-Mitglieder:
☒ Ja   ☐ Nein

Wandbetreuung vorhanden:
☒ Ja   ☐ Nein

Leihausrüstung:
☒ Ja   ☐ Nein

Übernachtungsmöglichkeiten:
☐ Ja   ☒ Nein

Weitere Angebote:
Kinderkurse:	☒ Ja	☐ Nein
Anfängerkurse:	☒ Ja	☐ Nein
Fortgeschrittenenkurse:	☒ Ja	☐ Nein
Klettershop:	☐ Ja	☒ Nein
Restaurant od. Bistro:	☐ Ja	☒ Nein
Sauna:	☐ Ja	☒ Nein
Dampfbad:	☐ Ja	☒ Nein
Solarium:	☐ Ja	☒ Nein
Squash:	☐ Ja	☒ Nein
Badminton:	☐ Ja	☒ Nein
Streetball:	☐ Ja	☒ Nein
Fitness:	☐ Ja	☒ Nein
Aerobic:	☐ Ja	☒ Nein
Tennis:	☐ Ja	☒ Nein
Billard:	☐ Ja	☒ Nein
Tischfußball:	☐ Ja	☒ Nein

Sonstiges:
Hangelboard, Systemboard

D-154

Name der Anlage: DAV SEKTIONSWAND GUNZENHAUSEN (Außenanlage)

Anschrift:	Albert-Schweitzer-Straße	**Öffnungszeiten:**	Mo. 18.30 - 21.00 h (Kinder Mo. 15.00 - 17.00 h); Fr. 18.30 - 21.00 h; oder auf Anfrage.
PLZ/Ort:	D-91710 Gunzenhausen		
Tel./Fax:	Tel.: 0 98 31/61 13 30	**Eintrittspreise:**	DM 5,- (DM 3,-)
	Fax: 0 98 31/46 22		
E-Mail:	Mreszat@aol.com		

Zufahrt mit öffentl. Verkehrsmitteln möglich:
☐ Ja ☒ Nein

Internet: -

Ansprechpartner: Marcus Reszat

Zufahrt mit dem PKW:
A 6 Richt. Nürnberg - Ausf. „Ansbach Gunzenhausen" - in Gunzenhausen Richt. Krankenhaus - direkt unterhalb des Krankenhauses, ca. 50 m unterhalb einer Kurve befindet sich an der Außenfassade des TV-Sportheimes die Kletterwand

---

Größe/Kletterfläche: 60 m²
Größe/Grundfläche: 60 m²
Dachbereich: 3 m²
Boulderbereich: 18 m²
Wandhöhe: 10 m
max. Kletterlänge: 10 m

Schwierigkeiten der Routen: von 4 bis 7+
Anzahl der Routen: 6 Stück
Vorstieg möglich: ☒ Ja ☐ Nein
Toprope-Seile vorhanden: ☒ Ja ☐ Nein

Hersteller Kletterwand:
Mastergrip

Hersteller Griffe:
Mastergrip, Caillou, Volx

Zugang nur für AV-Mitglieder:
☐ Ja ☒ Nein

Wandbetreuung vorhanden:
☒ Ja ☐ Nein

Leihausrüstung:
☒ Ja ☐ Nein

Übernachtungsmöglichkeiten:
☐ Ja ☒ Nein

Weitere Angebote:

Kinderkurse:	☒ Ja	☐ Nein
Anfängerkurse:	☒ Ja	☐ Nein
Fortgeschrittenenkurse:	☒ Ja	☐ Nein
Klettershop:	☐ Ja	☒ Nein
Restaurant od. Bistro:	☐ Ja	☒ Nein
Sauna:	☐ Ja	☒ Nein
Dampfbad:	☐ Ja	☒ Nein
Solarium:	☐ Ja	☒ Nein
Squash:	☐ Ja	☒ Nein
Badminton:	☐ Ja	☒ Nein
Streetball:	☐ Ja	☒ Nein
Fitness:	☐ Ja	☒ Nein
Aerobic:	☐ Ja	☒ Nein
Tennis:	☐ Ja	☒ Nein
Billard:	☐ Ja	☒ Nein
Tischfußball:	☐ Ja	☒ Nein

Sonstiges:

D-155

Name der Anlage: KLETTERWAND DAV SEKTION AMBERG

Anschrift: Postfach 1346

PLZ/Ort: D-92224 Amberg
Tel./Fax: k.A.

E-Mail: -
Internet: -

Ansprechpartner: Markus Hofmann, Josef Siegert
(Tel.: 0 96 21/1 05 03 od. 2 13 14)

Öffnungszeiten: Nov. - März: Di. u. Fr. 18.00 - 21.00 h, evtl. Do.
April - Juni: Di. 18.00 - 21.00 h
Eintrittspreise: kostenlos

Zufahrt mit öffentl. Verkehrsmitteln möglich:
☒ Ja ☐ Nein

Zufahrt mit dem PKW:
P bei der Dreifaltigkeitsschule

Größe/Kletterfläche: 75 m²
Größe/Grundfläche: k.A.
Dachbereich: k.A.
Boulderbereich: k.A.
Wandhöhe: k.A.
max. Kletterlänge: 5,6 m

Schwierigkeiten der Routen: von - bis -
Anzahl der Routen: k.A.
Vorstieg möglich: ☒ Ja ☐ Nein
Toprope-Seile vorhanden: ☒ Ja ☐ Nein

Hersteller Kletterwand:
TDS, T-Wall

Hersteller Griffe:
TDS, T-Wall

Zugang nur für AV-Mitglieder:
☒ Ja ☐ Nein

Wandbetreuung vorhanden:
☐ Ja ☐ Nein

Leihausrüstung:
☒ Ja ☐ Nein

Übernachtungsmöglichkeiten:
☐ Ja ☒ Nein

Weitere Angebote:
Kinderkurse:	☒ Ja	☐ Nein
Anfängerkurse:	☒ Ja	☐ Nein
Fortgeschrittenenkurse:	☒ Ja	☐ Nein
Klettershop:	☐ Ja	☒ Nein
Restaurant od. Bistro:	☐ Ja	☒ Nein
Sauna:	☐ Ja	☒ Nein
Dampfbad:	☐ Ja	☒ Nein
Solarium:	☐ Ja	☒ Nein
Squash:	☐ Ja	☒ Nein
Badminton:	☐ Ja	☒ Nein
Streetball:	☐ Ja	☒ Nein
Fitness:	☐ Ja	☒ Nein
Aerobic:	☐ Ja	☒ Nein
Tennis:	☐ Ja	☒ Nein
Billard:	☐ Ja	☒ Nein
Tischfußball:	☐ Ja	☒ Nein

Sonstiges:
Ab Herbst '99 sind eine größere Halle und ein Boulderraum geplant.

D-156

Name der Anlage: FUNTASTIC-SPORTS

Anschrift: Ernst-Frenzel-Straße 14

PLZ/Ort: D-93083 Obertraubling
Tel./Fax: Tel.: 0 94 01/67 67
Fax: 0 94 01/66 66
E-Mail: -
Internet: -

Ansprechpartner: Frau Licha

Öffnungszeiten: tgl. 8.00 - 23.00 h

Eintrittspreise: DM 12,- (DM 6,-)

Zufahrt mit öffentl. Verkehrsmitteln möglich:
☒ Ja   ☐ Nein

Zufahrt mit dem PKW:
A 3 Ausf. „Regensburg-Burgweinting" - Richt. Burgweinting - B 15 nach Obertraubling - am Ortseingang 1. Str. li. ins Industriegebiet - nächste Str. li.

Größe/Kletterfläche: 160 m²
Größe/Grundfläche: k.A.
Dachbereich: 15 m²
Boulderbereich: 25 m²
Wandhöhe: 8-10 m
max. Kletterlänge: 15 m

Schwierigkeiten der Routen: von 3 bis 9+
Anzahl der Routen: 60/70 Stück
Vorstieg möglich: ☒ Ja   ☐ Nein
Toprope-Seile vorhanden: ☒ Ja   ☐ Nein

Hersteller Kletterwand:
Eigenbau

Hersteller Griffe:
TDS, Griffe aus Tschechien

Zugang nur für AV-Mitglieder:
☐ Ja   ☒ Nein

Wandbetreuung vorhanden:
☒ Ja   ☐ Nein

Leihausrüstung:
☒ Ja   ☐ Nein

Übernachtungsmöglichkeiten:
☐ Ja   ☒ Nein

Weitere Angebote:
Kinderkurse:	☒ Ja	☐ Nein
Anfängerkurse:	☒ Ja	☐ Nein
Fortgeschrittenenkurse:	☒ Ja	☐ Nein
Klettershop:	☐ Ja	☒ Nein
Restaurant od. Bistro:	☒ Ja	☐ Nein
Sauna:	☒ Ja	☐ Nein
Dampfbad:	☒ Ja	☐ Nein
Solarium:	☒ Ja	☐ Nein
Squash:	☒ Ja	☐ Nein
Badminton:	☒ Ja	☐ Nein
Streetball:	☐ Ja	☒ Nein
Fitness:	☒ Ja	☐ Nein
Aerobic:	☒ Ja	☐ Nein
Tennis:	☒ Ja	☐ Nein
Billard:	☐ Ja	☒ Nein
Tischfußball:	☐ Ja	☒ Nein

Sonstiges:
Beach-Volleyball

D - 157

Name der Anlage: DAV KLETTERHALLE VOLKSSCHULE ITTLING

Anschrift: Niederalteicher Str. 13

PLZ/Ort: D-94315 Straubing
Tel./Fax: Tel.: 0 94 21/8 09 65

E-Mail: -
Internet: -

**Ansprech-
partner:** Joachim Wegener, Siegfried Spanner

Öffnungszeiten: Mo. - Fr. 19.00 - 21.00 h

Eintrittspreise: DM 6,- (DM 3,-) DAV-Mitglieder erhalten Ermäßigung

Zufahrt mit öffentl. Verkehrsmitteln möglich:
☒ Ja ☐ Nein

Zufahrt mit dem PKW:
A 3/B 20 Straubing/Ittling - B 8 Straubing-Ittling

Größe/Kletterfläche:	87 m²
Größe/Grundfläche:	60 m²
Dachbereich:	- m²
Boulderbereich:	17,5 m²
Wandhöhe:	8,5 m
max. Kletterlänge:	8 m

Schwierigkeiten der Routen: von 4 bis 8
Anzahl der Routen: 7 Stück
Vorstieg möglich: ☒ Ja ☐ Nein
Toprope-Seile vorhanden: ☒ Ja ☐ Nein

Hersteller Kletterwand:
Entre Prises

Hersteller Griffe:
Entre Prises

Zugang nur für AV-Mitglieder:
☐ Ja ☒ Nein

Wandbetreuung vorhanden:
☒ Ja ☐ Nein

Leihausrüstung:
☒ Ja ☐ Nein

Übernachtungsmöglichkeiten:
☐ Ja ☒ Nein

Weitere Angebote:

Kinderkurse:	☒ Ja	☐ Nein
Anfängerkurse:	☒ Ja	☐ Nein
Fortgeschrittenenkurse:	☒ Ja	☐ Nein
Klettershop:	☐ Ja	☒ Nein
Restaurant od. Bistro:	☐ Ja	☒ Nein
Sauna:	☐ Ja	☒ Nein
Dampfbad:	☐ Ja	☒ Nein
Solarium:	☐ Ja	☒ Nein
Squash:	☐ Ja	☒ Nein
Badminton:	☐ Ja	☒ Nein
Streetball:	☐ Ja	☒ Nein
Fitness:	☐ Ja	☒ Nein
Aerobic:	☐ Ja	☒ Nein
Tennis:	☐ Ja	☒ Nein
Billard:	☐ Ja	☒ Nein
Tischfußball:	☐ Ja	☒ Nein

Sonstiges:

D - 158

Name der Anlage: JAHNTURNHALLE

Anschrift: Jahnstraße 35

PLZ/Ort: D-95100 Selb
Tel./Fax: Tel.: 0 92 87/24 58

E-Mail: -
Internet: -

Ansprechpartner: Klaus Ziegler (Tel.: 0 92 87/6 71 37)

Öffnungszeiten: Di., Do. 18.00 - 21.00 h,
So. 16.00 - 21.00 h

Eintrittspreise: DM 8,- (DM 3,-)

Zufahrt mit öffentl. Verkehrsmitteln möglich:
☒ Ja ☐ Nein

Zufahrt mit dem PKW:
Aussch. „Schulzentrum" folgen - 200 m nördl. des Schulzentrums

---

Größe/Kletterfläche: 100 m²
Größe/Grundfläche: 73 m²
Dachbereich: 6 m²
Boulderbereich: - m²
Wandhöhe: 10 m
max. Kletterlänge: 15 m

Schwierigkeiten der Routen: von 3 bis 9
Anzahl der Routen: 6 Stück
Vorstieg möglich: ☒ Ja ☐ Nein
Toprope-Seile vorhanden: ☒ Ja ☐ Nein

Hersteller Kletterwand:
Mastergrip

Hersteller Griffe:
Mastergrip

Zugang nur für AV-Mitglieder:
☒ Ja ☐ Nein

Wandbetreuung vorhanden:
☒ Ja ☐ Nein

Leihausrüstung:
☒ Ja ☐ Nein

Übernachtungsmöglichkeiten:
☒ Ja ☐ Nein

Weitere Angebote:

Kinderkurse:	☒ Ja	☐ Nein
Anfängerkurse:	☒ Ja	☐ Nein
Fortgeschrittenenkurse:	☒ Ja	☐ Nein
Klettershop:	☒ Ja	☐ Nein
Restaurant od. Bistro:	☒ Ja	☐ Nein
Sauna:	☒ Ja	☐ Nein
Dampfbad:	☒ Ja	☐ Nein
Solarium:	☒ Ja	☐ Nein
Squash:	☒ Ja	☐ Nein
Badminton:	☒ Ja	☐ Nein
Streetball:	☒ Ja	☐ Nein
Fitness:	☒ Ja	☐ Nein
Aerobic:	☒ Ja	☐ Nein
Tennis:	☒ Ja	☐ Nein
Billard:	☒ Ja	☐ Nein
Tischfußball:	☒ Ja	☐ Nein

Sonstiges:

D-159

Name der Anlage: TURNHALLE DÖRFLAS

Anschrift: Dörflaser Hauptstraße

PLZ/Ort: D-95615 Marktredwitz
Tel./Fax: -

E-Mail: dav@wunsiedel.net
Internet: http://www.wunsiedel.det/dav

Ansprechpartner: R. Panzer (Tel.: 0 92 34/85 40)

Öffnungszeiten: Sept. - Mai: Di. 18.00 - 21.30 h,
Sa. 18.00 - 21.00 h
Juni: Fr. 18.00 - 22.00 h
Juli, August geschlossen

Eintrittspreise: DM 8,- (DM 5,-) DAV-Mitglieder erhalten Ermäßigung

Zufahrt mit öffentl. Verkehrsmitteln möglich:
☒ Ja   ☐ Nein

Zufahrt mit dem PKW:
A 93 - B 15 Richt. Hof - Ausf. „Marktredwitz" oder A 9 Richt. Berlin - Ausf. „Bad Berneck" - B 303 - Richt. Bad Berneck

---

Größe/Kletterfläche: 80 m^2
Größe/Grundfläche: 100 m^2
Dachbereich: - m^2
Boulderbereich: - m^2
Wandhöhe: 8 m
max. Kletterlänge: 8 m

Schwierigkeiten der Routen: von 3 bis 8
Anzahl der Routen: 30 Stück
Vorstieg möglich: ☒ Ja   ☐ Nein
Toprope-Seile vorhanden: ☒ Ja   ☐ Nein

Hersteller Kletterwand:
T-Wall

Hersteller Griffe:
T-Wall

Zugang nur für AV-Mitglieder:
☐ Ja   ☒ Nein

Wandbetreuung vorhanden:
☒ Ja   ☐ Nein

Leihausrüstung:
☒ Ja   ☐ Nein

Übernachtungsmöglichkeiten:
☐ Ja   ☒ Nein

Weitere Angebote:
Kinderkurse: ☒ Ja   ☐ Nein
Anfängerkurse: ☐ Ja   ☒ Nein
Fortgeschrittenenkurse: ☐ Ja   ☒ Nein
Klettershop: ☐ Ja   ☒ Nein
Restaurant od. Bistro: ☒ Ja   ☐ Nein
Sauna: ☐ Ja   ☒ Nein
Dampfbad: ☐ Ja   ☒ Nein
Solarium: ☐ Ja   ☒ Nein
Squash: ☐ Ja   ☒ Nein
Badminton: ☐ Ja   ☒ Nein
Streetball: ☐ Ja   ☒ Nein
Fitness: ☐ Ja   ☒ Nein
Aerobic: ☐ Ja   ☒ Nein
Tennis: ☐ Ja   ☒ Nein
Billard: ☐ Ja   ☒ Nein
Tischfußball: ☐ Ja   ☒ Nein

Sonstiges:

D - 160

Name der Anlage: KLETTERSTUDIO GEISELWIND

Anschrift: Wiesentheider Straße 5

PLZ/Ort: D-96160 Geiselwind
Tel./Fax: Tel.: 0 95 56/4 42
Fax: 0 95 56/4 42
E-Mail: -
Internet: -

Ansprechpartner: Fritz Strobl

Öffnungszeiten: Mo., Mi., Fr. 19.00 - 22.00 h
Im Winter zusätzlich: So. 14.00 - 20.00 h

Eintrittspreise: DM 10,- (DM 8,-) DAV-Mitglieder erhalten Ermäßigung

Zufahrt mit öffentl. Verkehrsmitteln möglich:
☒ Ja ☐ Nein

Zufahrt mit dem PKW:
Über Friedrichstr. Richt. Landhotel - nach 50 m li.

Größe/Kletterfläche: 100 m²
Größe/Grundfläche: 120 m²
Dachbereich: 20 m²
Boulderbereich: 18 m²
Wandhöhe: 10 m
max. Kletterlänge: 15 m

Schwierigkeiten der Routen: von 3 bis 9
Anzahl der Routen: 16 Stück
Vorstieg möglich: ☒ Ja ☐ Nein
Toprope-Seile vorhanden: ☒ Ja ☐ Nein

Hersteller Kletterwand:
Eigenbau

Hersteller Griffe:
TDS, Tec Roc, Salewa

Zugang nur für AV-Mitglieder:
☐ Ja ☒ Nein

Wandbetreuung vorhanden:
☒ Ja ☐ Nein

Leihausrüstung:
☒ Ja ☐ Nein

Übernachtungsmöglichkeiten:
☐ Ja ☒ Nein

Weitere Angebote:
Kinderkurse:	☒ Ja	☐ Nein
Anfängerkurse:	☒ Ja	☐ Nein
Fortgeschrittenenkurse:	☒ Ja	☐ Nein
Klettershop:	☐ Ja	☒ Nein
Restaurant od. Bistro:	☐ Ja	☒ Nein
Sauna:	☐ Ja	☒ Nein
Dampfbad:	☐ Ja	☒ Nein
Solarium:	☐ Ja	☒ Nein
Squash:	☐ Ja	☒ Nein
Badminton:	☐ Ja	☒ Nein
Streetball:	☐ Ja	☒ Nein
Fitness:	☐ Ja	☒ Nein
Aerobic:	☐ Ja	☒ Nein
Tennis:	☐ Ja	☒ Nein
Billard:	☐ Ja	☒ Nein
Tischfußball:	☐ Ja	☒ Nein

Sonstiges:
Hangelboard, Getränkeautomat

D-161

Name der Anlage: **DAV KLETTERKELLER COBURG**

Anschrift: Hahnweg 2

PLZ/Ort: D-96450 Coburg
Tel./Fax: -

E-Mail: -
Internet: -

Ansprechpartner: DAV Sekt. Coburg

Öffnungszeiten: Di. u. Do. 18.00 - 21.00 h, Sommermonate geschlossen

Eintrittspreise: DM 5,- (DM 1,-)

Zufahrt mit öffentl. Verkehrsmitteln möglich:
☒ Ja   ☐ Nein

Zufahrt mit dem PKW:
Bahnhof Coburg - Bahnhofstr. östl. Richt. bis Rittersteich - re. zum Kino „Union-Theater" (Hahnweg). Eingang gegenüber „Costas Taverne"

Größe/Kletterfläche:	150 m²
Größe/Grundfläche:	100 m²
Dachbereich:	50 m²
Boulderbereich:	80 m²
Wandhöhe:	3-5 m
max. Kletterlänge:	10 m

Schwierigkeiten der Routen: von 3 bis 9
Anzahl der Routen: 50 Stück
Vorstieg möglich: ☒ Ja   ☐ Nein
Toprope-Seile vorhanden: ☒ Ja   ☐ Nein

Hersteller Kletterwand:
Caillou, Eigenbau

Hersteller Griffe:
verschiedene

Zugang nur für AV-Mitglieder:
☐ Ja   ☒ Nein

Wandbetreuung vorhanden:
☒ Ja   ☐ Nein

Leihausrüstung:
☐ Ja   ☒ Nein

Übernachtungsmöglichkeiten:
☐ Ja   ☒ Nein

Weitere Angebote:

Kinderkurse:	☒ Ja	☐ Nein
Anfängerkurse:	☒ Ja	☐ Nein
Fortgeschrittenenkurse:	☒ Ja	☐ Nein
Klettershop:	☐ Ja	☒ Nein
Restaurant od. Bistro:	☐ Ja	☒ Nein
Sauna:	☐ Ja	☒ Nein
Dampfbad:	☐ Ja	☒ Nein
Solarium:	☐ Ja	☒ Nein
Squash:	☐ Ja	☒ Nein
Badminton:	☐ Ja	☒ Nein
Streetball:	☐ Ja	☒ Nein
Fitness:	☐ Ja	☒ Nein
Aerobic:	☐ Ja	☒ Nein
Tennis:	☐ Ja	☒ Nein
Billard:	☐ Ja	☒ Nein
Tischfußball:	☐ Ja	☒ Nein

Sonstiges:

D - 1 6 2

Name der Anlage: SPORTCENTER HEINZ SCHÄFER

Anschrift: Oberdürrbacher Str. 45

PLZ/Ort: D-97080 Würzburg
Tel./Fax: Tel.: 09 31/2 20 30
Fax: 09 31/2 20 51
E-Mail: -
Internet: -

**Ansprech-
partner:** Daniel Vierheilig

Öffnungszeiten: tgl. 8.00 - 23.00 h

Eintrittspreise: DM 13,- (DM 6,-)

Zufahrt mit öffentl. Verkehrsmitteln möglich:
☒ Ja ☐ Nein

Zufahrt mit dem PKW:
Würzburg - Stadtteil Grombühl - Richt. Oberdürrbach

Größe/Kletterfläche: 150 m²
Größe/Grundfläche: 100 m²
Dachbereich: 10 m²
Boulderbereich: k.A.
Wandhöhe: 8 m
max. Kletterlänge: 10 m

Schwierigkeiten der Routen: von 3 bis 9
Anzahl der Routen: 20-25 Stück
Vorstieg möglich: ☒ Ja ☐ Nein
Toprope-Seile vorhanden: ☒ Ja ☐ Nein

Hersteller Kletterwand:
Reality Wall, Eigenbau

Hersteller Griffe:
TDS, Reality Wall

Zugang nur für AV-Mitglieder:
☐ Ja ☒ Nein

Wandbetreuung vorhanden:
☐ Ja ☒ Nein

Leihausrüstung:
☒ Ja ☐ Nein

Übernachtungsmöglichkeiten:
☐ Ja ☒ Nein

Weitere Angebote:
Kinderkurse:	☒ Ja	☐ Nein
Anfängerkurse:	☒ Ja	☐ Nein
Fortgeschrittenenkurse:	☒ Ja	☐ Nein
Klettershop:	☐ Ja	☒ Nein
Restaurant od. Bistro:	☒ Ja	☐ Nein
Sauna:	☒ Ja	☐ Nein
Dampfbad:	☒ Ja	☐ Nein
Solarium:	☒ Ja	☐ Nein
Squash:	☒ Ja	☐ Nein
Badminton:	☒ Ja	☐ Nein
Streetball:	☐ Ja	☒ Nein
Fitness:	☒ Ja	☐ Nein
Aerobic:	☐ Ja	☒ Nein
Tennis:	☒ Ja	☐ Nein
Billard:	☐ Ja	☒ Nein
Tischfußball:	☒ Ja	☐ Nein

Sonstiges:

D-163

Name der Anlage: KLETTERHALLE IM SPORTTREFF 2000

Anschrift: Am Lagerhaus 8

Öffnungszeiten: tgl. 8.00 - 24.00 h

PLZ/Ort: D-97464 Oberwerrn
Tel./Fax: Tel.: 0 97 26/33 75
Fax: 0 97 26/26 77

Eintrittspreise: DM 18,- (DM 10,- bis DM 15,-)

E-Mail: -
Internet: -

Zufahrt mit öffentl. Verkehrsmitteln möglich:
☒ Ja ☐ Nein

Ansprechpartner: Elke Hahn, Dominik Sikora

Zufahrt mit dem PKW:
A 7 Ausf. „Schweinfurt/Werneck" - A 70 bis Ausf. „Werneck/Bad Neustadt" - B19 Richt. Bad Neustadt - nach 8,5 km Ausf. „Niederwerrn/Oberwerrn" - nach 200 m re. zum „Am Lagerhaus"

Größe/Kletterfläche: 280 m²
Größe/Grundfläche: 120 m²
Dachbereich: 20 m²
Boulderbereich: 40 m²
Wandhöhe: 12,5 m
max. Kletterlänge: 25 m

Schwierigkeiten der Routen: von 4 bis 9+
Anzahl der Routen: 58 Stück
Vorstieg möglich: ☒ Ja ☐ Nein
Toprope-Seile vorhanden: ☒ Ja ☐ Nein

Hersteller Kletterwand:
Mastergrip

Hersteller Griffe:
Mastergrip, CB

Zugang nur für AV-Mitglieder:
☒ Ja ☐ Nein

Wandbetreuung vorhanden:
☒ Ja ☐ Nein

Leihausrüstung:
☒ Ja ☐ Nein

Übernachtungsmöglichkeiten:
☐ Ja ☒ Nein

Weitere Angebote:
Kinderkurse:	☒ Ja	☐ Nein
Anfängerkurse:	☒ Ja	☐ Nein
Fortgeschrittenenkurse:	☒ Ja	☐ Nein
Klettershop:	☒ Ja	☐ Nein
Restaurant od. Bistro:	☒ Ja	☐ Nein
Sauna:	☒ Ja	☐ Nein
Dampfbad:	☒ Ja	☐ Nein
Solarium:	☒ Ja	☐ Nein
Squash:	☒ Ja	☐ Nein
Badminton:	☒ Ja	☐ Nein
Streetball:	☐ Ja	☒ Nein
Fitness:	☒ Ja	☐ Nein
Aerobic:	☒ Ja	☐ Nein
Tennis:	☒ Ja	☐ Nein
Billard:	☐ Ja	☒ Nein
Tischfußball:	☐ Ja	☒ Nein

Sonstiges:
Kinderbetreuung, Spinning

SPORT TREFF 2000

- 280 qm Kletterfläche
- bis 12,50 m Höhe
- bis 4 m überhängend
- 40 qm Boulderbereich
- 20 qm Dach
- Kamine, Verschneidungen, Kanten, Risse, Überhänge
- Kletterschule
- Materialien

SO FINDEN SIE UNS:
Auf der Autobahn Würzburg/Kassel (A7) zur Ausfahrt „Schweinfurt/Werneck", dann auf der A70 zur Ausfahrt „Werneck/ Bad Neustadt". Auf der B 19 weiter in Richtung Bad Neustadt. Nach ca. 8,5 km die B 19 verlassen (Abfahrt Niederwerrn/ Oberwerrn – bei einem großen Getreidesilo) und nach 200 m nach rechts in die Straße „Am Lagerhaus".

SPORT TREFF 2000 · Am Lagerhaus 8 · 97464 Oberwerrn
Telefon 0 97 26/33 75 · täglich geöffnet 8 bis 24 Uhr

D-164

Name der Anlage: SPORTHALLE FRIEDBERG

Anschrift: Neuer Friedberg

PLZ/Ort: D-98527 Suhl
Tel./Fax: Tel.: 0 36 81/74 30 31
Fax: 0 36 81/74 30 31
E-Mail: -
Internet: -

Ansprechpartner: Ulrich Schröder

Öffnungszeiten: Mo. 19.00 - 22.00 h, Mi. 19.00 - 20.30 h

Eintrittspreise: k.A.

Zufahrt mit öffentl. Verkehrsmitteln möglich:
☒ Ja ☐ Nein

Zufahrt mit dem PKW:
k.A.

Größe/Kletterfläche: 80 m²
Größe/Grundfläche: - m²
Dachbereich: - m²
Boulderbereich: 30 m²
Wandhöhe: 6 m
max. Kletterlänge: 6 m

Schwierigkeiten der Routen: von 2 bis 8
Anzahl der Routen: 8 Stück
Vorstieg möglich: ☒ Ja ☐ Nein
Toprope-Seile vorhanden: ☒ Ja ☐ Nein

Hersteller Kletterwand:
Herlt

Hersteller Griffe:
Herlt

Zugang nur für AV-Mitglieder:
☐ Ja ☒ Nein

Wandbetreuung vorhanden:
☒ Ja ☐ Nein

Leihausrüstung:
☒ Ja ☐ Nein

Übernachtungsmöglichkeiten:
☒ Ja ☐ Nein

Weitere Angebote:
Kinderkurse: ☒ Ja ☐ Nein
Anfängerkurse: ☒ Ja ☐ Nein
Fortgeschrittenenkurse: ☒ Ja ☐ Nein
Klettershop: ☐ Ja ☒ Nein
Restaurant od. Bistro: ☐ Ja ☒ Nein
Sauna: ☐ Ja ☒ Nein
Dampfbad: ☐ Ja ☒ Nein
Solarium: ☐ Ja ☒ Nein
Squash: ☐ Ja ☒ Nein
Badminton: ☐ Ja ☒ Nein
Streetball: ☐ Ja ☒ Nein
Fitness: ☐ Ja ☒ Nein
Aerobic: ☐ Ja ☒ Nein
Tennis: ☐ Ja ☒ Nein
Billard: ☐ Ja ☒ Nein
Tischfußball: ☐ Ja ☒ Nein

Sonstiges:

D-165

Name der Anlage: KLETTERTURM „EGA" (Außenanlage)

Anschrift: Gothaerstraße 38

Öffnungszeiten: tgl. 9.00 - 18.00 h

PLZ/Ort: D- 99094 Erfurt
Tel./Fax: Tel.: 03 61/2 60 60 49 od. 0172/3 62 35 18
Fax: 03 61/2 60 60 45
E-Mail: 03 61/2 60 60 44
Internet: -

Eintrittspreise: DM 5,- (DM 4,-)

Zufahrt mit öffentl. Verkehrsmitteln möglich:
☒ Ja ☐ Nein

Ansprechpartner: Uwe Thomsen

Zufahrt mit dem PKW:
Zum Parkplatz des „EGA"-Geländes (ausgeschildert)

Größe/Kletterfläche: 220 m²
Größe/Grundfläche: 20 m²
Dachbereich: 25 m²
Boulderbereich: 80 m²
Wandhöhe: 10 m
max. Kletterlänge: 15 m

Schwierigkeiten der Routen: von 3+ bis 9+
Anzahl der Routen: 50 Stück
Vorstieg möglich: ☒ Ja ☐ Nein
Toprope-Seile vorhanden: ☐ Ja ☒ Nein

Hersteller Kletterwand:
Brand & Schultig GmbH

Hersteller Griffe:
Volx

Zugang nur für AV-Mitglieder:
☒ Ja ☐ Nein

Wandbetreuung vorhanden:
☐ Ja ☒ Nein

Leihausrüstung:
☐ Ja ☒ Nein

Übernachtungsmöglichkeiten:
☐ Ja ☒ Nein

Weitere Angebote:
Kinderkurse: ☐ Ja ☒ Nein
Anfängerkurse: ☐ Ja ☒ Nein
Fortgeschrittenenkurse: ☐ Ja ☒ Nein
Klettershop: ☐ Ja ☒ Nein
Restaurant od. Bistro: ☒ Ja ☐ Nein
Sauna: ☐ Ja ☒ Nein
Dampfbad: ☐ Ja ☒ Nein
Solarium: ☐ Ja ☒ Nein
Squash: ☐ Ja ☒ Nein
Badminton: ☐ Ja ☒ Nein
Streetball: ☐ Ja ☒ Nein
Fitness: ☐ Ja ☒ Nein
Aerobic: ☐ Ja ☒ Nein
Tennis: ☐ Ja ☒ Nein
Billard: ☐ Ja ☒ Nein
Tischfußball: ☐ Ja ☒ Nein

Sonstiges:
Ausstellung Gartenbau

rotpunkt BÜCHERSERVICE

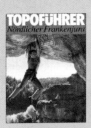

Nördlicher Frankenjura
Das Original – Auflage Nr. 6
von Bernhard Thum,
515 Seiten

Preis DM 59,80

**Kletterführer
Südl. Frankenjura**
von Hans-Dieter Brunner,
272 Seiten

Preis DM 39,90

**Peak Performance
Klettertraining von A-Z**
von Guido Köstermeyer,
90 Seiten

Preis DM 19,80

**Kletterführer Softrock
Oberbayern**
von Claudia Oberbeil
und Thomas Bucher,
102 Seiten

Preis DM 24,90

**Topoführer Sächsische
Schweiz**
Band 1 Rund um Rathen
und Wehlen von Christian
Schmeißer, 432 Seiten

Preis DM 35,-

**Sportklettergebiete in
Sachsen**
diverse Autoren,
diverse Gebiete

Teil 1, **DM 16,80**
Teil 2, **DM 16,80**

Kletterführer Thüringen
von Mike Jäger,
82 Seiten + 42 Seiten
Ergänzungen

Preis DM 19,90

**Ostharz – Paules Kletter
bibel**
von Klaus Paul,
176 Seiten

Preis DM 33,90

Kletterführer Südpfalz
3. Auflage von
Udo Daigger und
Hans-Jürgen Cron,
590 Seiten
Preis DM 42,80

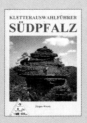

Kletterführer Südpfalz
Auswahlführer von
Jürgen Weseley (die preis-
günstige Alternative),
276 Seiten
Preis DM 27,80

Leben in den Felsen
DER Führer für den Ith
bzw. das Weser-Leine-
Bergland von Götz
Wiechmann, 350 Seiten
Preis DM 35,80

**Wo die Felsennasen
schnarchen**
von W. Brandt und G.
Wiechmann, Genußklet
tern im Harz, 215 Seiten
Preis DM 32,80

rotpunkt BÜCHERSERVICE

Sportklettern in Ungarn
von Gábor Babcsán,
154 Seiten, 35 SW-Fotos

Preis DM 16,-

Berdorf (Luxemburg)
von Jacques Welter,
52 Seiten

Preis DM 19,-

Topoführer Nordvogesen
Sur les Falaises de Grès,
192 Seiten

Preis DM 39,80

Topo d'Escalade des Vosges du Sud
von Jacques Dreyer,
112 Seiten, französisch

Preis DM 35,-

fontainebleau bouldering
von Stephen Gough,
256 Seiten

Preis DM 44,80

Todra - Escalade au Maroc
von Guy Abert,
72 Seiten, französisch

Preis DM 54,80

Toskana Elba
von Versante Sud,
288 Seiten

Preis DM 39,80

Sportklettern in Friaul
von Ingo Neumann,
192 Seiten

Preis DM 40,-

Absender: Name/Vorname, Straße/Nr., Land/PLZ/Ort, Telefon, Bankverbindung, BLZ, Kto.-Nr.

Hiermit bestelle ich:
(jeweils zzgl. DM 2,50 Porto und Verpackung, Ausland DM 4, 50) | Preis

Der Versand erfolgt nur gegen Vorkasse (Bargeld, Briefmarken, Verrechnungsscheck) oder Lastschrift (nur in Deutschland, bitte Bankverbindung angeben).

Porto
Endsumme

Ort/Datum   Unterschrift

Einsenden an: Redaktion **rotpunkt**, Postfach 1571, D-73614 Schorndorf

Bitte ausschneiden oder kopieren.

SCHWEIZ

- CH-1 MUR D'ESCALADE BAULMES
- CH-2 GIBS BIEL
- CH-3 SPORTTREFF ZIHL AG (Boulderhalle)
- CH-4 DÉVERS
- CH-5 MAGNET
- CH-6 RACING-SPORT
- CH-7 FORUM SUMISWALD
- CH-8 CLIMBOX
- CH-9 DIEMTIGTAL
- CH-10 REIT- UND SPORTZENTRUM
- CH-11 KLETTERHALLE HASLITAL
- CH-12 SPORTCENTER OLYMPICA
- CH-13 TRIFTBACHHALLE
- CH-14 LANDIHALLE (Boulderanlage)
- CH-15 KLETTERHALLE LAUFEN
- CH-16 ROLLING ROCK
- CH-17 KLETTERHALLE ROLLERPALAST
- CH-18 BOULDERHALLE ST. ERHARD
- CH-19 PLEASURE-CENTER
- CH-20 AP 'N DAUN
- CH-21 CLIMBER TREFF
- CH-22 KLETTERHALLE DER ACADEMIA ENGIADINA
- CH-23 INDOOR-KLETTERGARTEN
- CH-24 KLETTERWAND HIRSLEN
- CH-25 ARANEA KLETTERZENTRUM
- CH-26 BLOCK 37
- CH-27 KLETTERZENTRUM GASWERK
- CH-28 INDOOR-KLETTERHALLE ST. GALLEN

CH-1 bis CH-28

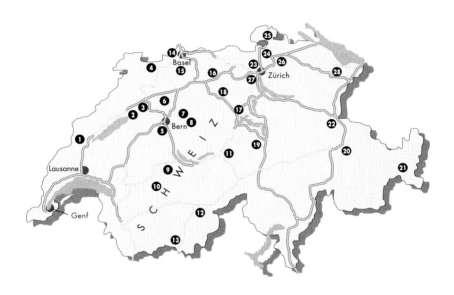

CH - 1

Name der Anlage: MUR D'ESCALADE BAULMES

Anschrift: rue de l´hôtel de ville

Öffnungszeiten: tgl. 8.00 - 21.00 h

PLZ/Ort: CH-1446 Baulmes
Tel./Fax: Tel.: +41 (0) 24/59 12 47

Eintrittspreise: sFr. 9,- (sFr. 3,- bis sFr. 6,-)

E-Mail: -
Internet: -

Zufahrt mit öffentl. Verkehrsmitteln möglich:
☒ Ja ☐ Nein

Ansprechpartner: k.A.

Zufahrt mit dem PKW:
k. A.

Größe/Kletterfläche: 300 m²
Größe/Grundfläche: k.A.
Dachbereich: 20 m²
Boulderbereich: 20 m²
Wandhöhe: 12 m
max. Kletterlänge: 15 m

Schwierigkeiten der Routen: von 3 bis 8
Anzahl der Routen: k.A.
Vorstieg möglich: ☒ Ja ☐ Nein
Toprope-Seile vorhanden: ☒ Ja ☐ Nein

Hersteller Kletterwand:
k. A.

Hersteller Griffe:
k. A.

Zugang nur für SAC-Mitglieder:
☐ Ja ☒ Nein

Wandbetreuung vorhanden:
☒ Ja ☐ Nein

Leihausrüstung:
☒ Ja ☐ Nein

Übernachtungsmöglichkeiten:
☐ Ja ☒ Nein

Weitere Angebote:
Kinderkurse:	☒ Ja	☐ Nein
Anfängerkurse:	☒ Ja	☐ Nein
Fortgeschrittenenkurse:	☒ Ja	☐ Nein
Klettershop:	☒ Ja	☐ Nein
Restaurant od. Bistro:	☒ Ja	☐ Nein
Sauna:	☐ Ja	☒ Nein
Dampfbad:	☐ Ja	☒ Nein
Solarium:	☐ Ja	☒ Nein
Squash:	☐ Ja	☒ Nein
Badminton:	☐ Ja	☒ Nein
Streetball:	☐ Ja	☒ Nein
Fitness:	☐ Ja	☒ Nein
Aerobic:	☐ Ja	☒ Nein
Tennis:	☐ Ja	☒ Nein
Billard:	☐ Ja	☒ Nein
Tischfußball:	☐ Ja	☒ Nein

Sonstiges:
spezielle Kinderwand

CH - 2

Name der Anlage: GIBS BIEL

Anschrift: Wasenstr. 5

PLZ/Ort: CH-2500 Biel 4
Tel./Fax: Tel.: +41 (0) 32/3 44 37 52

E-Mail: -
Internet: -

Ansprechpartner: Sportamt der Stadt Biel

Öffnungszeiten: nur abends für Vereinsmitglieder

Eintrittspreise: k.A.

Zufahrt mit öffentl. Verkehrsmitteln möglich:
☒ Ja   ☐ Nein

Zufahrt mit dem PKW:
k.A.

Größe/Kletterfläche: 140 m²
Größe/Grundfläche: 70 m²
Dachbereich: - m²
Boulderbereich: - m²
Wandhöhe: 12 m
max. Kletterlänge: 14 m

Schwierigkeiten der Routen: von 4 bis 8
Anzahl der Routen: 24 Stück
Vorstieg möglich: ☒ Ja ☐ Nein
Toprope-Seile vorhanden: ☒ Ja ☐ Nein

Hersteller Kletterwand:
Limit

Hersteller Griffe:
Limit, Entre Prises

Zugang nur für SAC-Mitglieder:
☒ Ja   ☐ Nein

Wandbetreuung vorhanden:
☐ Ja   ☒ Nein

Leihausrüstung:
☒ Ja   ☐ Nein

Übernachtungsmöglichkeiten:
☐ Ja   ☒ Nein

Weitere Angebote:
Kinderkurse:	☒ Ja	☐ Nein
Anfängerkurse:	☒ Ja	☐ Nein
Fortgeschrittenenkurse:	☒ Ja	☐ Nein
Klettershop:	☐ Ja	☒ Nein
Restaurant od. Bistro:	☐ Ja	☒ Nein
Sauna:	☐ Ja	☒ Nein
Dampfbad:	☐ Ja	☒ Nein
Solarium:	☐ Ja	☒ Nein
Squash:	☐ Ja	☒ Nein
Badminton:	☐ Ja	☒ Nein
Streetball:	☐ Ja	☒ Nein
Fitness:	☐ Ja	☒ Nein
Aerobic:	☐ Ja	☒ Nein
Tennis:	☐ Ja	☒ Nein
Billard:	☐ Ja	☒ Nein
Tischfußball:	☐ Ja	☒ Nein

Sonstiges:
Di. Abend 3maliger freier Eintritt für Jugendl. von 10 - 18 Jahren, danach Vereinszugehörigkeit obligatorisch.

CH - 3

Name der Anlage: SPORTTREFF ZIHL AG (Boulderhalle)

Anschrift: Zihlstr. 74

PLZ/Ort: CH-2560 Nidau
Tel./Fax: Tel.: +41 (0) 32/3 31 30 70

E-Mail: -
Internet: -

Ansprechpartner: Robert Rehnelt, Martin Rehnelt

Öffnungszeiten: war bis zur Drucklegung noch unklar

Eintrittspreise: war bis zur Drucklegung noch unklar

Zufahrt mit öffentl. Verkehrsmitteln möglich:
☒ Ja   ☐ Nein

Zufahrt mit dem PKW:
k.A.

Größe/Kletterfläche: k.A.
Größe/Grundfläche: 40 m²
Dachbereich: 15 m²
Boulderbereich: 60 m²
Wandhöhe: 4,5 m
max. Kletterlänge: 12 m

Schwierigkeiten der Routen: von 4 bis 9
Anzahl der Routen: div. Boulder
Vorstieg möglich: ☒ Ja   ☐ Nein
Toprope-Seile vorhanden: ☒ Ja   ☐ Nein

Hersteller Kletterwand:
Entre Prises, Eigenbau

Hersteller Griffe:
verschiedene

Zugang nur für SAC-Mitglieder:
☐ Ja   ☒ Nein

Wandbetreuung vorhanden:
☐ Ja   ☒ Nein

Leihausrüstung:
☒ Ja   ☐ Nein

Übernachtungsmöglichkeiten:
☐ Ja   ☒ Nein

Weitere Angebote:
Kinderkurse:	☒ Ja	☐ Nein
Anfängerkurse:	☒ Ja	☐ Nein
Fortgeschrittenenkurse:	☒ Ja	☐ Nein
Klettershop:	☐ Ja	☒ Nein
Restaurant od. Bistro:	☒ Ja	☐ Nein
Sauna:	☐ Ja	☒ Nein
Dampfbad:	☐ Ja	☒ Nein
Solarium:	☐ Ja	☒ Nein
Squash:	☐ Ja	☒ Nein
Badminton:	☒ Ja	☐ Nein
Streetball:	☐ Ja	☒ Nein
Fitness:	☐ Ja	☒ Nein
Aerobic:	☐ Ja	☒ Nein
Tennis:	☐ Ja	☒ Nein
Billard:	☐ Ja	☒ Nein
Tischfußball:	☐ Ja	☒ Nein

Sonstiges:
Die Halle befindet sich noch im Bau, die Eröffnung ist im Winter 99/00.

CH-4

Name der Anlage: DÉVERS

Anschrift: Hauptstraße

PLZ/Ort: CH-2806 Mettembert
Tel./Fax: Tel.: +41 (0) 32/4 31 14 57
Fax: +41 (0) 32/4 31 14 57
E-Mail: philsteulet@grimpe.ch
Internet: www.grimpe.ch

Ansprechpartner: Philipp Steulet

Öffnungszeiten: tgl. 8.00 - 22.00 h

Eintrittspreise: sFr. 15,- (sFr. 10,-)

Zufahrt mit öffentl. Verkehrsmitteln möglich:
☒ Ja ☐ Nein

Zufahrt mit dem PKW:
Basel Richt. Delémont - in Soyhières Richt. Pleigne nach Mettembert (Dorfmitte)

Größe/Kletterfläche: 200 m²
Größe/Grundfläche: k.A.
Dachbereich: 70 m²
Boulderbereich: 80 m²
Wandhöhe: 8 m
max. Kletterlänge: 20 m

Schwierigkeiten der Routen: von 3 bis 11
Anzahl der Routen: 40 Stück
Vorstieg möglich: ☒ Ja ☐ Nein
Toprope-Seile vorhanden: ☒ Ja ☐ Nein

Hersteller Kletterwand:
Eigenbau

Hersteller Griffe:
verschiedene

Zugang nur für SAC-Mitglieder:
☐ Ja ☒ Nein

Wandbetreuung vorhanden:
☒ Ja ☐ Nein

Leihausrüstung:
☒ Ja ☐ Nein

Übernachtungsmöglichkeiten:
☒ Ja ☐ Nein

Weitere Angebote:
Kinderkurse:	☒ Ja	☐ Nein
Anfängerkurse:	☒ Ja	☐ Nein
Fortgeschrittenenkurse:	☒ Ja	☐ Nein
Klettershop:	☒ Ja	☐ Nein
Restaurant od. Bistro:	☒ Ja	☐ Nein
Sauna:	☐ Ja	☒ Nein
Dampfbad:	☐ Ja	☒ Nein
Solarium:	☐ Ja	☒ Nein
Squash:	☐ Ja	☒ Nein
Badminton:	☐ Ja	☒ Nein
Streetball:	☐ Ja	☒ Nein
Fitness:	☐ Ja	☒ Nein
Aerobic:	☐ Ja	☒ Nein
Tennis:	☐ Ja	☒ Nein
Billard:	☐ Ja	☒ Nein
Tischfußball:	☐ Ja	☒ Nein

Sonstiges:

CH-5

Name der Anlage: MAGNET

Anschrift: Trainingszentrum für Sportkletterer Sigrist GmbH
Freiburg Straße 632
PLZ/Ort: CH-3172 Niederwangen b. Bern
Tel./Fax: Tel.: +41 (0) 31/9 82 15 16
Fax: +41 (0) 31/9 82 15 20
E-Mail: -
Internet: -

Ansprechpartner: Hans-Peter Sigrist, Ch. Weber

Öffnungszeiten: Herbst, Winter, Frühling: Di. - Fr. 13.00 - 22.00 h; Sa., So. 9.00 - 20.00 h
Sommer (Juli, Aug.): Di. - Fr. 17.00 - 22.00 h, Sa, So. 9.00 - 20.00 h
Eintrittspreise: sFr. 20,- (sFr. 6,- bis sFr.18,-)

Zufahrt mit öffentl. Verkehrsmitteln möglich:
☒ Ja ☐ Nein

Zufahrt mit dem PKW:
Autobahnausf. „Niederwangen" (N 1 Lausanne-Freiburg) li., Kreisel wieder li., über Brücke, Kreisel re., bis zur Kreuzung, Richt. Industriegebiet li., 700 m geradeaus, beim letzten Haus re.

Größe/Kletterfläche: 1500 m²
Größe/Grundfläche: 700 m²
Dachbereich: 30 m²
Boulderbereich: 60 m²
Wandhöhe: 14 m
max. Kletterlänge: 25 m

Schwierigkeiten der Routen: von 4 bis 10
Anzahl der Routen: 120 Stück
Vorstieg möglich: ☒ Ja ☐ Nein
Toprope-Seile vorhanden: ☐ Ja ☒ Nein

Hersteller Kletterwand:
Pyramide, Entre Prises, T-Wall, Eigenbau

Hersteller Griffe:
verschiedene

Zugang nur für SAC-Mitglieder:
☐ Ja ☒ Nein

Wandbetreuung vorhanden:
☒ Ja ☐ Nein

Leihausrüstung:
☒ Ja ☐ Nein

Übernachtungsmöglichkeiten:
☐ Ja ☒ Nein

Weitere Angebote:
Kinderkurse:	☒ Ja	☐ Nein
Anfängerkurse:	☒ Ja	☐ Nein
Fortgeschrittenenkurse:	☒ Ja	☐ Nein
Klettershop:	☒ Ja	☐ Nein
Restaurant od. Bistro:	☒ Ja	☐ Nein
Sauna:	☐ Ja	☒ Nein
Dampfbad:	☐ Ja	☒ Nein
Solarium:	☐ Ja	☒ Nein
Squash:	☐ Ja	☒ Nein
Badminton:	☐ Ja	☒ Nein
Streetball:	☐ Ja	☒ Nein
Fitness:	☐ Ja	☒ Nein
Aerobic:	☐ Ja	☒ Nein
Tennis:	☐ Ja	☒ Nein
Billard:	☐ Ja	☒ Nein
Tischfußball:	☐ Ja	☒ Nein

Sonstiges:
Outdoor-Kurse, Kurse mit Video-Analyse, Theorieraum, Trainingsgeräte, Kletterworkshops

CH - 6

Name der Anlage: RACING-SPORT

Anschrift: Bürenstraße
PLZ/Ort: CH-3296 Arch
Tel./Fax: Tel.: +41 (0) 32/6 79 30 69
od. 6 79 24 15
E-Mail: -
Internet: -

Ansprechpartner: Racine Fredy

Öffnungszeiten: 8.00 - 12.00 h, 13.30 - 21.30 h
So. und Mo. nur Gruppen

Eintrittspreise: sFr. 15,- bis sFr. 11,- (sFr.10,-)

Zufahrt mit öffentl. Verkehrsmitteln möglich:
☒ Ja   ☐ Nein

Zufahrt mit dem PKW:
An der Hauptstr. Solothurn-Lyss

Größe/Kletterfläche: 240 m²
Größe/Grundfläche: 75 m²
Dachbereich: 80 m²
Boulderbereich: 70 m²
Wandhöhe: 9 m
max. Kletterlänge: 25 m

Schwierigkeiten der Routen: von 4 bis 9+
Anzahl der Routen: 42 Stück
Vorstieg möglich: ☒ Ja ☐ Nein
Toprope-Seile vorhanden: ☐ Ja ☒ Nein

Hersteller Kletterwand:
Eigenbau

Hersteller Griffe:
verschiedene

Zugang nur für SAC-Mitglieder:
☐ Ja   ☒ Nein

Wandbetreuung vorhanden:
☒ Ja   ☐ Nein

Leihausrüstung:
☒ Ja   ☐ Nein

Übernachtungsmöglichkeiten:
☐ Ja   ☒ Nein

Weitere Angebote:
Kinderkurse:	☒ Ja	☐ Nein
Anfängerkurse:	☒ Ja	☐ Nein
Fortgeschrittenenkurse:	☒ Ja	☐ Nein
Klettershop:	☒ Ja	☐ Nein
Restaurant od. Bistro:	☐ Ja	☒ Nein
Sauna:	☐ Ja	☒ Nein
Dampfbad:	☐ Ja	☒ Nein
Solarium:	☐ Ja	☒ Nein
Squash:	☐ Ja	☒ Nein
Badminton:	☐ Ja	☒ Nein
Streetball:	☐ Ja	☒ Nein
Fitness:	☐ Ja	☒ Nein
Aerobic:	☐ Ja	☒ Nein
Tennis:	☐ Ja	☒ Nein
Billard:	☐ Ja	☒ Nein
Tischfußball:	☐ Ja	☒ Nein

Sonstiges:

CH-7

Name der Anlage: **FORUM SUMISWALD**

Anschrift: Burghof

PLZ/Ort: CH-3454 Sumiswald
Tel./Fax: Tel.: +41 (0) 34/4 31 10 31
Fax: +41 (0) 34/4 31 20 31
E-Mail: forum@forum-sumiswald.ch
Internet: www.forum-sumiswald.ch

Ansprechpartner: Sekretariat/Rezeption

Öffnungszeiten: tgl. 9.00 - 22.00 h

Eintrittspreise: sFr. 15,- (sFr. 5,- bis sFr. 12,-)

Zufahrt mit öffentl. Verkehrsmitteln möglich:
☒ Ja   ☐ Nein

Zufahrt mit dem PKW:
A 1 Bern-Zürich, Ausf. „Kirchberg", über Burgdorf Richt. Langnau i.E. bis Ramsei, in Ramsei abbiegen nach Sumiswald, in Sumiswald-Grünen den Wegweisern folgen.

Größe/Kletterfläche: 230 m²
Größe/Grundfläche: 150 m²
Dachbereich: 25 m²
Boulderbereich: 38 m²
Wandhöhe: 13,5 m
max. Kletterlänge: 25 m

Schwierigkeiten der Routen: von 4 bis 9
Anzahl der Routen: 30 Stück
Vorstieg möglich: ☒ Ja   ☐ Nein
Toprope-Seile vorhanden: ☐ Ja   ☒ Nein

Hersteller Kletterwand:
Art Rock

Hersteller Griffe:
Art Rock, Entre Prises

Zugang nur für SAC-Mitglieder:
☐ Ja   ☒ Nein

Wandbetreuung vorhanden:
☒ Ja   ☐ Nein

Leihausrüstung:
☒ Ja   ☐ Nein

Übernachtungsmöglichkeiten:
☒ Ja   ☐ Nein

Weitere Angebote:
Kinderkurse:	☒ Ja	☐ Nein
Anfängerkurse:	☒ Ja	☐ Nein
Fortgeschrittenenkurse:	☒ Ja	☐ Nein
Klettershop:	☐ Ja	☒ Nein
Restaurant od. Bistro:	☒ Ja	☐ Nein
Sauna:	☒ Ja	☐ Nein
Dampfbad:	☒ Ja	☐ Nein
Solarium:	☒ Ja	☐ Nein
Squash:	☐ Ja	☒ Nein
Badminton:	☒ Ja	☐ Nein
Streetball:	☐ Ja	☒ Nein
Fitness:	☒ Ja	☐ Nein
Aerobic:	☒ Ja	☐ Nein
Tennis:	☒ Ja	☐ Nein
Billard:	☒ Ja	☐ Nein
Tischfußball:	☒ Ja	☐ Nein

Sonstiges:
große Sporthalle mit Bühne und Tribüne, Hallenbad, Auditorium und Theorieräume, Bike-Vermietung, 4 int. Sportkegelbahnen.

CH - 7

CH - 8

Name der Anlage: CLIMBOX

Anschrift: Höheweg

PLZ/Ort: CH-3550 Langnau
Tel./Fax: Tel.: +41 (0) 34/4 02 68 31

E-Mail: -
Internet: -

Ansprechpartner: SAC Sektion Emmental

Öffnungszeiten: Mo. - Fr. 18.00 - 22.00 h; Sa., So. 10.00 - 17.00 h

Eintrittspreise: sFr. 12,- (sFr. 8,-)

Zufahrt mit öffentl. Verkehrsmitteln möglich:
☒ Ja   ☐ Nein

Zufahrt mit dem PKW:
k.A.

Größe/Kletterfläche:	320 m²	
Größe/Grundfläche:	160 m²	
Dachbereich:	- m²	
Boulderbereich:	60 m²	
Wandhöhe:	11 m	
max. Kletterlänge:	13 m	

Schwierigkeiten der Routen: von 4 bis 9
Anzahl der Routen: 30-40 Stück
Vorstieg möglich: ☒ Ja ☐ Nein
Toprope-Seile vorhanden: ☐ Ja ☒ Nein

Hersteller Kletterwand:
T-Wall, Art Rock

Hersteller Griffe:
verschiedene

Zugang nur für SAC-Mitglieder:
☐ Ja   ☒ Nein

Wandbetreuung vorhanden:
☒ Ja   ☐ Nein

Leihausrüstung:
☒ Ja   ☐ Nein

Übernachtungsmöglichkeiten:
☐ Ja   ☒ Nein

Weitere Angebote:

Kinderkurse:	☐ Ja	☒ Nein
Anfängerkurse:	☒ Ja	☐ Nein
Fortgeschrittenenkurse:	☒ Ja	☐ Nein
Klettershop:	☐ Ja	☒ Nein
Restaurant od. Bistro:	☒ Ja	☐ Nein
Sauna:	☐ Ja	☒ Nein
Dampfbad:	☐ Ja	☒ Nein
Solarium:	☐ Ja	☒ Nein
Squash:	☐ Ja	☒ Nein
Badminton:	☐ Ja	☒ Nein
Streetball:	☐ Ja	☒ Nein
Fitness:	☐ Ja	☒ Nein
Aerobic:	☐ Ja	☒ Nein
Tennis:	☐ Ja	☒ Nein
Billard:	☐ Ja	☒ Nein
Tischfußball:	☐ Ja	☒ Nein

Sonstiges:
im Sommer 2000 ist eine Erweiterung auf 420 m² Kletterfläche, 80 m² Dachbereich geplant. Außerdem gibt es dann Kinderkurse, Sauna, Dampfbad, Solarium und Hallenbad

CH - 9

Name der Anlage: DIEMTIGTAL

Anschrift: Sporthalle Diemtigtal

PLZ/Ort: CH-3755 Horboden
Tel./Fax: Tel.: +41 (0) 33/6 84 14 49

E-Mail: -
Internet: -

Ansprechpartner: Frau Blum, Michael Guggisberg
(Tel.: +41 (0) 33/8 23 16 80)

Öffnungszeiten: tgl. 9.00 - 22.00 h

Eintrittspreise: sFr. 8,- (sFr. 5,-)

Zufahrt mit öffentl. Verkehrsmitteln möglich:
☒ Ja   ☐ Nein

Zufahrt mit dem PKW:
Spiez - Oey - Diemtigtal - Zwischenfluh. Wegweiser Sporthalle Diemtigtal

---

Größe/Kletterfläche: 160 m²
Größe/Grundfläche: k.A.
Dachbereich: 10 m²
Boulderbereich: 30 m²
Wandhöhe: 7,5 m
max. Kletterlänge: 15 m

Schwierigkeiten der Routen: von 3 bis 10
Anzahl der Routen: 25 Stück
Vorstieg möglich: ☒ Ja   ☐ Nein
Toprope-Seile vorhanden: ☒ Ja   ☐ Nein

Hersteller Kletterwand:
Eigenbau

Hersteller Griffe:
verschiedene

Zugang nur für SAC-Mitglieder:
☐ Ja   ☒ Nein

Wandbetreuung vorhanden:
☐ Ja   ☒ Nein

Leihausrüstung:
☒ Ja   ☐ Nein

Übernachtungsmöglichkeiten:
☒ Ja   ☐ Nein

Weitere Angebote:
Kinderkurse:	☒ Ja	☐ Nein
Anfängerkurse:	☒ Ja	☐ Nein
Fortgeschrittenenkurse:	☒ Ja	☐ Nein
Klettershop:	☐ Ja	☒ Nein
Restaurant od. Bistro:	☒ Ja	☐ Nein
Sauna:	☐ Ja	☒ Nein
Dampfbad:	☐ Ja	☒ Nein
Solarium:	☐ Ja	☒ Nein
Squash:	☐ Ja	☒ Nein
Badminton:	☒ Ja	☐ Nein
Streetball:	☐ Ja	☒ Nein
Fitness:	☒ Ja	☐ Nein
Aerobic:	☐ Ja	☒ Nein
Tennis:	☒ Ja	☐ Nein
Billard:	☒ Ja	☐ Nein
Tischfußball:	☒ Ja	☐ Nein

Sonstiges:
Gruppenunterkünfte

CH-10

Name der Anlage: REIT- UND SPORTZENTRUM

Anschrift: Boden

Öffnungszeiten: tgl. 8.00 - 22.00 h

PLZ/Ort: CH-3775 Lenk
Tel./Fax: Tel.: +41 (0) 33/7 33 31 31
Fax: +41 (0) 33/7 33 20 27
E-Mail: info@lenk.ch
Internet: http://www.lenk.ch

Eintrittspreise: sFr. 9,-

Zufahrt mit öffentl. Verkehrsmitteln möglich:
☒ Ja ☐ Nein

Ansprechpartner: Tourist Center Lenk, T. Hählen

Zufahrt mit dem PKW:
k. A.

Größe/Kletterfläche: 75 m^2
Größe/Grundfläche: 75 m^2
Dachbereich: 15 m^2
Boulderbereich: - m^2
Wandhöhe: 7 m
max. Kletterlänge: 12 m

Schwierigkeiten der Routen: von 4 bis 9
Anzahl der Routen: ca. 15 Stück
Vorstieg möglich: ☐ Ja ☒ Nein
Toprope-Seile vorhanden: ☐ Ja ☒ Nein

Hersteller Kletterwand:
Limit, Extreme

Hersteller Griffe:
Limit, Extreme

Zugang nur für SAC-Mitglieder:
☐ Ja ☒ Nein

Wandbetreuung vorhanden:
☒ Ja ☐ Nein

Leihausrüstung:
☒ Ja ☐ Nein

Übernachtungsmöglichkeiten:
☒ Ja ☐ Nein

Weitere Angebote:
Kinderkurse:	☒ Ja	☐ Nein
Anfängerkurse:	☒ Ja	☐ Nein
Fortgeschrittenenkurse:	☒ Ja	☐ Nein
Klettershop:	☒ Ja	☐ Nein
Restaurant od. Bistro:	☒ Ja	☐ Nein
Sauna:	☒ Ja	☐ Nein
Dampfbad:	☒ Ja	☐ Nein
Solarium:	☒ Ja	☐ Nein
Squash:	☐ Ja	☒ Nein
Badminton:	☒ Ja	☐ Nein
Streetball:	☐ Ja	☒ Nein
Fitness:	☒ Ja	☐ Nein
Aerobic:	☐ Ja	☒ Nein
Tennis:	☒ Ja	☐ Nein
Billard:	☒ Ja	☐ Nein
Tischfußball:	☐ Ja	☒ Nein

Sonstiges:
Reiten

TREADWALL®

Die anwendungsfreundliche und vielseitige TREADWALL® steigert die Attraktivität Ihrer Investition und erweitert Ihr Angebot in verschiedener Weise.

Die TREADWALL® wurde von erfahrenen Free Climbern aus den Staaten entwickelt und ist mittlerweile in über 600 Anlagen weltweit im Einsatz. über 180 US. Army Basen, das NASA Space Center die Sportschule der Bundeswehr sowie etliche Kletterzentren schwören auf die Vorzüge der TREADWALL®

Kein anderes Gerät hat das Klettern mehr Leuten näher gebracht als die TREADWALL®

- Hoch intensives Training für erfahrene Kletterer. Das einzigartige, kontinuierliche klettern ist ideal um «Klettermeter» zu machen. Es gibt keine bessere Alternative für ein Ausdauertraining, speziell für den kritischen Unterarmbereich.
- Ausgezeichnetes Werkzeug zur Schulung von Anfängern. Der Trainer befindet sich immer in idealer Nähe des TREADWALL® Climbers.
- Unglaubliche Vielseitigkeit durch einfache Neigungsverstellung für Anfänger oder Profis.
- Ideal zum Aufwärmen oder als Trainingsgerät für Kletterhallen, Fitness-Studios und Multifunktionsanlagen.
- Grosse Kapazität — bei kleinem Platzbedarf. 3m x 3m Fläche und 3m Höhe. Schneller Durchlauf, weil keine Sicherungen nötig ist.
- Einfacher Routenwechsel. Ohne Gurte oder Seile. Damit bleibt Ihre TREADWALL über Jahre hinweg interessant.
- Sichere, einfache Bedienung. Ohne Motor, nur das Körpergewicht des Climbers treibt die Wand an. Nur absteigen und die Wand stoppt sofort.
- Ohne Aufsicht einsetzbar. Dies bedeutet: mehr Kletterer — weniger Trainer.
- Wenig Unterhalt durch einfache, robuste Technik. Griffe reinigen und eine halbjährliche Schmierung reichen aus.
- Spezieller Transportanhänger, Wetterfeste Ausführung, Münzzähler und vieles mehr steigern die Einsatzmöglichkeiten Ihrer TREADWALL®.

TREADWALL-Vertretung Schweiz, Österreich und Benelux Staaten:

TREADWALL®-DISTRIBUTION (CH)
Roger Rüegg
Rossweid West
CH-8357 Guntershausen
Tel. +41 (0)52 365 18 22
Fax +41 (0)52 365 18 23
e-mail: info@treadwall.ch
www.treadwall.ch

TREADWALL-Vertretung Deutschland:

2 XTREME SPORTS (D)
Marcus Reszat

Nürnberger Str. 56
D-91710 Gunzenhausen
Tel. +49 (0)9831/611 330
Fax +49 (0)9851/4622
e-mail: mreszat@aol.com
www.treadwall.de

CH-11

Name der Anlage: KLETTERHALLE HASLITAL

Anschrift:

PLZ/Ort: CH-3860 Meiringen
Tel./Fax: Tel.: +41 (0) 33/9 71 39 00

E-Mail: kletterhalle@meiringenhasliberg
Internet: www.meiringenhasliberg.ch

Ansprechpartner: Urs Wellauer

Öffnungszeiten: Mo. - Fr. 8.30 - 22.00 h,
Sa.,So. 8.30 - 19.00 h

Eintrittspreise: sFr. 16,- (sFr. 5,- bis sFr. 13,-)

Zufahrt mit öffentl. Verkehrsmitteln möglich:
☒ Ja ☐ Nein

Zufahrt mit dem PKW:
In Meiringen Richt. Innertkirchen - beim Dorfausgang - Tenniscenter.

Größe/Kletterfläche:	500 m²	
Größe/Grundfläche:	260 m²	
Dachbereich:	50 m²	
Boulderbereich:	35 m²	
Wandhöhe:	13 m	
max. Kletterlänge:	28 m	

Schwierigkeiten der Routen: von 3 bis 9
Anzahl der Routen: 90 Stück
Vorstieg möglich: ☒ Ja ☐ Nein
Toprope-Seile vorhanden: ☐ Ja ☒ Nein

Hersteller Kletterwand:
T-Wall, Entre Prises

Hersteller Griffe:
verschiedene

Zugang nur für SAC-Mitglieder:
☐ Ja ☒ Nein

Wandbetreuung vorhanden:
☐ Ja ☒ Nein

Leihausrüstung:
☒ Ja ☐ Nein

Übernachtungsmöglichkeiten:
☐ Ja ☒ Nein

Weitere Angebote:

Kinderkurse:	☒ Ja	☐ Nein
Anfängerkurse:	☒ Ja	☐ Nein
Fortgeschrittenenkurse:	☒ Ja	☐ Nein
Klettershop:	☐ Ja	☒ Nein
Restaurant od. Bistro:	☒ Ja	☐ Nein
Sauna:	☐ Ja	☒ Nein
Dampfbad:	☐ Ja	☒ Nein
Solarium:	☐ Ja	☒ Nein
Squash:	☐ Ja	☒ Nein
Badminton:	☒ Ja	☐ Nein
Streetball:	☐ Ja	☒ Nein
Fitness:	☐ Ja	☒ Nein
Aerobic:	☐ Ja	☒ Nein
Tennis:	☒ Ja	☐ Nein
Billard:	☐ Ja	☒ Nein
Tischfußball:	☐ Ja	☒ Nein

Sonstiges:
Kinderecke mit Kletterwand, verschiedene Outdoorklettergärten in der Nähe, hydraulisch und manuell verstellbare Wände, Abseilstellen, Zwischenstandplatz für Mehrseillängentechnik.

Kletterhalle Haslital
CH-3860 Meiringen

Telefon ++41 33 971 39 00
e-mail: kletterhalle@meiringenhasliberg.ch
www.meiringenhasliberg.ch

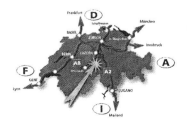

Meiringen Region Hasliberg

Berner Oberland
Zum Glück so nah.

CH-12

Name der Anlage: SPORTCENTER OLYMPICA

Anschrift: Im Biel
Postfach 2 03
PLZ/Ort: CH-3902 Brig-Glis
Tel./Fax: Tel.: +41 (0) 28/24 35 50
Fax: +41 (0) 28/24 30 67
E-Mail: olympica@rhone.ch
Internet: www.olympica.ch

Ansprechpartner: Hans Fux

Öffnungszeiten: tgl. 7.00 - 24.00 h

Eintrittspreise: sFr. 25,- (sFr. 10,-)

Zufahrt mit öffentl. Verkehrsmitteln möglich:
☒ Ja   ☐ Nein

Zufahrt mit dem PKW:
In Brig-Glis zwischen Gewerbezentrum und McDonald´s zum Sportcenter

---

Größe/Kletterfläche: 330 m²
Größe/Grundfläche: k.A.
Dachbereich: 60 m²
Boulderbereich: 100 m²
Wandhöhe: 9 m
max. Kletterlänge: 15 m

Schwierigkeiten der Routen: von 5 bis 10
Anzahl der Routen: 15 Stück
Vorstieg möglich: ☒ Ja   ☐ Nein
Toprope-Seile vorhanden: ☐ Ja   ☒ Nein

Hersteller Kletterwand:
Eigenbau

Hersteller Griffe:
verschiedene

Zugang nur für SAC-Mitglieder:
☒ Ja   ☐ Nein

Wandbetreuung vorhanden:
☒ Ja   ☐ Nein

Leihausrüstung:
☒ Ja   ☐ Nein

Übernachtungsmöglichkeiten:
☒ Ja   ☐ Nein

Weitere Angebote:

Kinderkurse:	☒ Ja	☐ Nein
Anfängerkurse:	☒ Ja	☐ Nein
Fortgeschrittenenkurse:	☒ Ja	☐ Nein
Klettershop:	☒ Ja	☐ Nein
Restaurant od. Bistro:	☒ Ja	☐ Nein
Sauna:	☒ Ja	☐ Nein
Dampfbad:	☒ Ja	☐ Nein
Solarium:	☒ Ja	☐ Nein
Squash:	☒ Ja	☐ Nein
Badminton:	☒ Ja	☐ Nein
Streetball:	☒ Ja	☐ Nein
Fitness:	☒ Ja	☐ Nein
Aerobic:	☒ Ja	☐ Nein
Tennis:	☐ Ja	☒ Nein
Billard:	☐ Ja	☒ Nein
Tischfußball:	☒ Ja	☐ Nein

Sonstiges:
Hotel für 80 Personen, Tischtennis, Konferenzräume, Höhentraining-Sauerstofftherapie, Massage

CH-13

Name der Anlage: TRIFTBACHHALLE

Anschrift:

PLZ/Ort: CH-3920 Zermatt
Tel./Fax: Tel.: +41 (0) 27/9 66 24 60
Fax: +41 (0) 27/9 66 24 69
E-Mail: alpincenter@zermatt.ch
Internet: http://www.zermatt.ch/alpincenter

Ansprechpartner: SAC Zermatt, Karl Schmidhalter, Haus Pan sowie Alpin-Center

Öffnungszeiten: Mo. 21.00 - 22.30 h, Do. 19.00 - 22.30 h, Fr. 17.30 - 21.00 h, Sa. 16.00 - 19.00 h

Eintrittspreise: sFr. 16,- (sFr. 6,- bis sFr.10,-)

Zufahrt mit öffentl. Verkehrsmitteln möglich:
☐ Ja ☒ Nein

Zufahrt mit dem PKW:
Autofreie Zone in Zermatt. Zufahrt bis Täsch und mit dem Zug nach Zermatt. Die Anlage befindet sich in der Turnhalle.

Größe/Kletterfläche: 150 m²
Größe/Grundfläche: 150 m²
Dachbereich: 20 m²
Boulderbereich: - m²
Wandhöhe: 8 m
max. Kletterlänge: 10 m

Schwierigkeiten der Routen: k.A.
Anzahl der Routen: 10 Stück
Vorstieg möglich: ☒ Ja ☐ Nein
Toprope-Seile vorhanden: ☐ Ja ☒ Nein

Hersteller Kletterwand:
Red Rooster

Hersteller Griffe:
Red Rooster

Zugang nur für SAC-Mitglieder:
☐ Ja ☒ Nein

Wandbetreuung vorhanden:
☐ Ja ☒ Nein

Leihausrüstung:
☐ Ja ☒ Nein

Übernachtungsmöglichkeiten:
☐ Ja ☒ Nein

Weitere Angebote:
Kinderkurse:	☒ Ja	☐ Nein
Anfängerkurse:	☒ Ja	☐ Nein
Fortgeschrittenenkurse:	☒ Ja	☐ Nein
Klettershop:	☐ Ja	☒ Nein
Restaurant od. Bistro:	☐ Ja	☒ Nein
Sauna:	☐ Ja	☒ Nein
Dampfbad:	☐ Ja	☒ Nein
Solarium:	☐ Ja	☒ Nein
Squash:	☐ Ja	☒ Nein
Badminton:	☐ Ja	☒ Nein
Streetball:	☐ Ja	☒ Nein
Fitness:	☒ Ja	☐ Nein
Aerobic:	☐ Ja	☒ Nein
Tennis:	☐ Ja	☒ Nein
Billard:	☐ Ja	☒ Nein
Tischfußball:	☐ Ja	☒ Nein

Sonstiges:

CH-14

Name der Anlage: LANDIHALLE (Boulderanlage)

Anschrift: Badenstraße

PLZ/Ort: CH-4057 Basel-Kleinhüningen
Tel./Fax: Tel.: +41 (0) 61/6 96 65 35

E-Mail: -
Internet: -

Ansprechpartner: blocx GmbH (Tel.: +41 (0) 61/4 03 11 90)

Öffnungszeiten: Mo. - Fr. 14.00 - 22.00 h, Sa., So. 14.00 - 18.00 h

Eintrittspreise: kostenlos

Zufahrt mit öffentl. Verkehrsmitteln möglich:
☒ Ja ☐ Nein

Zufahrt mit dem PKW:
A 2 Richt. Basel-Nord, Ausf. „Kleinhüningen" - Richt. Kleinhüningen - nach wenigen hundert Metern re. in die Badenstr. - 1. Hallenkomplex li. - P am Straßenrand.

Größe/Kletterfläche:	- m²
Größe/Grundfläche:	200 m²
Dachbereich:	22 m²
Boulderbereich:	174 m²
Wandhöhe:	3,75 m
max. Kletterlänge:	- m

Schwierigkeiten der Routen: von 4 bis 9+
Anzahl der Routen: 30 Boulder
Vorstieg möglich: ☐ Ja ☒ Nein
Toprope-Seile vorhanden: ☐ Ja ☒ Nein

Hersteller Kletterwand:
blocx GmbH

Hersteller Griffe:
verschiedene

Zugang nur für SAC-Mitglieder:
☐ Ja ☒ Nein

Wandbetreuung vorhanden:
☐ Ja ☒ Nein

Leihausrüstung:
☐ Ja ☒ Nein

Übernachtungsmöglichkeiten:
☐ Ja ☒ Nein

Weitere Angebote:

Kinderkurse:	☐ Ja	☒ Nein
Anfängerkurse:	☐ Ja	☒ Nein
Fortgeschrittenenkurse:	☐ Ja	☒ Nein
Klettershop:	☐ Ja	☒ Nein
Restaurant od. Bistro:	☐ Ja	☒ Nein
Sauna:	☐ Ja	☒ Nein
Dampfbad:	☐ Ja	☒ Nein
Solarium:	☐ Ja	☒ Nein
Squash:	☐ Ja	☒ Nein
Badminton:	☐ Ja	☒ Nein
Streetball:	☐ Ja	☒ Nein
Fitness:	☐ Ja	☒ Nein
Aerobic:	☐ Ja	☒ Nein
Tennis:	☐ Ja	☒ Nein
Billard:	☐ Ja	☒ Nein
Tischfußball:	☐ Ja	☒ Nein

Sonstiges:
Skatehalle, Basketball, Skiakrobatik, Inlinehockey

Kletterwand Impulsiv (Weil)

Boulderanlage Landi (Basel)

amerikanerstrasse 26
ch–4102 binningen
tel +41 61 – 403 11 90
fax +41 61 – 403 11 91
internet www.blocx.com

letter- und Boulderanlagen – Griffsysteme – Spieltürme – Skulpturen zum Begreifen

CH-15

Name der Anlage: **KLETTERHALLE LAUFEN**

Anschrift: Schlachthof

PLZ/Ort: CH-4242 Laufen
Tel./Fax: -

E-Mail: daniel.heller@swisscom.com
Internet: -

Ansprechpartner: Thomas Imhof (Tel.: +41 (0) 61/ 7 61 32 96)

Öffnungszeiten: tgl. 9.00 - 23.00 h (Schlüssel ist im Rest. „Schlössle", Hauptstr. 28, Altstadt, erhältlich).
Eintrittspreise: sFr. 10,-

Zufahrt mit öffentl. Verkehrsmitteln möglich:
☒ Ja   ☐ Nein

Zufahrt mit dem PKW:
Von Basel Richt. Delémont - kurz vor Laufen nach li. Richt. Breitenbach und Passwang - 100 m nach der Birsbrücke wird großer Parkplatz sichtbar, an den die Halle angrenzt.

Größe/Kletterfläche: 200 m²
Größe/Grundfläche: 50 m²
Dachbereich: 20 m²
Boulderbereich: - m²
Wandhöhe: 8 m
max. Kletterlänge: 15 m

Schwierigkeiten der Routen: von 3 bis 9
Anzahl der Routen: 30 Stück
Vorstieg möglich: ☒ Ja ☐ Nein
Toprope-Seile vorhanden: ☐ Ja ☒ Nein

Hersteller Kletterwand:
NB-Climb

Hersteller Griffe:
verschiedene

Zugang nur für SAC-Mitglieder:
☒ Ja   ☐ Nein

Wandbetreuung vorhanden:
☐ Ja   ☒ Nein

Leihausrüstung:
☐ Ja   ☒ Nein

Übernachtungsmöglichkeiten:
☐ Ja   ☒ Nein

Weitere Angebote:
Kinderkurse:	☐ Ja	☒ Nein
Anfängerkurse:	☐ Ja	☒ Nein
Fortgeschrittenenkurse:	☐ Ja	☒ Nein
Klettershop:	☐ Ja	☒ Nein
Restaurant od. Bistro:	☐ Ja	☒ Nein
Sauna:	☐ Ja	☒ Nein
Dampfbad:	☐ Ja	☒ Nein
Solarium:	☐ Ja	☒ Nein
Squash:	☐ Ja	☒ Nein
Badminton:	☐ Ja	☒ Nein
Streetball:	☐ Ja	☒ Nein
Fitness:	☐ Ja	☒ Nein
Aerobic:	☐ Ja	☒ Nein
Tennis:	☐ Ja	☒ Nein
Billard:	☐ Ja	☒ Nein
Tischfußball:	☐ Ja	☒ Nein

Sonstiges:

CH-16

Name der Anlage: ROLLING ROCK

Anschrift: Industriestr. 44

PLZ/Ort: CH-5000 Aarau
Tel./Fax: +41 (0) 62/ 8 23 30 23

E-Mail: -
Internet: -

Ansprechpartner: Thomas Georg

Öffnungszeiten: Di. - Fr. 13.00 - 22.00 h, Sa. 10.00 - 23.00 h, So. 10.00 - 22.00 h

Eintrittspreise: sFr. 11,- (sFr. 6,-)

Zufahrt mit öffentl. Verkehrsmitteln möglich:
☒ Ja ☐ Nein

Zufahrt mit dem PKW:
Autobahnausf. „Aarau-Ost" - Schnellstr. nach Aarau, bis Ausf. „Buchs" - Hauptstr. nach Aarau, bis Bahnübergang (Schranke) - danach re. Industriestr. - nach ca. 300 m li.

Größe/Kletterfläche: 300 m^2
Größe/Grundfläche: 1300 m^2
Dachbereich: 15 m^2
Boulderbereich: 200 m^2
Wandhöhe: 11 m
max. Kletterlänge: 15 m

Schwierigkeiten der Routen: von 3+ bis 9
Anzahl der Routen: 22 Stück
Vorstieg möglich: ☒ Ja ☐ Nein
Toprope-Seile vorhanden: ☒ Ja ☐ Nein

Hersteller Kletterwand:
Limit

Hersteller Griffe:
Limit, Entre Prises

Zugang nur für SAC-Mitglieder:
☐ Ja ☒ Nein

Wandbetreuung vorhanden:
☒ Ja ☐ Nein

Leihausrüstung:
☒ Ja ☐ Nein

Übernachtungsmöglichkeiten:
☐ Ja ☒ Nein

Weitere Angebote:

Kinderkurse:	☒ Ja	☐ Nein
Anfängerkurse:	☒ Ja	☐ Nein
Fortgeschrittenenkurse:	☐ Ja	☒ Nein
Klettershop:	☒ Ja	☐ Nein
Restaurant od. Bistro:	☒ Ja	☐ Nein
Sauna:	☐ Ja	☒ Nein
Dampfbad:	☐ Ja	☒ Nein
Solarium:	☐ Ja	☒ Nein
Squash:	☐ Ja	☒ Nein
Badminton:	☐ Ja	☒ Nein
Streetball:	☐ Ja	☒ Nein
Fitness:	☐ Ja	☒ Nein
Aerobic:	☐ Ja	☒ Nein
Tennis:	☐ Ja	☒ Nein
Billard:	☐ Ja	☒ Nein
Tischfußball:	☐ Ja	☒ Nein

Sonstiges:
Skatehalle, im Preis inbegriffen.

CH-17

Name der Anlage:	**KLETTERHALLE ROLLERPALAST**		

Anschrift: Eisfeldstr. 2a
PLZ/Ort: CH-6003 Luzern
Tel./Fax: Tel.: +41 (0) 41/3 61 17 17
Fax: +41 (0) 41/2 40 12 17
E-Mail: eiselin-sport@bluewin.ch
Internet: http://www.bergsteigen.ch

Ansprechpartner: Alois Lustenberger

Öffnungszeiten: Mo., Di., Do., Fr. 17.30 - 22.00 Uhr, Mi. 13.00 - 22.00 h, Sa. 10.00 - 22.00 h, So. 10.00 - 19.00 h
Eintrittspreise: sFr. 20,- (sFr. 7,- bis sFr. 15,-)

Zufahrt mit öffentl. Verkehrsmitteln möglich:
☒ Ja   ☐ Nein

Zufahrt mit dem PKW:
N 2 Ausf. „Luzern-Süd" - Richt. Luzern - nach Pauluskirche halbre. Richt. Küssnacht - beim Kreisverkehr re. - nach 1 km li.

Größe/Kletterfläche: 320 m²
Größe/Grundfläche: 180 m²
Dachbereich: 10 m²
Boulderbereich: - m²
Wandhöhe: 16 m
max. Kletterlänge: 17 m

Schwierigkeiten der Routen: von 4 bis 9
Anzahl der Routen: 35 Stück
Vorstieg möglich: ☒ Ja   ☐ Nein
Toprope-Seile vorhanden: ☒ Ja   ☐ Nein

Hersteller Kletterwand:
Entre Prises, T-Wall, Pyramide

Hersteller Griffe:
verschiedene

Zugang nur für SAC-Mitglieder:
☐ Ja   ☒ Nein

Wandbetreuung vorhanden:
☒ Ja   ☐ Nein

Leihausrüstung:
☒ Ja   ☐ Nein

Übernachtungsmöglichkeiten:
☐ Ja   ☒ Nein

Weitere Angebote:
Kinderkurse:	☒ Ja	☐ Nein
Anfängerkurse:	☒ Ja	☐ Nein
Fortgeschrittenenkurse:	☒ Ja	☐ Nein
Klettershop:	☐ Ja	☒ Nein
Restaurant od. Bistro:	☒ Ja	☐ Nein
Sauna:	☐ Ja	☒ Nein
Dampfbad:	☐ Ja	☒ Nein
Solarium:	☐ Ja	☒ Nein
Squash:	☐ Ja	☒ Nein
Badminton:	☐ Ja	☒ Nein
Streetball:	☐ Ja	☒ Nein
Fitness:	☐ Ja	☒ Nein
Aerobic:	☐ Ja	☒ Nein
Tennis:	☐ Ja	☒ Nein
Billard:	☐ Ja	☒ Nein
Tischfußball:	☐ Ja	☒ Nein

Sonstiges:
weitere Infos bei „Eiselin Sport" unter
Tel.: +41 (0) 41/2 40 12 12

CH-18

Name der Anlage: BOULDERHALLE ST. ERHARD

Anschrift: Gewerbegebäude Längmatt

PLZ/Ort: CH-6212 St. Erhard
Tel./Fax: Tel.: +41 (0) 41/4 67 27 60

E-Mail: -
Internet: -

Ansprechpartner: René Kolly

Öffnungszeiten: auf Anfrage

Eintrittspreise: sFr. 14,- (sFr. 12,-)

Zufahrt mit öffentl. Verkehrsmitteln möglich:
☒ Ja ☐ Nein

Zufahrt mit dem PKW:
N 2 Ausf. „Sursee" Richt. Sursee/Basel - bei 3. Ampel re. Richt. Basel - nach dem Wald vor St. Erhard li. Seite

---

Größe/Kletterfläche: 200 m²
Größe/Grundfläche: k.A.
Dachbereich: 40 m²
Boulderbereich: 200 m²
Wandhöhe: 4 m
max. Kletterlänge: - m

Schwierigkeiten der Routen: von - bis -
Anzahl der Routen: - Stück
Vorstieg möglich: ☐ Ja ☒ Nein
Toprope-Seile vorhanden: ☐ Ja ☒ Nein

Hersteller Kletterwand:
Limit

Hersteller Griffe:
Limit, Alpi-in, Entre Prises

Zugang nur für SAC-Mitglieder:
☐ Ja ☒ Nein

Wandbetreuung vorhanden:
☐ Ja ☒ Nein

Leihausrüstung:
☐ Ja ☒ Nein

Übernachtungsmöglichkeiten:
☐ Ja ☒ Nein

Weitere Angebote:
Kinderkurse:	☐ Ja	☒ Nein
Anfängerkurse:	☐ Ja	☒ Nein
Fortgeschrittenenkurse:	☐ Ja	☒ Nein
Klettershop:	☐ Ja	☒ Nein
Restaurant od. Bistro:	☐ Ja	☒ Nein
Sauna:	☐ Ja	☒ Nein
Dampfbad:	☐ Ja	☒ Nein
Solarium:	☐ Ja	☒ Nein
Squash:	☐ Ja	☒ Nein
Badminton:	☐ Ja	☒ Nein
Streetball:	☐ Ja	☒ Nein
Fitness:	☐ Ja	☒ Nein
Aerobic:	☐ Ja	☒ Nein
Tennis:	☐ Ja	☒ Nein
Billard:	☐ Ja	☒ Nein
Tischfußball:	☐ Ja	☒ Nein

Sonstiges:

CH-19

Name der Anlage: **PLEASURE-CENTER**

Anschrift: Breitmatt

PLZ/Ort: CH-6472 Erstfeld
Tel./Fax: Tel.: +41 (0) 41/8 80 12 05

E-Mail: -
Internet: -

Ansprechpartner: Walter Arnold

Öffnungszeiten: Mo., Di., Do., So. 14.00 - 23.00 h,
Mi. 9.00 - 23.00 h, Fr. 14.00 - 24.00 h,
Sa. 9.00 - 24.00 h
Eintrittspreise: sFr. 13,-

Zufahrt mit öffentl. Verkehrsmitteln möglich:
☒ Ja ☐ Nein

Zufahrt mit dem PKW:
N 2 Ausf. „Erstfeld" - 200 m re.

Größe/Kletterfläche: 115 m²
Größe/Grundfläche: 135 m²
Dachbereich: 35 m²
Boulderbereich: 25 m²
Wandhöhe: 8 m
max. Kletterlänge: 22 m

Schwierigkeiten der Routen: k.A.
Anzahl der Routen: k.A.
Vorstieg möglich: ☒ Ja ☐ Nein
Toprope-Seile vorhanden: ☒ Ja ☐ Nein

Hersteller Kletterwand:
Eigenbau

Hersteller Griffe:
verschiedene

Zugang nur für SAC-Mitglieder:
☐ Ja ☒ Nein

Wandbetreuung vorhanden:
☒ Ja ☐ Nein

Leihausrüstung:
☒ Ja ☐ Nein

Übernachtungsmöglichkeiten:
☐ Ja ☒ Nein

Weitere Angebote:
Kinderkurse:	☒ Ja	☐ Nein
Anfängerkurse:	☒ Ja	☐ Nein
Fortgeschrittenenkurse:	☒ Ja	☐ Nein
Klettershop:	☒ Ja	☐ Nein
Restaurant od. Bistro:	☒ Ja	☐ Nein
Sauna:	☐ Ja	☒ Nein
Dampfbad:	☐ Ja	☒ Nein
Solarium:	☐ Ja	☒ Nein
Squash:	☒ Ja	☐ Nein
Badminton:	☒ Ja	☐ Nein
Streetball:	☐ Ja	☒ Nein
Fitness:	☒ Ja	☐ Nein
Aerobic:	☒ Ja	☐ Nein
Tennis:	☐ Ja	☒ Nein
Billard:	☒ Ja	☐ Nein
Tischfußball:	☒ Ja	☐ Nein

Sonstiges:
Darts, Laserschießen

CH-20

Name der Anlage: AP 'N DAUN

Anschrift: Pulvermühlestraße 20

PLZ/Ort: CH-7000 Chur

Tel./Fax: Tel.: +41 (0) 81/2 84 02 84
Fax: +41 (0) 81/2 85 11 38

E-Mail: -
Internet: -

Ansprechpartner: Paul Sennrich

Öffnungszeiten: Winter: Okt. - Apr. Mo., Di., Do., Fr. 17.00 - 22.30 h, Mi.13.00 - 22.30 h, Sa., So. 13.00 - 19.00 h
Sommer: Mai - Sept. Fr. geschlossen, Sa., So. 13.00 - 19.00 h.
Ferien Juli/Aug. geschl.

Eintrittspreise: sFr.18,- (sFr. 8,-)

Zufahrt mit öffentl. Verkehrsmitteln möglich:
☒ Ja   ☐ Nein

Zufahrt mit dem PKW:
N 13 Ausf. „Chur-Süd" - nach 800 m li. Rossbodenstr. bis Pulvermühlestr. - unter A-Unterführung - nach Kreisverkehr 100 m geradeaus

Größe/Kletterfläche:	500 m²
Größe/Grundfläche:	400 m²
Dachbereich:	60 m²
Boulderbereich:	110 m²
Wandhöhe:	8,2 m
max. Kletterlänge:	20 m

Schwierigkeiten der Routen: von 3+ bis 10+
Anzahl der Routen: 50 Stück
Vorstieg möglich: ☒ Ja ☐ Nein
Toprope-Seile vorhanden: ☒ Ja ☐ Nein

Hersteller Kletterwand:
NB-Climb, T-Wall

Hersteller Griffe:
verschiedene

Zugang nur für SAC-Mitglieder:
☐ Ja   ☒ Nein

Wandbetreuung vorhanden:
☒ Ja   ☐ Nein

Leihausrüstung:
☒ Ja   ☐ Nein

Übernachtungsmöglichkeiten:
☐ Ja   ☒ Nein

Weitere Angebote:

Kinderkurse:	☒ Ja	☐ Nein
Anfängerkurse:	☒ Ja	☐ Nein
Fortgeschrittenenkurse:	☒ Ja	☐ Nein
Klettershop:	☐ Ja	☒ Nein
Restaurant od. Bistro:	☒ Ja	☐ Nein
Sauna:	☐ Ja	☒ Nein
Dampfbad:	☐ Ja	☒ Nein
Solarium:	☒ Ja	☐ Nein
Squash:	☐ Ja	☒ Nein
Badminton:	☒ Ja	☐ Nein
Streetball:	☐ Ja	☒ Nein
Fitness:	☒ Ja	☐ Nein
Aerobic:	☒ Ja	☐ Nein
Tennis:	☐ Ja	☒ Nein
Billard:	☐ Ja	☒ Nein
Tischfußball:	☒ Ja	☐ Nein

Sonstiges:
Fit Factory, Tanzstudio, Karateschule, Boxschule, Kraftraum, Massage

AP 'N DAUN
FREIZEIT CENTER

Der Kletter-Treff in den (Bündner) Alpen●!

KLETTERSPASS FÜR ALLE AUF 500M² WANDFLÄCHE

GRAUBÜNDEN
Die Ferienecke der Schweiz

PULVERMÜHLESTR. 20 • CH - 7000 CHUR
TELEFON +041 81/ 284 0 284

CH-21

Name der Anlage: CLIMBER TREFF

Anschrift: Tiefriet
Postfach 2 32
PLZ/Ort: CH-7320 Sargans
Tel./Fax: Tel.: +41 (0) 81/7 23 01 30

E-Mail: -
Internet: -

Ansprechpartner: Marcel Schmed, Frau Wälti

Öffnungszeiten: April - Sept. auf Anfrage, Okt. - März:
Mo., Di., Do., Fr 17.00 - 22.00 h,
Mi. 14.00 - 22.00 h,
Sa. 10.00 - 18.00 h, So. 10.00 - 17.00 h
Eintrittspreise: sFr. 17,- (sFr. 7,-)

Zufahrt mit öffentl. Verkehrsmitteln möglich:
k. A.

Zufahrt mit dem PKW:
N 3 Ausf. Sargans - Schwefelbadplatz - Rheinstr. zur Kletterhalle (re. Seite)

Größe/Kletterfläche:	380 m²
Größe/Grundfläche:	300 m²
Dachbereich:	40 m²
Boulderbereich:	150 m²
Wandhöhe:	8,5 m
max. Kletterlänge:	15 m

Schwierigkeiten der Routen: von 3 bis 10
Anzahl der Routen: 50 Stück
Vorstieg möglich: ☒ Ja ☐ Nein
Toprope-Seile vorhanden: ☒ Ja ☐ Nein

Hersteller Kletterwand:
Eigenbau

Hersteller Griffe:
Makak

Zugang nur für SAC-Mitglieder:
☐ Ja ☒ Nein

Wandbetreuung vorhanden:
☒ Ja ☐ Nein

Leihausrüstung:
☒ Ja ☐ Nein

Übernachtungsmöglichkeiten:
☐ Ja ☒ Nein

Weitere Angebote:
Kinderkurse:	☒ Ja	☐ Nein
Anfängerkurse:	☒ Ja	☐ Nein
Fortgeschrittenenkurse:	☒ Ja	☐ Nein
Klettershop:	☒ Ja	☐ Nein
Restaurant od. Bistro:	☒ Ja	☐ Nein
Sauna:	☐ Ja	☒ Nein
Dampfbad:	☐ Ja	☒ Nein
Solarium:	☐ Ja	☒ Nein
Squash:	☐ Ja	☒ Nein
Badminton:	☐ Ja	☒ Nein
Streetball:	☐ Ja	☒ Nein
Fitness:	☐ Ja	☒ Nein
Aerobic:	☐ Ja	☒ Nein
Tennis:	☐ Ja	☒ Nein
Billard:	☐ Ja	☒ Nein
Tischfußball:	☐ Ja	☒ Nein

Sonstiges:

CH-22

Name der Anlage: KLETTERHALLE DER ACADEMIA ENGIADINA

Anschrift: Via Quadratscha 8

PLZ/Ort: CH-7503 Samedan
Tel./Fax: Tel.: +41 (0) 81/8 51 06 12
Fax: +41 (0) 81/8 51 06 26
E-Mail: ivo.damaso@academia-engiadina.oh
Internet: www.academia-engiadina.oh

Ansprechpartner: Ivo Damaso

Öffnungszeiten: Mo. - Fr. 8.00 - 22.00 h

Eintrittspreise: sFr. 6,-

Zufahrt mit öffentl. Verkehrsmitteln möglich:
☒ Ja   ☐ Nein

Zufahrt mit dem PKW:
Beim Bahnhof Samedan geradeaus (Richt. Osten) und dann der Beschilderung „Academia Engiadina" folgen.

Größe/Kletterfläche: 65 m²
Größe/Grundfläche: k.A.
Dachbereich: - m²
Boulderbereich: 16 m²
Wandhöhe: 7,5 m
max. Kletterlänge: 10 m

Schwierigkeiten der Routen: von 3 bis 9
Anzahl der Routen: 10 Stück
Vorstieg möglich: ☒ Ja ☐ Nein
Toprope-Seile vorhanden: ☒ Ja ☐ Nein

Hersteller Kletterwand:
Limit

Hersteller Griffe:
Limit

Zugang nur für SAC-Mitglieder:
☐ Ja   ☒ Nein

Wandbetreuung vorhanden:
☐ Ja   ☒ Nein

Leihausrüstung:
☒ Ja   ☐ Nein

Übernachtungsmöglichkeiten:
☒ Ja   ☐ Nein

Weitere Angebote:
Kinderkurse:	☐ Ja	☒ Nein
Anfängerkurse:	☐ Ja	☒ Nein
Fortgeschrittenenkurse:	☐ Ja	☒ Nein
Klettershop:	☐ Ja	☒ Nein
Restaurant od. Bistro:	☐ Ja	☒ Nein
Sauna:	☐ Ja	☒ Nein
Dampfbad:	☐ Ja	☒ Nein
Solarium:	☐ Ja	☒ Nein
Squash:	☐ Ja	☒ Nein
Badminton:	☒ Ja	☐ Nein
Streetball:	☒ Ja	☐ Nein
Fitness:	☒ Ja	☐ Nein
Aerobic:	☐ Ja	☒ Nein
Tennis:	☒ Ja	☐ Nein
Billard:	☒ Ja	☐ Nein
Tischfußball:	☒ Ja	☐ Nein

Sonstiges:

CH-23

Name der Anlage: INDOOR-KLETTERGARTEN

Anschrift: Oberglatterstraße 35
PLZ/Ort: CH-8153 Rümlang
Tel./Fax: Tel.: +41 (0) 1/8 17 06 09
Fax: +41 (0) 1/8 17 03 84
E-Mail: -
Internet: -

Ansprechpartner: Martin Brodbeck

Öffnungszeiten: Di. 14.00 - 18.00 h, Mi. - Fr. 14.00 - 21.45 h, Sa., So. 11.00 - 18.45 h

Eintrittspreise: sFr. 18,- (sFr. 9,-)

Zufahrt mit öffentl. Verkehrsmitteln möglich:
☒ Ja ☐ Nein

Zufahrt mit dem PKW:
N 20 Zürich-Nordring Ausf. „Rümlang" - nach Rümlang bei Ampel li. Richt. Kaiserstuhl (ca. 4 km) -1. Kreisel re.

Größe/Kletterfläche: 230 m²
Größe/Grundfläche: k.A.
Dachbereich: 15 m²
Boulderbereich: 22 m²
Wandhöhe: 12,5 m
max. Kletterlänge: 12,5 m

Schwierigkeiten der Routen: von 4+ bis 10-
Anzahl der Routen: 30 Stück
Vorstieg möglich: ☒ Ja ☐ Nein
Toprope-Seile vorhanden: ☐ Ja ☒ Nein

Hersteller Kletterwand:
Eigenbau

Hersteller Griffe:
verschiedene

Zugang nur für SAC-Mitglieder:
☐ Ja ☒ Nein

Wandbetreuung vorhanden:
☒ Ja ☐ Nein

Leihausrüstung:
☒ Ja ☐ Nein

Übernachtungsmöglichkeiten:
☐ Ja ☒ Nein

Weitere Angebote:

Kinderkurse:	☒ Ja	☐ Nein
Anfängerkurse:	☒ Ja	☐ Nein
Fortgeschrittenenkurse:	☒ Ja	☐ Nein
Klettershop:	☒ Ja	☐ Nein
Restaurant od. Bistro:	☒ Ja	☐ Nein
Sauna:	☐ Ja	☒ Nein
Dampfbad:	☐ Ja	☒ Nein
Solarium:	☐ Ja	☒ Nein
Squash:	☐ Ja	☒ Nein
Badminton:	☐ Ja	☒ Nein
Streetball:	☐ Ja	☒ Nein
Fitness:	☐ Ja	☒ Nein
Aerobic:	☐ Ja	☒ Nein
Tennis:	☐ Ja	☒ Nein
Billard:	☒ Ja	☐ Nein
Tischfußball:	☒ Ja	☐ Nein

Sonstiges:
1 x pro Monat „Late Night", Body-Flying, Aerotrim

CH-24

Name der Anlage: KLETTERWAND HIRSLEN

Anschrift: Sportanlage Hirslen

PLZ/Ort: CH-8180 Bülach
Tel./Fax: +41 (0) 1/8 60 51 18

E-Mail: kernen.meier@freesurf.ch
Internet: http://hp.globacom.net/riusberg

Ansprechpartner: Stephan Meier

Öffnungszeiten: Mo. - Fr. 10.00-21.30 h,
Sa., So. 10.00 - 19.30 h

Eintrittspreise: sFr. 5,50 (sFr. 3,-)

Zufahrt mit öffentl. Verkehrsmitteln möglich:
☒ Ja ☐ Nein

Zufahrt mit dem PKW:
In Bülach ausgeschildert

Größe/Kletterfläche: 112 m²
Größe/Grundfläche: k.A.
Dachbereich: 40 m²
Boulderbereich: 20 m²
Wandhöhe: 8 m
max. Kletterlänge: 14 m

Schwierigkeiten der Routen: von 4 bis 9+
Anzahl der Routen: 30 Stück
Vorstieg möglich: ☒ Ja ☐ Nein
Toprope-Seile vorhanden: ☐ Ja ☒ Nein

Hersteller Kletterwand:
Eigenbau

Hersteller Griffe:
verschiedene

Zugang nur für SAC-Mitglieder:
☐ Ja ☒ Nein

Wandbetreuung vorhanden:
☐ Ja ☒ Nein

Leihausrüstung:
☐ Ja ☒ Nein

Übernachtungsmöglichkeiten:
☐ Ja ☒ Nein

Weitere Angebote:

Kinderkurse:	☒ Ja	☐ Nein
Anfängerkurse:	☒ Ja	☐ Nein
Fortgeschrittenenkurse:	☒ Ja	☐ Nein
Klettershop:	☐ Ja	☒ Nein
Restaurant od. Bistro:	☒ Ja	☐ Nein
Sauna:	☒ Ja	☐ Nein
Dampfbad:	☐ Ja	☒ Nein
Solarium:	☒ Ja	☐ Nein
Squash:	☐ Ja	☒ Nein
Badminton:	☐ Ja	☒ Nein
Streetball:	☐ Ja	☒ Nein
Fitness:	☐ Ja	☒ Nein
Aerobic:	☐ Ja	☒ Nein
Tennis:	☒ Ja	☐ Nein
Billard:	☐ Ja	☒ Nein
Tischfußball:	☐ Ja	☒ Nein

Sonstiges:
Minigolf, Hallenbad, im Winter Eishockey

Es gibt Zeitschriften, da bekommt man Depressionen.

Super sind dafür die Reisen in Outdoor.

Spannende Reisestorys, aktuelle News für Abenteurer, umfangreiche Produkttests und vieles mehr rund ums Thema Outdoorreisen finden Sie in Outdoor.

ROTPUNKT VERLAG
GmbH & Co. KG

Medien für Aktive

Tel: 07 11 / 95 79 75-0
www.rotpunkt.de

CH-25

Name der Anlage: ARANEA KLETTERZENTRUM

Anschrift: Mühlentalstraße 78

PLZ/Ort: CH-8201 Schaffhausen
Tel./Fax: Tel.: +41 (0) 52/6 31 20 20
Fax: +41 (0) 52/6 31 20 21
E-Mail: aranea@garp.ch
Internet: -

Ansprechpartner: Johnny Schelker

Öffnungszeiten: Di. 15.00 - 22.00 h,
Mi. - So. 10.00 - 22.00 h

Eintrittspreise: sFr. 19,- (sFr. 8,- bis sFr. 15,-)

Zufahrt mit öffentl. Verkehrsmitteln möglich:
☒ Ja ☐ Nein

Zufahrt mit dem PKW:
Bahnhof Schaffhausen - Mühlentalstr. (re. Seite)

Größe/Kletterfläche: 1600 m²
Größe/Grundfläche: 750 m²
Dachbereich: 900 m²
Boulderbereich: 150 m²
Wandhöhe: 17 m
max. Kletterlänge: 20 m

Schwierigkeiten der Routen: von 3 bis 10+
Anzahl der Routen: 90 Stück
Vorstieg möglich: ☒ Ja ☐ Nein
Toprope-Seile vorhanden: ☒ Ja ☐ Nein

Hersteller Kletterwand:
Entre Prises

Hersteller Griffe:
verschiedene

Zugang nur für SAC-Mitglieder:
☐ Ja ☒ Nein

Wandbetreuung vorhanden:
☒ Ja ☐ Nein

Leihausrüstung:
☒ Ja ☐ Nein

Übernachtungsmöglichkeiten:
☐ Ja ☒ Nein

Weitere Angebote:

Kinderkurse:	☒ Ja	☐ Nein
Anfängerkurse:	☒ Ja	☐ Nein
Fortgeschrittenenkurse:	☒ Ja	☐ Nein
Klettershop:	☒ Ja	☐ Nein
Restaurant od. Bistro:	☒ Ja	☐ Nein
Sauna:	☐ Ja	☒ Nein
Dampfbad:	☐ Ja	☒ Nein
Solarium:	☐ Ja	☒ Nein
Squash:	☐ Ja	☒ Nein
Badminton:	☒ Ja	☐ Nein
Streetball:	☐ Ja	☒ Nein
Fitness:	☒ Ja	☐ Nein
Aerobic:	☐ Ja	☒ Nein
Tennis:	☐ Ja	☒ Nein
Billard:	☐ Ja	☒ Nein
Tischfußball:	☒ Ja	☐ Nein

Sonstiges:

Und so finden Sie uns:

ARANEA

Kletterzentrum Schaffhausen
Mühlentalstrasse 106
Postfach 1
8201 Schaffhausen
Fon 052 631 20 20
Fax 052 631 20 21

ARANEA
Kletterzentrum
Schaffhausen

CH-26

Name der Anlage: BLOCK 37

Anschrift: Katharina Sulzer-Platz Gebäude 37
PLZ/Ort: CH-8400 Winterthur
Tel./Fax: Tel.: +41 (0) 52/2 03 37 37
Fax: +41 (0) 52/2 03 37 36
E-Mail: -
Internet: www.block37.ch

Ansprechpartner: Roli Wittmann

Öffnungszeiten: Mo. 16.00 - 23.00 h, Di. - Fr. 12.00 - 23.00 h, Sa. 10.00 - 23.00 h, So. 10.00 - 20.00 h, Feiert. 12.00 - 20.00 h
Eintrittspreise: sFr. 4,- bis sFr. 15,-

Zufahrt mit öffentl. Verkehrsmitteln möglich:
☒ Ja   ☐ Nein

Zufahrt mit dem PKW:
Autobahnausf. „Töss" - Züricherstr. Richt. Bahnhof - vor Bahnhofunterführung re. in Tössfeldstr. - P Parkhaus Hauptbahnhof

---

Größe/Kletterfläche: 250 m²
Größe/Grundfläche: 250 m²
Dachbereich: 50 m²
Boulderbereich: 80 m²
Wandhöhe: 11 m
max. Kletterlänge: 25 m

Schwierigkeiten der Routen: von 4 bis 10+
Anzahl der Routen: 15 Stück
Vorstieg möglich: ☒ Ja   ☐ Nein
Toprope-Seile vorhanden: ☐ Ja   ☒ Nein

Hersteller Kletterwand:
Entre Prises, Pyramide, Gecko Supply

Hersteller Griffe:
verschiedene

Zugang nur für SAC-Mitglieder:
☐ Ja   ☒ Nein

Wandbetreuung vorhanden:
☒ Ja   ☐ Nein

Leihausrüstung:
☒ Ja   ☐ Nein

Übernachtungsmöglichkeiten:
☐ Ja   ☒ Nein

Weitere Angebote:

Kinderkurse:	☒ Ja	☐ Nein
Anfängerkurse:	☒ Ja	☐ Nein
Fortgeschrittenenkurse:	☒ Ja	☐ Nein
Klettershop:	☒ Ja	☐ Nein
Restaurant od. Bistro:	☒ Ja	☐ Nein
Sauna:	☐ Ja	☒ Nein
Dampfbad:	☐ Ja	☒ Nein
Solarium:	☐ Ja	☒ Nein
Squash:	☐ Ja	☒ Nein
Badminton:	☐ Ja	☒ Nein
Streetball:	☒ Ja	☐ Nein
Fitness:	☐ Ja	☒ Nein
Aerobic:	☐ Ja	☒ Nein
Tennis:	☐ Ja	☒ Nein
Billard:	☐ Ja	☒ Nein
Tischfußball:	☒ Ja	☐ Nein

Sonstiges:
Inline-Skating, Skateboarding, Beach-Volleyball, Golf, Disc-Golf, Trainingsberatung

CH-27

Name der Anlage: **KLETTERZENTRUM GASWERK**

Anschrift:	Industrie Gaswerk Nord
	Kohlestr. 12 B
PLZ/Ort:	CH-8952 Schlieren-Zürich
Tel./Fax:	Tel.: +41 (0) 1/7 55 44 33
	Fax: +41 (0) 1/7 55 44 38
E-Mail:	-
Internet:	www.kletterzentrum.com

Ansprechpartner: Patrick Hilber

Öffnungszeiten: Mo. - Fr. 12.00 - 22.15 h,
Sa. 10.00 - 22.15 h, So. 10.00 - 19.00 h

Eintrittspreise: sFr. 19,- bzw. 24,- (sFr. 6,- bis sFr. 16,-)

Zufahrt mit öffentl. Verkehrsmitteln möglich:
☒ Ja ☐ Nein

Zufahrt mit dem PKW:
N 1 Richt. Bern - Ausf. „Weiningen/Engstringen" - der Aussch. „Gaswerk" folgen (die Halle liegt 300 m westl. der großen Gasbehälter)

Größe/Kletterfläche:	3200 m²
Größe/Grundfläche:	600 m²
Dachbereich:	800 m²
Boulderbereich:	270 m²
Wandhöhe:	18 m
max. Kletterlänge:	25 m

Schwierigkeiten der Routen: von 3 bis 11
Anzahl der Routen: 120 Stück
Vorstieg möglich: ☒ Ja ☐ Nein
Toprope-Seile vorhanden: ☒ Ja ☐ Nein

Hersteller Kletterwand:
Reality Wall, Sint Roc und Eigenbau

Hersteller Griffe:
verschiedene

Zugang nur für SAC-Mitglieder:
☐ Ja ☒ Nein

Wandbetreuung vorhanden:
☒ Ja ☐ Nein

Leihausrüstung:
☒ Ja ☐ Nein

Übernachtungsmöglichkeiten:
☐ Ja ☒ Nein

Weitere Angebote:

Kinderkurse:	☒ Ja	☐ Nein
Anfängerkurse:	☒ Ja	☐ Nein
Fortgeschrittenenkurse:	☒ Ja	☐ Nein
Klettershop:	☒ Ja	☐ Nein
Restaurant od. Bistro:	☒ Ja	☐ Nein
Sauna:	☐ Ja	☒ Nein
Dampfbad:	☐ Ja	☒ Nein
Solarium:	☐ Ja	☒ Nein
Squash:	☐ Ja	☒ Nein
Badminton:	☐ Ja	☒ Nein
Streetball:	☐ Ja	☒ Nein
Fitness:	☒ Ja	☐ Nein
Aerobic:	☐ Ja	☒ Nein
Tennis:	☐ Ja	☒ Nein
Billard:	☐ Ja	☒ Nein
Tischfußball:	☒ Ja	☐ Nein

Sonstiges:
hydr. verstellbare Wände, Außenanlage, Video-Controlling, Videoecke

CH-28

Name der Anlage: INDOOR-KLETTERHALLE ST. GALLEN

Anschrift: Sittertalstr. 34

PLZ/Ort: CH-9014 St. Gallen
Tel./Fax: Tel.: +41 (0) 71/2 78 86 16 od. 8 55 42 28

E-Mail: -
Internet: http://members.xoon.com/kletterhalle

Ansprechpartner: Michael Obendrauf, Marc Gilliand

Öffnungszeiten: Mo. - Fr. 18.30 - 22.30 h,
Sa. - So. 10.00 - 17.00 h

Eintrittspreise: sFr. 10,- (sFr. 7,-)

Zufahrt mit öffentl. Verkehrsmitteln möglich:
☒ Ja   ☐ Nein

Zufahrt mit dem PKW:
von St. Gallen in westliche Richt. nach Bruggen - beim Rest. „Stocken" unter der Fürstenlandbrücke hindurch zum Areal der ehemaligen Färberei Sittertal

---

Größe/Kletterfläche: 200 m²
Größe/Grundfläche: 100 m²
Dachbereich: 20 m²
Boulderbereich: 40 m²
Wandhöhe: 10 m
max. Kletterlänge: 17 m

Schwierigkeiten der Routen: von 4 bis 9+
Anzahl der Routen: 30 Stück
Vorstieg möglich: ☒ Ja   ☐ Nein
Toprope-Seile vorhanden: ☒ Ja   ☐ Nein

Hersteller Kletterwand:
Red Rooster, Entre Prises

Hersteller Griffe:
verschiedene

Zugang nur für SAC-Mitglieder:
☐ Ja   ☒ Nein

Wandbetreuung vorhanden:
☒ Ja   ☐ Nein

Leihausrüstung:
☒ Ja   ☐ Nein

Übernachtungsmöglichkeiten:
☐ Ja   ☒ Nein

Weitere Angebote:
Kinderkurse: ☒ Ja   ☐ Nein
Anfängerkurse: ☒ Ja   ☐ Nein
Fortgeschrittenenkurse: ☒ Ja   ☐ Nein
Klettershop: ☒ Ja   ☐ Nein
Restaurant od. Bistro: ☒ Ja   ☐ Nein
Sauna: ☐ Ja   ☒ Nein
Dampfbad: ☐ Ja   ☒ Nein
Solarium: ☐ Ja   ☒ Nein
Squash: ☐ Ja   ☒ Nein
Badminton: ☐ Ja   ☒ Nein
Streetball: ☐ Ja   ☒ Nein
Fitness: ☐ Ja   ☒ Nein
Aerobic: ☐ Ja   ☒ Nein
Tennis: ☐ Ja   ☒ Nein
Billard: ☐ Ja   ☒ Nein
Tischfußball: ☐ Ja   ☒ Nein

Sonstiges:
Hallenvermietung

GUIDO KÖSTERMEYER'S
PEAK PERFORMANCE
KLETTERTRAINING VON A - Z

Guido Köstermeyer, der Trainer der Deutschen Sportkletternationalmannschaft, stellt sein neues Trainingsbuch vor.

„Peak Performance" ist eine Neuerscheinung, die umfassend alle Bereiche des Konditionstrainings - vom Kraft- bis zum Ausgleichstraining für Kletterer behandelt. Sowohl für den Freizeitkletterer als auch für den Spitzenkletterer sind geeignete Übungen aufgeführt.

DM 19,80
+ DM 2,50 Versand

Bestellungen gegen Vorkasse oder Bankabbuchung an:
Redaktion **rotpunkt**, Postfach 1571, D-73614 Schorndorf

OSTERREICH

- A-1 KLETTERTRAININGSZENTRUM DES ÖSTERR. TOURISTENKLUBS
- A-2 TRAININGSCENTER EDELWEISS
- A-3 KLETTERZENTRUM SEKTION AUSTRIA
- A-4 CLIMBING CITY CLIMBING
- A-5 AV-KLETTERTURM ESTERHAZYPARK (Außenanlage)
- A-6 ÖGV-KLETTERZENTRUM
- A-7 FITNESSCENTER PIKAL
- A-8 BOULDERHALLE DER NATRURFREUNDE WIEN (Boulderanlage)
- A-9 KLETTERCENTER ROTPUNKT
- A-10 NÖ LANDESSPORTSCHULE
- A-11 AV-KLETTERWAND IM TENNIS- UND SQUASHZENTRUM
- A-12 ÖAV-KLETTERHALLE JÄGERHOF
- A-13 FASSADEN-KLETTERWAND BERGHOTEL HINTERSTODER
- A-14 TURNHALLE ANDORF
- A-15 PLAYSTATION FUNPARK
- A-16 ALPINZENTRUM RUDOLFSHÜTTE
- A-17 PLAYCASTEL/FUNDOME
- A-18 ÖAV KLETTERHALLE KUFSTEIN
- A-19 KLETTERSKULPTUR INNKRAFTWERK (Außenanlage)
- A-20 KLETTERWAND DER BERGWACHT ELLMAU
- A-21 KLETTERHALLE IMST
- A-22 ÖAV KLETTERHALLE DORNBIRN
- A-23 MEHRZWECKHALLE
- A-24 SCHULSPORTHALLE FELDBACH
- A-25 KLETTERHALLE HS-SCHILLERSTRASSE
- A-26 SPORT-AKTIV JUDENBURG
- A-27 KLETTERZENTRUM PALTENTAL
- A-28 WM-HALLE MURAU
- A-29 FREE SOLO (Boulderanlage)
- A-30 INDOOR CLIMBING VILLACH

A-1 bis A-30

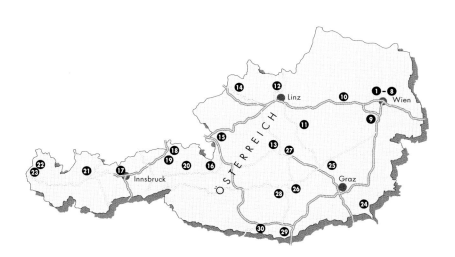

A - 1

Name der Anlage: KLETTERTRAININGSZENTRUM DES ÖSTERR. TOURISTENKLUBS

Anschrift: Bäckerstraße 16

PLZ/Ort: A-1010 Wien
Tel./Fax: Tel.: +43 (0) 1/5 12 38 44
Fax: +43 (0) 1/5 12 16 57 74
E-Mail: -
Internet: -

Ansprechpartner: Hannes Resch

Öffnungszeiten: Mo. - Fr. 9.00 - 22.00 h, Sa., So., Feiert. 13.00 - 20.00 h

Eintrittspreise: öS 40,- (öS 30,-) ÖTK-Mitglieder erhalten Ermäßigung

Zufahrt mit öffentl. Verkehrsmitteln möglich:
☒ Ja ☐ Nein

Zufahrt mit dem PKW:
Wien Stadtzentrum - nähe Stephansdom

Größe/Kletterfläche: 370 m²
Größe/Grundfläche: 200 m²
Dachbereich: 10 m²
Boulderbereich: 220 m²
Wandhöhe: 15 m
max. Kletterlänge: 18 m

Schwierigkeiten der Routen: von 2 bis 8
Anzahl der Routen: 20 Stück
Vorstieg möglich: ☒ Ja ☐ Nein
Toprope-Seile vorhanden: ☒ Ja ☐ Nein

Hersteller Kletterwand:
Steinsee

Hersteller Griffe:
verschiedene

Zugang nur für AV-Mitglieder:
☐ Ja ☒ Nein

Wandbetreuung vorhanden:
☒ Ja ☐ Nein

Leihausrüstung:
☒ Ja ☐ Nein

Übernachtungsmöglichkeiten:
☐ Ja ☒ Nein

Weitere Angebote:
Kinderkurse:	☒ Ja	☐ Nein
Anfängerkurse:	☒ Ja	☐ Nein
Fortgeschrittenenkurse:	☒ Ja	☐ Nein
Klettershop:	☒ Ja	☐ Nein
Restaurant od. Bistro:	☒ Ja	☐ Nein
Sauna:	☐ Ja	☒ Nein
Dampfbad:	☐ Ja	☒ Nein
Solarium:	☐ Ja	☒ Nein
Squash:	☐ Ja	☒ Nein
Badminton:	☐ Ja	☒ Nein
Streetball:	☐ Ja	☒ Nein
Fitness:	☐ Ja	☒ Nein
Aerobic:	☐ Ja	☒ Nein
Tennis:	☐ Ja	☒ Nein
Billard:	☐ Ja	☒ Nein
Tischfußball:	☐ Ja	☒ Nein

Sonstiges:

A - 2

Name der Anlage: TRAININGSCENTER EDELWEISS

Anschrift: Walfischgasse 12

PLZ/Ort: A-1010 Wien
Tel./Fax: Tel.: +43 (0) 2 22/513 85 00
Fax: +43 (0) 2 22/5 12 28 74
E-Mail: edelweiss@sektion.alpenverein.at
Internet: http://www.alpenverein.at./edelweiss

Ansprechpartner: ÖAV Sekt. Edelweiss

Öffnungszeiten: Winter: Mo., Di. 10.00 - 17.30 h, 20.30 - 22.00 h, Mi. 10.00 - 22.00 h, Do. 10.00 - 18.00 h u. 20.30 - 22.00 h, Fr. 10.00 - 22.00 h, Sa. 10.00 - 13.00 h
Sommer: Mo., Fr. 10.00 - 18.00 h, Di. - Do. 10.00 - 22.00 h, Sa. 10.00 - 13.00 h
Eintrittspreise: 40 Punkte-Karten öS 800,- (öS 500,-/öS 400,-)
Zufahrt mit öffentl. Verkehrsmitteln möglich:
☒ Ja ☐ Nein
Zufahrt mit dem PKW:
Wien Zentrum (Opernnähe) - P Operngarage oder Garage am Karlsplatz

---

Größe/Kletterfläche: 150 m²
Größe/Grundfläche: 150 m²
Dachbereich: 45 m²
Boulderbereich: 150 m²
Wandhöhe: 4,5 m
max. Kletterlänge: 14 m

Schwierigkeiten der Routen: von 3 bis 11
Anzahl der Routen: k.A.
Vorstieg möglich: ☐ Ja ☒ Nein
Toprope-Seile vorhanden: ☐ Ja ☒ Nein

Hersteller Kletterwand:
Eigenbau

Hersteller Griffe:
verschiedene

Zugang nur für AV-Mitglieder:
☐ Ja ☒ Nein

Wandbetreuung vorhanden:
☒ Ja ☐ Nein

Leihausrüstung:
☒ Ja ☐ Nein

Übernachtungsmöglichkeiten:
☒ Ja ☐ Nein

Weitere Angebote:
Kinderkurse:	☒ Ja	☐ Nein
Anfängerkurse:	☒ Ja	☐ Nein
Fortgeschrittenenkurse:	☒ Ja	☐ Nein
Klettershop:	☐ Ja	☒ Nein
Restaurant od. Bistro:	☐ Ja	☒ Nein
Sauna:	☐ Ja	☒ Nein
Dampfbad:	☐ Ja	☒ Nein
Solarium:	☐ Ja	☒ Nein
Squash:	☐ Ja	☒ Nein
Badminton:	☐ Ja	☒ Nein
Streetball:	☐ Ja	☒ Nein
Fitness:	☒ Ja	☐ Nein
Aerobic:	☐ Ja	☒ Nein
Tennis:	☐ Ja	☒ Nein
Billard:	☐ Ja	☒ Nein
Tischfußball:	☒ Ja	☐ Nein

Sonstiges:

Alpine Bücherei, Alpinschulprogramm Eis und Fels

A - 3

Name der Anlage: KLETTERZENTRUM SEKTION AUSTRIA

Anschrift: Rotenturmstraße 14
PLZ/Ort: A-1010 Wien
Tel./Fax: Tel.: +43 (0) 1/5 13 10 03
Fax: +43 (0) 1/5 13 10 03 17
E-Mail: austria@sektion.alpenverein.at
Internet: www.alpenverein.at/austria

Ansprechpartner: Michael Merstallinger

Öffnungszeiten: Mo. - Fr. 9.00 - 21.00 h
Okt. - April: Sa., So., Feiert. 14.00 - 20.00 h
Eintrittspreise: öS 60,-/h AV-Mitglieder erhalten Ermäßigung
Zufahrt mit öffentl. Verkehrsmitteln möglich:
☒ Ja   ☐ Nein

Zufahrt mit dem PKW:
1. Bezirk - Rotenturmstraße - keine eigenen Parkplätze

Größe/Kletterfläche: 300 m²
Größe/Grundfläche: 120 m²
Dachbereich: 15 m²
Boulderbereich: 80 m²
Wandhöhe: 11 m
max. Kletterlänge: 15 m

Schwierigkeiten der Routen: von 3+ bis 9-
Anzahl der Routen: 20 Stück
Vorstieg möglich: ☒ Ja ☐ Nein
Toprope-Seile vorhanden: ☒ Ja ☐ Nein

Hersteller Kletterwand:
Art Rock

Hersteller Griffe:
verschiedene

Zugang nur für AV-Mitglieder:
☐ Ja   ☒ Nein

Wandbetreuung vorhanden:
☒ Ja   ☐ Nein

Leihausrüstung:
☒ Ja   ☐ Nein

Übernachtungsmöglichkeiten:
☐ Ja   ☒ Nein

Weitere Angebote:
Kinderkurse:	☒ Ja	☐ Nein
Anfängerkurse:	☒ Ja	☐ Nein
Fortgeschrittenenkurse:	☒ Ja	☐ Nein
Klettershop:	☐ Ja	☒ Nein
Restaurant od. Bistro:	☐ Ja	☒ Nein
Sauna:	☐ Ja	☒ Nein
Dampfbad:	☐ Ja	☒ Nein
Solarium:	☐ Ja	☒ Nein
Squash:	☐ Ja	☒ Nein
Badminton:	☐ Ja	☒ Nein
Streetball:	☐ Ja	☒ Nein
Fitness:	☐ Ja	☒ Nein
Aerobic:	☐ Ja	☒ Nein
Tennis:	☐ Ja	☒ Nein
Billard:	☐ Ja	☒ Nein
Tischfußball:	☐ Ja	☒ Nein

Sonstiges:
Getränkeautomat

STEINSEE
Kletterwandsysteme

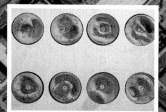

STEINSEE Kletterwandsysteme GmbH & Co KG
FN 128884k UID ATU 32715700
Burschlweg 24, A - 6500 Landeck
Tel 0043 (0) 5442-65799 Fax 65799-10 email:steinsee@tirol.com

Mit uns können Sie die Wände hochgehen!

A - 4

Name der Anlage: CLIMBING CITY CLIMBING

Anschrift: Vorgartenstraße Tor 5

PLZ/Ort: A-1020 Wien
Tel./Fax: Tel.: +43 (0) 1/7 26 38 33
Fax: +43 (0) 1/7 26 38 33
E-Mail: office@climbing-city.at
Internet: www.climbing-city.at

Ansprechpartner: Michael Hailegger

Öffnungszeiten: Okt. - April: Mo. - Fr. 16.00 - 22.00 h,
Sa., So., Feiert. 13.00 - 19.00 h
Mai - Sept.: Mo. - Fr. 16.00 - 22.00 h,
Sa., So. 13.00 - 19.00 h, sonst nach
Vereinbarung
Eintrittspreise: öS 115,- (öS 85,-)

Zufahrt mit öffentl. Verkehrsmitteln möglich:
☒ Ja ☐ Nein

Zufahrt mit dem PKW:
Süd-Ost Tangente Ausf. „Handelskai" - li. auf Handelskai bis BP-Tankstelle - nach ca. 2 km li. in Sturgasse bis Tor 5 - Vorgartenstraße

---

Größe/Kletterfläche: 950 m²
Größe/Grundfläche: 1000 m²
Dachbereich: 50 m²
Boulderbereich: 80 m²
Wandhöhe: 15 m
max. Kletterlänge: 32 m

Schwierigkeiten der Routen: von 2 bis 10
Anzahl der Routen: 80 Stück
Vorstieg möglich: ☒ Ja ☐ Nein
Toprope-Seile vorhanden: ☒ Ja ☐ Nein

Hersteller Kletterwand:
Climbing City Walls, Art Rock

Hersteller Griffe:
TDS, Alpi-in, Climbing City Holds

Zugang nur für AV-Mitglieder:
☐ Ja ☒ Nein

Wandbetreuung vorhanden:
☒ Ja ☐ Nein

Leihausrüstung:
☒ Ja ☐ Nein

Übernachtungsmöglichkeiten:
☐ Ja ☒ Nein

Weitere Angebote:

Kinderkurse:	☒ Ja	☐ Nein
Anfängerkurse:	☒ Ja	☐ Nein
Fortgeschrittenenkurse:	☒ Ja	☐ Nein
Klettershop:	☒ Ja	☐ Nein
Restaurant od. Bistro:	☒ Ja	☐ Nein
Sauna:	☐ Ja	☒ Nein
Dampfbad:	☐ Ja	☒ Nein
Solarium:	☐ Ja	☒ Nein
Squash:	☐ Ja	☒ Nein
Badminton:	☒ Ja	☐ Nein
Streetball:	☐ Ja	☒ Nein
Fitness:	☐ Ja	☒ Nein
Aerobic:	☐ Ja	☒ Nein
Tennis:	☐ Ja	☒ Nein
Billard:	☐ Ja	☒ Nein
Tischfußball:	☐ Ja	☒ Nein

Sonstiges:

Climbing City Climbing

Österreichs größte Kletterhalle

950 m² Kletterfläche

15 m Wandhöhe

Kinderwände
Badmintonplatz
Shop
Buffet

www.climbing-city.at

**Climbing City Climbing · A-1020 Wien
Wr. Messe · Vorgartenstr. · Tor 5
Telefon +43 1/726.38.33**

A - 5

Name der Anlage: AV-KLETTERTURM ESTERHAZYPARK (Außenanlage)

Anschrift:	Esterházypark-Flakturm	**Öffnungszeiten:**	März - Okt.: Mo. - Fr. 14.00 h bis Einbruch der Dunkelheit; Sa., So. Feiert. sowie Mai und Juni ab 10.00 h bis Einbruch der Dunkelheit
PLZ/Ort:	A-1060 Wien		
Tel./Fax:	Tel.: +43 (0) 1/5 85 47 48		
	Fax: +43 (0) 1/5 85 47 48	**Eintrittspreise:**	2 Std. öS 150,- AV-Mitglieder erhalten Ermäßigung
E-Mail:	austria@sektion.alpenverein.at		
Internet:	www.alpenverein.at/austria/indexweitere-infos.htm		

Zufahrt mit öffentl. Verkehrsmitteln möglich:
☒ Ja   ☐ Nein

Ansprechpartner: Michael Merstallinger

Zufahrt mit dem PKW:
6. Bezirk - Umgebung des Parks

Größe/Kletterfläche:	700 m²	**Übernachtungsmöglichkeiten:**		
Größe/Grundfläche:	140 m²	☐ Ja	☒ Nein	
Dachbereich:	10 m²			
Boulderbereich:	60 m²	**Weitere Angebote:**		
Wandhöhe:	40 m	Kinderkurse:	☒ Ja	☐ Nein
max. Kletterlänge:	40 m	Anfängerkurse:	☒ Ja	☐ Nein
		Fortgeschrittenenkurse:	☒ Ja	☐ Nein
Schwierigkeiten der Routen: von 3+ bis 9-		Klettershop:	☐ Ja	☒ Nein
Anzahl der Routen:	30 Stück	Restaurant od. Bistro:	☐ Ja	☒ Nein
Vorstieg möglich:	☒ Ja ☐ Nein	Sauna:	☐ Ja	☒ Nein
Toprope-Seile vorhanden:	☒ Ja ☐ Nein	Dampfbad:	☐ Ja	☒ Nein
		Solarium:	☐ Ja	☒ Nein
Hersteller Kletterwand:		Squash:	☐ Ja	☒ Nein
Betonoberfläche		Badminton:	☐ Ja	☒ Nein
		Streetball:	☐ Ja	☒ Nein
Hersteller Griffe:		Fitness:	☐ Ja	☒ Nein
Lapis		Aerobic:	☐ Ja	☒ Nein
		Tennis:	☐ Ja	☒ Nein
Zugang nur für AV-Mitglieder:		Billard:	☐ Ja	☒ Nein
☐ Ja	☒ Nein	Tischfußball:	☐ Ja	☒ Nein

Wandbetreuung vorhanden:
☒ Ja   ☐ Nein

Sonstiges:

Leihausrüstung:
☒ Ja   ☐ Nein

A - 6

Name der Anlage: ÖGV-KLETTERZENTRUM

Anschrift: Lerchenfelder Straße 28

PLZ/Ort: A-1080 Wien
Tel./Fax: Tel.: +43 (0) 1/4 05 26 57
Fax: +43 (0) 1/4 02 49 26
E-Mail: oegv@sektion.alpenverein.at
Internet: www.gebirgsverein.at

Ansprechpartner: ÖGV, Erich Schuller

Öffnungszeiten: Okt. - Mai: Mo. - So. 10.00 - 22.00 h
Juni - Sept.: Mo. - So. 10.00 - 18.00 h
Nov. - April: Sa. 14.00 - 20.00 h,
So. 10.00 - 18.00

Eintrittspreise: öS 60,-/h (öS 30,-/h)

Zufahrt mit öffentl. Verkehrsmitteln möglich:
☒ Ja   ☐ Nein

Zufahrt mit dem PKW:
Ring oder Gürtel - Lerchenfelder Str.

Größe/Kletterfläche: 170 m²
Größe/Grundfläche: 110 m²
Dachbereich: 12 m²
Boulderbereich: 70 m²
Wandhöhe: 16 m
max. Kletterlänge: 16 m

Schwierigkeiten der Routen: von 4   bis 8
Anzahl der Routen: 12 Stück
Vorstieg möglich: ☒ Ja   ☐ Nein
Toprope-Seile vorhanden: ☒ Ja   ☐ Nein

Hersteller Kletterwand:
Magic-Wall

Hersteller Griffe:
verschiedene

Zugang nur für AV-Mitglieder:
☒ Ja   ☐ Nein

Wandbetreuung vorhanden:
☒ Ja   ☐ Nein

Leihausrüstung:
☒ Ja   ☐ Nein

Übernachtungsmöglichkeiten:
☐ Ja   ☒ Nein

Weitere Angebote:
Kinderkurse:	☒ Ja	☐ Nein
Anfängerkurse:	☒ Ja	☐ Nein
Fortgeschrittenenkurse:	☒ Ja	☐ Nein
Klettershop:	☒ Ja	☐ Nein
Restaurant od. Bistro:	☐ Ja	☒ Nein
Sauna:	☐ Ja	☒ Nein
Dampfbad:	☐ Ja	☒ Nein
Solarium:	☐ Ja	☒ Nein
Squash:	☐ Ja	☒ Nein
Badminton:	☐ Ja	☒ Nein
Streetball:	☐ Ja	☒ Nein
Fitness:	☐ Ja	☒ Nein
Aerobic:	☐ Ja	☒ Nein
Tennis:	☐ Ja	☒ Nein
Billard:	☐ Ja	☒ Nein
Tischfußball:	☐ Ja	☒ Nein

Sonstiges:
Alpinbuchhandlung, Toureninformationen

A - 7

Name der Anlage: **FITNESSCENTER PIKAL**

Anschrift: Gudrunstr. 115

PLZ/Ort: A-1100 Wien
Tel./Fax: Tel.: +43 (0) 2 22/6 02 71 82

E-Mail: -
Internet: -

Ansprechpartner: k.A.

Öffnungszeiten: Mo. - Fr. 9.00 - 22.00 h,
Sa., So. 9.00 - 18.00 h

Eintrittspreise: öS 150,-

Zufahrt mit öffentl. Verkehrsmitteln möglich:
☒ Ja ☐ Nein

Zufahrt mit dem PKW:
k. A.

Größe/Kletterfläche: 140 m²
Größe/Grundfläche: k.A.
Dachbereich: 80 m²
Boulderbereich: 140 m²
Wandhöhe: 5 m
max. Kletterlänge: 35 m

Schwierigkeiten der Routen: von 4 bis 10
Anzahl der Routen: 10 Stück
Vorstieg möglich: ☐ Ja ☒ Nein
Toprope-Seile vorhanden: ☐ Ja ☒ Nein

Hersteller Kletterwand:
Magic-Wall

Hersteller Griffe:
verschiedene

Zugang nur für AV-Mitglieder:
☐ Ja ☒ Nein

Wandbetreuung vorhanden:
☒ Ja ☐ Nein

Leihausrüstung:
☐ Ja ☒ Nein

Übernachtungsmöglichkeiten:
☐ Ja ☒ Nein

Weitere Angebote:
Kinderkurse:	☐ Ja	☒ Nein
Anfängerkurse:	☒ Ja	☐ Nein
Fortgeschrittenenkurse:	☐ Ja	☒ Nein
Klettershop:	☐ Ja	☒ Nein
Restaurant od. Bistro:	☒ Ja	☐ Nein
Sauna:	☒ Ja	☐ Nein
Dampfbad:	☒ Ja	☐ Nein
Solarium:	☒ Ja	☐ Nein
Squash:	☐ Ja	☒ Nein
Badminton:	☐ Ja	☒ Nein
Streetball:	☐ Ja	☒ Nein
Fitness:	☒ Ja	☐ Nein
Aerobic:	☒ Ja	☐ Nein
Tennis:	☐ Ja	☒ Nein
Billard:	☐ Ja	☒ Nein
Tischfußball:	☐ Ja	☒ Nein

Sonstiges:

A - 8

Name der Anlage: BOULDERHALLE DER NATRURFREUNDE WIEN (Boulderhalle)

Anschrift: Diefenbachgasse 36

PLZ/Ort: A-1150 Wien

Tel./Fax: Tel.: +43 (0) 1/8 93 61 41
Fax: +43 (0) 1/8 93 64 02

E-Mail: naturfreunde@vienna.at

Internet: http://members.vienna.at./naturfreunde/

Ansprechpartner: Naturfreunde Sekretariat

Öffnungszeiten: Mo., Mi., Fr. 8.00 - 14.00 h, Di., Do. 8.00 - 12.00 h und 13.00 - 19.00 h

Eintrittspreise: öS 20,-/h

Zufahrt mit öffentl. Verkehrsmitteln möglich:
☒ Ja   ☐ Nein

Zufahrt mit dem PKW:
k.A.

Größe/Kletterfläche: 80 m²
Größe/Grundfläche: 70 m²
Dachbereich: 7,6 m²
Boulderbereich: 80 m²
Wandhöhe: 3,4 m
max. Kletterlänge: 7 m

Schwierigkeiten der Routen: von 2 bis 7
Anzahl der Routen: k.A.
Vorstieg möglich: ☐ Ja   ☒ Nein
Toprope-Seile vorhanden: ☐ Ja   ☒ Nein

Hersteller Kletterwand:
Eigenbau

Hersteller Griffe:
Art Rock

Zugang nur für AV-Mitglieder:
☐ Ja   ☒ Nein

Wandbetreuung vorhanden:
☒ Ja   ☐ Nein

Leihausrüstung:
☐ Ja   ☒ Nein

Übernachtungsmöglichkeiten:
☐ Ja   ☒ Nein

Weitere Angebote:
Kinderkurse: ☒ Ja   ☐ Nein
Anfängerkurse: ☒ Ja   ☐ Nein
Fortgeschrittenenkurse: ☒ Ja   ☐ Nein
Klettershop: ☐ Ja   ☒ Nein
Restaurant od. Bistro: ☐ Ja   ☒ Nein
Sauna: ☐ Ja   ☒ Nein
Dampfbad: ☐ Ja   ☒ Nein
Solarium: ☐ Ja   ☒ Nein
Squash: ☐ Ja   ☒ Nein
Badminton: ☐ Ja   ☒ Nein
Streetball: ☐ Ja   ☒ Nein
Fitness: ☐ Ja   ☒ Nein
Aerobic: ☐ Ja   ☒ Nein
Tennis: ☐ Ja   ☒ Nein
Billard: ☐ Ja   ☒ Nein
Tischfußball: ☐ Ja   ☒ Nein

Sonstiges:

A - 9

Name der Anlage: **KLETTERCENTER ROTPUNKT**

Anschrift: Badenerstraße 39

PLZ/Ort: A-2512 Tribuswinkel
Tel./Fax: Tel.: +43 (0) 22 52 /2 21 16

E-Mail: -
Internet: www.klettercenter.at/rotpunkt

Ansprechpartner: Gerhard Fichtinger, Mario Pölzl, Thomas Schifer

Öffnungszeiten: Okt. - April: Mo. - Fr. 15.00 - 22.00 h,
Sa., So. 10.00 - 20.00 h
Sept. u. Mai: Mo. - Fr. 17.00 - 22.00 h,
Sa., So. 13.00 - 20.00 h
Eintrittspreise: öS 150,- (öS 80,-)

Zufahrt mit öffentl. Verkehrsmitteln möglich:
☒ Ja   ☐ Nein

Zufahrt mit dem PKW:
A 2 - Abfahrt „Baden" - 2. Ampel re. Richt. Tribuswinkel - ab Kirche Aussch. „Art&Fun Factory"/„Klettercenter Rotpunkt" folgen

---

Größe/Kletterfläche: 500 m²
Größe/Grundfläche: 600 m²
Dachbereich: 40 m²
Boulderbereich: 150 m²
Wandhöhe: 9 m
max. Kletterlänge: 14 m

Schwierigkeiten der Routen: von 4   bis 10
Anzahl der Routen: 15 Stück
Vorstieg möglich: ☒ Ja   ☐ Nein
Toprope-Seile vorhanden: ☒ Ja   ☐ Nein

Hersteller Kletterwand:
Flash GmbH

Hersteller Griffe:
City Wall

Zugang nur für AV-Mitglieder:
☐ Ja   ☒ Nein

Wandbetreuung vorhanden:
☒ Ja   ☐ Nein

Leihausrüstung:
☒ Ja   ☐ Nein

Übernachtungsmöglichkeiten:
☐ Ja   ☒ Nein

Weitere Angebote:
Kinderkurse:	☒ Ja	☐ Nein
Anfängerkurse:	☒ Ja	☐ Nein
Fortgeschrittenenkurse:	☒ Ja	☐ Nein
Klettershop:	☒ Ja	☐ Nein
Restaurant od. Bistro:	☒ Ja	☐ Nein
Sauna:	☐ Ja	☒ Nein
Dampfbad:	☐ Ja	☒ Nein
Solarium:	☐ Ja	☒ Nein
Squash:	☐ Ja	☒ Nein
Badminton:	☐ Ja	☒ Nein
Streetball:	☐ Ja	☒ Nein
Fitness:	☒ Ja	☐ Nein
Aerobic:	☐ Ja	☒ Nein
Tennis:	☐ Ja	☒ Nein
Billard:	☐ Ja	☒ Nein
Tischfußball:	☒ Ja	☐ Nein

Sonstiges:
Kinderbetreuung, Trainingslager, Kletterreisen,

A-10

Name der Anlage: NÖ LANDESSPORTSCHULE

Anschrift: Dr.-Adolf-Schärf-Str. 25
PLZ/Ort: A-3100 St. Pölten
Tel./Fax: Tel.: +43 (0) 27 42/2 95
Fax: +43 (0) 27 42/2 95-4
E-Mail: info@sportzentrum-noe.at
Internet: www.sportzentrum-noe.at

Ansprechpartner: k.A.

Öffnungszeiten: Mo. - Fr. 7.30 - 22.00 h,
Sa., So. auf Anfrage
Eintrittspreise: öS 50,-/h

Zufahrt mit öffentl. Verkehrsmitteln möglich:
☒ Ja ☐ Nein

Zufahrt mit dem PKW:
Auf der Autobahn zur Ausf. „St. Pölten-Nord" - Richt. Zentrum - der Aussch. folgen

---

Größe/Kletterfläche: 170 m²
Größe/Grundfläche: 170 m²
Dachbereich: 8 m²
Boulderbereich: 15 m²
Wandhöhe: 10,5 m
max. Kletterlänge: 15 m

Schwierigkeiten der Routen: von 4 bis 10
Anzahl der Routen: 13 Stück
Vorstieg möglich: ☒ Ja ☐ Nein
Toprope-Seile vorhanden: ☐ Ja ☒ Nein

Hersteller Kletterwand:
Art Rock

Hersteller Griffe:
Art Rock

Zugang nur für AV-Mitglieder:
☐ Ja ☒ Nein

Wandbetreuung vorhanden:
☐ Ja ☐ Nein

Leihausrüstung:
☐ Ja ☒ Nein

Übernachtungsmöglichkeiten:
☒ Ja ☐ Nein

Weitere Angebote:
Kinderkurse:	☐ Ja	☒ Nein
Anfängerkurse:	☐ Ja	☒ Nein
Fortgeschrittenenkurse:	☐ Ja	☒ Nein
Klettershop:	☐ Ja	☒ Nein
Restaurant od. Bistro:	☒ Ja	☐ Nein
Sauna:	☒ Ja	☐ Nein
Dampfbad:	☐ Ja	☒ Nein
Solarium:	☒ Ja	☐ Nein
Squash:	☐ Ja	☒ Nein
Badminton:	☐ Ja	☒ Nein
Streetball:	☐ Ja	☒ Nein
Fitness:	☒ Ja	☐ Nein
Aerobic:	☐ Ja	☒ Nein
Tennis:	☒ Ja	☐ Nein
Billard:	☐ Ja	☒ Nein
Tischfußball:	☒ Ja	☐ Nein

Sonstiges:

A-11

Name der Anlage: AV-KLETTERWAND IM TENNIS- UND SQUASHZENTRUM

Anschrift: Oskar-Czeija-Str. 2

Öffnungszeiten: tgl. 9.00 - 22.00 h

PLZ/Ort: A-3340 Waidhofen a. d. Ybbs
Tel./Fax: Tel.: +43 (0) 74 42/5 56 85

Eintrittspreise: öS 130,- (öS 90,-)

E-Mail: waidhofen-ybbs@sektion.alpenverein.at
Internet: http://www.alpenverein.at/waidhofen-ybbs

Zufahrt mit öffentl. Verkehrsmitteln möglich:
☒ Ja   ☐ Nein

Ansprechpartner: Wilhelm Junker

Zufahrt mit dem PKW:
Auf der A 1 zur Ausf. „Amstetten-West" - auf der B 121 nach Waidhofen a. d. Ybbs - auf der B 31 Richt. Ybbsitz - am Stadtrand von Waidhofen über den Fluß - danach re. - ausgeschildert

---

Größe/Kletterfläche: 150 m²
Größe/Grundfläche: 100 m²
Dachbereich: 10 m²
Boulderbereich: 60 m²
Wandhöhe: 7 m
max. Kletterlänge: 10 m

Schwierigkeiten der Routen: von 4 bis 9
Anzahl der Routen: k.A.
Vorstieg möglich: ☒ Ja   ☐ Nein
Toprope-Seile vorhanden: ☐ Ja   ☒ Nein

Hersteller Kletterwand:
Art Rock

Hersteller Griffe:
Art Rock

Zugang nur für AV-Mitglieder:
☐ Ja   ☒ Nein

Wandbetreuung vorhanden:
☒ Ja   ☐ Nein

Leihausrüstung:
☐ Ja   ☒ Nein

Übernachtungsmöglichkeiten:
☐ Ja   ☒ Nein

Weitere Angebote:
Kinderkurse:	☐ Ja	☒ Nein
Anfängerkurse:	☐ Ja	☒ Nein
Fortgeschrittenenkurse:	☐ Ja	☒ Nein
Klettershop:	☐ Ja	☒ Nein
Restaurant od. Bistro:	☒ Ja	☐ Nein
Sauna:	☐ Ja	☒ Nein
Dampfbad:	☐ Ja	☒ Nein
Solarium:	☐ Ja	☒ Nein
Squash:	☒ Ja	☐ Nein
Badminton:	☐ Ja	☒ Nein
Streetball:	☐ Ja	☒ Nein
Fitness:	☐ Ja	☒ Nein
Aerobic:	☐ Ja	☒ Nein
Tennis:	☒ Ja	☐ Nein
Billard:	☐ Ja	☒ Nein
Tischfußball:	☐ Ja	☒ Nein

Sonstiges:

A - 1 2

Name der Anlage: ÖAV-KLETTERHALLE JÄGERHOF

Anschrift: Ortsplatz 4

Öffnungszeiten: tgl. 8.00 - 23.00 h

PLZ/Ort: A-4203 Altenberg/Linz
Tel./Fax: Tel.: +43 (0) 72 30/72 06

Eintrittspreise: öS 80,- (öS 55,-/öS 30,-)

E-Mail: -
Internet: -

Zufahrt mit öffentl. Verkehrsmitteln möglich:
☒ Ja ☐ Nein

Ansprechpartner: Rudolf Hollerwöger (Tel.: +43 (0) 72 30/76 05)

Zufahrt mit dem PKW:
A 1 zum A-Kreuz Linz Richt. Linz - weiter A 7 zur Ausf. „Dornach" - nach 7 km zum Ortskern Altenberg - Kletterhalle im Gasthaus „Jägerhof" (neben Kirche)

Größe/Kletterfläche: 280 m²
Größe/Grundfläche: k.A.
Dachbereich: 95 m²
Boulderbereich: 10,5 m²
Wandhöhe: 8 m
max. Kletterlänge: 16 m

Übernachtungsmöglichkeiten:
☒ Ja ☐ Nein

Schwierigkeiten der Routen: von 1 bis 9
Anzahl der Routen: 15 Stück
Vorstieg möglich: ☒ Ja ☐ Nein
Toprope-Seile vorhanden: ☐ Ja ☒ Nein

Weitere Angebote:

Kinderkurse:	☐ Ja	☒ Nein
Anfängerkurse:	☐ Ja	☒ Nein
Fortgeschrittenenkurse:	☐ Ja	☒ Nein
Klettershop:	☐ Ja	☒ Nein
Restaurant od. Bistro:	☒ Ja	☐ Nein
Sauna:	☐ Ja	☒ Nein
Dampfbad:	☐ Ja	☒ Nein
Solarium:	☐ Ja	☒ Nein
Squash:	☒ Ja	☐ Nein
Badminton:	☐ Ja	☒ Nein
Streetball:	☐ Ja	☒ Nein
Fitness:	☐ Ja	☒ Nein
Aerobic:	☐ Ja	☒ Nein
Tennis:	☒ Ja	☐ Nein
Billard:	☒ Ja	☐ Nein
Tischfußball:	☐ Ja	☒ Nein

Hersteller Kletterwand:
Eigenbau

Hersteller Griffe:
verschiedene

Zugang nur für AV-Mitglieder:
☐ Ja ☒ Nein

Sonstiges:
Dusch- und Umkleideräume, Dart, Flipper

Wandbetreuung vorhanden:
☒ Ja ☐ Nein

Leihausrüstung:
☐ Ja ☒ Nein

A - 13

Name der Anlage: FASSADEN-KLETTERWAND BERGHOTEL HINTERSTODER

Anschrift: Hutterer Böden 70

Öffnungszeiten: Mitte Juni bis Mitte Sept.

PLZ/Ort: A-4573 Hinterstoder
Tel./Fax: Tel.: +43 (0) 75 64/54 21
Fax: +43 (0) 75 64/54 22 50
E-Mail: berghotel@stn.at
Internet: www.stn.at/homes/berghotel

Eintrittspreise: Nach Vereinbarung

Zufahrt mit öffentl. Verkehrsmitteln möglich:
☒ Ja   ☐ Nein

Ansprechpartner: Fr. Mag. Isabella Sedlak

Zufahrt mit dem PKW:
A 9 Pyhrnautobahn Richt. Graz bis „Kirchdorf/Krems" - über Bundesstr. - nach ca. 20 min ab der Autobahnausf. re. nach Hinterstoder - 9 km auf Mautstr. bis zum Hotel

---

Größe/Kletterfläche: 91 m²
Größe/Grundfläche: k.A.
Dachbereich: 5 m²
Boulderbereich: 91 m²
Wandhöhe: 15 m
max. Kletterlänge: 13 m

Schwierigkeiten der Routen: von 1 bis 5
Anzahl der Routen: 6 Stück
Vorstieg möglich: ☒ Ja ☐ Nein
Toprope-Seile vorhanden: ☒ Ja ☐ Nein

Hersteller Kletterwand:
Red Rooster

Hersteller Griffe:
k.A.

Zugang nur für AV-Mitglieder:
☐ Ja   ☒ Nein

Wandbetreuung vorhanden:
☒ Ja   ☐ Nein

Leihausrüstung:
☒ Ja   ☐ Nein

Übernachtungsmöglichkeiten:
☒ Ja   ☐ Nein

Weitere Angebote:

Kinderkurse:	☒ Ja	☐ Nein
Anfängerkurse:	☒ Ja	☐ Nein
Fortgeschrittenenkurse:	☐ Ja	☒ Nein
Klettershop:	☐ Ja	☒ Nein
Restaurant od. Bistro:	☒ Ja	☐ Nein
Sauna:	☒ Ja	☐ Nein
Dampfbad:	☐ Ja	☒ Nein
Solarium:	☒ Ja	☐ Nein
Squash:	☐ Ja	☒ Nein
Badminton:	☐ Ja	☒ Nein
Streetball:	☐ Ja	☒ Nein
Fitness:	☒ Ja	☐ Nein
Aerobic:	☐ Ja	☒ Nein
Tennis:	☒ Ja	☐ Nein
Billard:	☒ Ja	☐ Nein
Tischfußball:	☒ Ja	☐ Nein

Sonstiges:

A-14

Name der Anlage: **TURNHALLE ANDORF**

Anschrift: Sportzentrum

PLZ/Ort: A-4770 Andorf
Tel./Fax: +43 (0) 77 66/33 52

E-Mail: -
Internet: -

**Ansprech-
partner:** Fritz Hanslmayr

Öffnungszeiten: Mi. 19.00 - 22.00 h,
Sa., So. 15.00 - 19.00 h

Eintrittspreise: öS 100,- /öS 50,-

Zufahrt mit öffentl. Verkehrsmitteln möglich:
☒ Ja   ☐ Nein

Zufahrt mit dem PKW:
A 3 von Nürnberg über Passau zur Österr. Grenze - nächste Ausf. nach Grenze zur B 137 - auf dieser Richt. Wels - Ausfahrt „Andorf" - in Andorf Richt. Freibad - Halle neben Freibad

---

Größe/Kletterfläche: 135 m²
Größe/Grundfläche: k.A.
Dachbereich: 40 m²
Boulderbereich: - m²
Wandhöhe: 10,5 m
max. Kletterlänge: 20 m

Schwierigkeiten der Routen: von 4 bis 10
Anzahl der Routen: 6 Stück
Vorstieg möglich: ☒ Ja   ☐ Nein
Toprope-Seile vorhanden: ☐ Ja   ☒ Nein

Hersteller Kletterwand:
Art Rock

Hersteller Griffe:
verschiedene

Zugang nur für AV-Mitglieder:
☐ Ja   ☒ Nein

Wandbetreuung vorhanden:
☒ Ja   ☐ Nein

Leihausrüstung:
☒ Ja   ☐ Nein

Übernachtungsmöglichkeiten:
☐ Ja   ☒ Nein

Weitere Angebote:
Kinderkurse: ☐ Ja   ☒ Nein
Anfängerkurse: ☐ Ja   ☒ Nein
Fortgeschrittenenkurse: ☐ Ja   ☒ Nein
Klettershop: ☐ Ja   ☒ Nein
Restaurant od. Bistro: ☐ Ja   ☒ Nein
Sauna: ☐ Ja   ☒ Nein
Dampfbad: ☐ Ja   ☒ Nein
Solarium: ☐ Ja   ☒ Nein
Squash: ☐ Ja   ☒ Nein
Badminton: ☐ Ja   ☒ Nein
Streetball: ☐ Ja   ☒ Nein
Fitness: ☐ Ja   ☒ Nein
Aerobic: ☐ Ja   ☒ Nein
Tennis: ☐ Ja   ☒ Nein
Billard: ☐ Ja   ☒ Nein
Tischfußball: ☐ Ja   ☒ Nein

Sonstiges:

A-15

Name der Anlage: PLAYSTATION FUNPARK

Anschrift: Anton-Graf-Straße 7
PLZ/Ort: A-5020 Salzburg
Tel./Fax: Tel.: +43 (0) 6 62/64 31 76
Fax: +43 (0) 6 62/64 31 76-4
E-Mail: info@playstation-funpark.at
Internet: http://www.playstation-funpark.at/

Ansprechpartner: Thomas Kober, Irene Rieger

Öffnungszeiten: Mi. - Fr. 15.00 - 21.00 h, Sa., So., Feiert. 13.00 - 21.00 h
Eintrittspreise: öS 68,- (öS 58,-)

Zufahrt mit öffentl. Verkehrsmitteln möglich:
☒ Ja ☐ Nein

Zufahrt mit dem PKW:
Autobahn Salzburg-Nord - Vogelweiderstr. - Strenecksir. - Fürbergstr. - Anton-Graf-Str.

Größe/Kletterfläche: 180 m²
Größe/Grundfläche: 120 m²
Dachbereich: - m²
Boulderbereich: 30 m²
Wandhöhe: 8 m
max. Kletterlänge: 12 m

Schwierigkeiten der Routen: von 5 bis 9
Anzahl der Routen: 11 Stück
Vorstieg möglich: ☐ Ja ☐ Nein
Toprope-Seile vorhanden: ☒ Ja ☐ Nein

Hersteller Kletterwand:
Red Rooster

Hersteller Griffe:
CB

Zugang nur für AV-Mitglieder:
☐ Ja ☒ Nein

Wandbetreuung vorhanden:
☐ Ja ☒ Nein

Leihausrüstung:
☒ Ja ☐ Nein

Übernachtungsmöglichkeiten:
☐ Ja ☒ Nein

Weitere Angebote:
Kinderkurse:	☒ Ja	☐ Nein
Anfängerkurse:	☒ Ja	☐ Nein
Fortgeschrittenenkurse:	☒ Ja	☐ Nein
Klettershop:	☐ Ja	☒ Nein
Restaurant od. Bistro:	☒ Ja	☐ Nein
Sauna:	☐ Ja	☒ Nein
Dampfbad:	☐ Ja	☒ Nein
Solarium:	☐ Ja	☒ Nein
Squash:	☐ Ja	☒ Nein
Badminton:	☐ Ja	☒ Nein
Streetball:	☐ Ja	☒ Nein
Fitness:	☐ Ja	☒ Nein
Aerobic:	☐ Ja	☒ Nein
Tennis:	☐ Ja	☒ Nein
Billard:	☐ Ja	☒ Nein
Tischfußball:	☐ Ja	☒ Nein

Sonstiges:
BMX, Skaten, Inline Hockey, Skateboard, Snakeboard

A - 16

Name der Anlage: ALPINZENTRUM RUDOLFSHÜTTE

Anschrift: Stubach 82

PLZ/Ort: A-5723 Uttendorf
Tel./Fax: Tel.: +43 (0) 65 63/82 21
Fax: +43 (0) 65 63/82 21-59
E-Mail: -
Internet: -

Ansprechpartner: Hans Gregoritsch

Öffnungszeiten: Dez. - Mai, Juli - Okt.

Eintrittspreise: kostenlos

Zufahrt mit öffentl. Verkehrsmitteln möglich:
☒ Ja   ☐ Nein

Zufahrt mit dem PKW:
Bis P Enzinger Boden - Seilbahn

Größe/Kletterfläche:	350 m²	
Größe/Grundfläche:	300 m²	
Dachbereich:	30 m²	
Boulderbereich:	100 m²	
Wandhöhe:	15 m	
max. Kletterlänge:	20 m	

Schwierigkeiten der Routen: von 3 bis 10
Anzahl der Routen: 20 Stück
Vorstieg möglich: ☒ Ja   ☐ Nein
Toprope-Seile vorhanden: ☐ Ja   ☐ Nein

Hersteller Kletterwand:
Art Rock, Red Rooster

Hersteller Griffe:
verschiedene

Zugang nur für AV-Mitglieder:
☐ Ja   ☒ Nein

Wandbetreuung vorhanden:
☒ Ja   ☐ Nein

Leihausrüstung:
☒ Ja   ☐ Nein

Übernachtungsmöglichkeiten:
☒ Ja   ☐ Nein

Weitere Angebote:

Kinderkurse:	☒ Ja	☐ Nein
Anfängerkurse:	☒ Ja	☐ Nein
Fortgeschrittenenkurse:	☒ Ja	☐ Nein
Klettershop:	☒ Ja	☐ Nein
Restaurant od. Bistro:	☒ Ja	☐ Nein
Sauna:	☒ Ja	☐ Nein
Dampfbad:	☐ Ja	☒ Nein
Solarium:	☒ Ja	☐ Nein
Squash:	☐ Ja	☒ Nein
Badminton:	☐ Ja	☒ Nein
Streetball:	☐ Ja	☒ Nein
Fitness:	☒ Ja	☐ Nein
Aerobic:	☒ Ja	☐ Nein
Tennis:	☐ Ja	☒ Nein
Billard:	☐ Ja	☒ Nein
Tischfußball:	☒ Ja	☐ Nein

Sonstiges:
Boulderraum, Videoanalysen, Bibliothek, Medizinische Station, Klettervideos, Tischtennis

2.315 m hoch gelegen, umgeben von Gletschern, Seen und 22 Berggipfeln, davon 12 über 3.000 m, weit über 100 Anstiegen in allen Schwierigkeitsgraden im Sommer sowie beinahe unzählige Schitourenmöglichkeiten abseits des normalen Schiliftbetriebes und Wasserfalleisklettern im Winter, direkt am Nationalpark Hohe Tauern.

Hüttenatmosphäre (3 Matratzenlager, 27 Vierbettzimmer mit Stockbetten und eine gemütliche Tirolerstube) und parallel dazu ein Hotelservice bester Klasse: 36 Komfortzimmer mit Dusche/WC und Telefon, Sauna, Kinderspielraum, 100 m^2 großer Fitneßraum mit Geräten. Abend- und Schlechtwetterprogramm und vieles mehr.

Alpines Ausbildungs- und Seminarhaus: Zwei audivisuell top ausgestattete Seminarräume, 12 m hohe Klettergärten.

Früherkennung von Herz-Kreislauf-Erkrankungen durch höhenmedizinische Untersuchungen und Training. Wetterstation und Gletscherforschungsstelle.

Ein Haus für passiven und aktiven Sommer- und Winterurlaub, für Seminare, Betriebsausflüge, Ausbildung und Erholung.

Zufahrt mit Bus oder Pkw bis zum Enzingerboden und von dort mit der Seilbahn bis vor die Hüttentür.

Dieser Weg führt Sie zu uns!

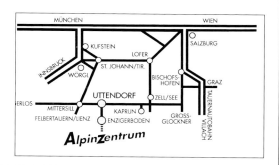

A-5723 Uttendorf/Weißsee
Tel.: +43 65 63/82 21 · Fax +43 65 63/82 21 59
Salzburger Land · Nationalpark Hohe Tauern

A-17

Name der Anlage: PLAYCASTEL/FUNDOME

Anschrift: Am Schlossberg 837

PLZ/Ort: A-6100 Seefeld
Tel./Fax: Tel.: +43 (0) 52 12/37 37
Fax: +43 (0) 52 12/37 37 34
E-Mail: office@playcastle.com
Internet: www.playcastle.com

Ansprechpartner: Herr Schönegger

Öffnungszeiten: tgl. 10.00 - 1.00 h

Eintrittspreise: öS 145,-/öS 90,-

Zufahrt mit öffentl. Verkehrsmitteln möglich:
☒ Ja ☐ Nein

Zufahrt mit dem PKW:
Von München oder Innsbruck über Zirler Berg - direkt an der Bundesstraße B 177

Größe/Kletterfläche: 370 m²
Größe/Grundfläche: 55 m²
Dachbereich: 25 m²
Boulderbereich: 45 m²
Wandhöhe: 12 m
max. Kletterlänge: 18 m

Schwierigkeiten der Routen: von 3 bis 9
Anzahl der Routen: 20 Stück
Vorstieg möglich: ☒ Ja ☐ Nein
Toprope-Seile vorhanden: ☒ Ja ☐ Nein

Hersteller Kletterwand:
Red Rooster

Hersteller Griffe:
Volx, Lapis, CB

Zugang nur für AV-Mitglieder:
☐ Ja ☒ Nein

Wandbetreuung vorhanden:
☒ Ja ☐ Nein

Leihausrüstung:
☒ Ja ☐ Nein

Übernachtungsmöglichkeiten:
☐ Ja ☒ Nein

Weitere Angebote:
Kinderkurse:	☒ Ja	☐ Nein
Anfängerkurse:	☒ Ja	☐ Nein
Fortgeschrittenenkurse:	☒ Ja	☐ Nein
Klettershop:	☒ Ja	☐ Nein
Restaurant od. Bistro:	☒ Ja	☐ Nein
Sauna:	☐ Ja	☒ Nein
Dampfbad:	☐ Ja	☒ Nein
Solarium:	☐ Ja	☒ Nein
Squash:	☐ Ja	☒ Nein
Badminton:	☐ Ja	☒ Nein
Streetball:	☒ Ja	☐ Nein
Fitness:	☐ Ja	☒ Nein
Aerobic:	☐ Ja	☒ Nein
Tennis:	☐ Ja	☒ Nein
Billard:	☐ Ja	☒ Nein
Tischfußball:	☐ Ja	☒ Nein

Sonstiges:
Kinder-Erlebniswelt, Inlinehockey, Airpark, Kino, Inline-Speedbahn, Computersimulation

wenn du ganz nach oben willst...
if you want to reach the very top...

Walter Hofer KG
Gerlosberg 45c
A-6280 Zell am Ziller
tel. +435282 3569
fax +435282 35694
mail red.rooster@aon.at
web www.red-rooster.net

Red Rooster Deutschland:
Outdoor Consulting GmbH
Schattbucher Straße 21
D-88279 Amtzell/Geiselharz
Tel +497520 9561 0
Fax +497520 9561 22
mail info@red-rooster.de
web www.red-rooster.de

TOP in Kreativität und Design
Dank 6 verschiedener Wandsysteme sind *alle* Konzepte realisierbar.

TOP in Qualität und Sicherheit
Durch die Verwendung hochwertiger Materialien entstehen Spitzenprodukte, welche seit Jahren durch die TÜV Prüfung und CEN Norm (EN 12572) als solche bestätigt werden.

Kletterwände - Griffe

ART ROCK Kletterwände GmbH
Austraße 25
A 6200 Jenbach
Telefon: +43 5244 64 6 17
Telefax: +43 5244 64 6 17 45
e-mail: sport.art-rock@tirol.com
www.art-rock.com

A - 18

Name der Anlage: ÖAV KLETTERHALLE KUFSTEIN

Anschrift: Kinkstraße 24
PLZ/Ort: A-6330 Kufstein
Tel./Fax: Tel.: +43 (0) 53 72/6 27 67
Fax: +43 (0) 53 72/6 27 67
E-Mail: -
Internet: -

Ansprechpartner: Erika Holzner

Öffnungszeiten: Mo. - Fr. 17.00 - 22.00 h, Sa., So., Feiert. 14.00 - 19.00 h
Juni, Juli, Aug.: Di., Do., Sa.
Eintrittspreise: öS 120,- OeAV/AV-Mitglieder erhalten Ermäßigung

Zufahrt mit öffentl. Verkehrsmitteln möglich:
☒ Ja ☐ Nein

Zufahrt mit dem PKW:
Kufstein - Zentrum - ÖAV-Haus

Größe/Kletterfläche: 300 m²
Größe/Grundfläche: 110 m²
Dachbereich: 80 m²
Boulderbereich: 60 m²
Wandhöhe: 9,75 m
max. Kletterlänge: 15 m

Schwierigkeiten der Routen: von 5 bis 9+
Anzahl der Routen: 30 Stück
Vorstieg möglich: ☒ Ja ☐ Nein
Toprope-Seile vorhanden: ☐ Ja ☒ Nein

Hersteller Kletterwand:
Art Rock

Hersteller Griffe:
verschiedene

Zugang nur für AV-Mitglieder:
☐ Ja ☒ Nein

Wandbetreuung vorhanden:
☒ Ja ☐ Nein

Leihausrüstung:
☒ Ja ☐ Nein

Übernachtungsmöglichkeiten:
☐ Ja ☒ Nein

Weitere Angebote:

Kinderkurse:	☒ Ja	☐ Nein
Anfängerkurse:	☒ Ja	☐ Nein
Fortgeschrittenenkurse:	☒ Ja	☐ Nein
Klettershop:	☐ Ja	☒ Nein
Restaurant od. Bistro:	☐ Ja	☒ Nein
Sauna:	☐ Ja	☒ Nein
Dampfbad:	☐ Ja	☒ Nein
Solarium:	☐ Ja	☒ Nein
Squash:	☐ Ja	☒ Nein
Badminton:	☐ Ja	☒ Nein
Streetball:	☐ Ja	☒ Nein
Fitness:	☐ Ja	☒ Nein
Aerobic:	☐ Ja	☒ Nein
Tennis:	☐ Ja	☒ Nein
Billard:	☐ Ja	☒ Nein
Tischfußball:	☒ Ja	☐ Nein

Sonstiges:

ROCTEC 2000

Die elektronische Trainingshilfe zur Definition und Anzeige von Routen und Bouldern an Kletterwänden

- Mikroprozessorgesteuert
- Bis zu 2000 Griffe ansteuerbar
- Bis zu 500 Boulder speicherbar
- Einfacher Einbau auch in bestehende Kletteranlagen

Das Prinzip: Leuchtdioden (LED´s), die bei jedem Griff einer Kletterwand montiert werden, können über dieses Gerät angesteuert werden.

Ein Boulder: Ausgehend von 2 Griffen leuchtet immer am nächsten Griff eine LED auf. Dabei geht die LED bei derjenigen Hand aus, mit der man weitergreifen soll.

Eine Route: Alle für eine Route benötigten Griffe und Tritte werden gleichzeitig über die LED's angezeigt.

- Unbegrenzte Definitionsmöglichkeiten auch auf kleinem Raum
- Deutliches Sichtbarmachen über aufleuchtende Lampen

Die zukunftsweisende Innovation für systematisches Klettertraining.

Weitere Informationen über Ulrich Röker, Ingenieurbüro ROKTEK
Carl-Zeiss-Str. 16 – D-73614 Schorndorf – Tel. +49(0)7181/739-35, Fax -50
Internet: http://home.t-online.de/home/hary.roeker/index.htm

Ingenieurbüro ROKTEK, Technik, die Spaß macht

A-19

Name der Anlage: **KLETTERSKULPTUR INNKRAFTWERK (Außenanlage)**

Anschrift: Innkraftwerk (re. Flußseite)

PLZ/Ort: A-6330 Kufstein
Tel./Fax: Tel.: +43 (0) 53 72/6 27 67
Fax: +43 (0) 53 72/6 27 67
E-Mail: -
Internet: -

Ansprechpartner: Erika Holzner

Öffnungszeiten: tgl.

Eintrittspreise: kostenlos

Zufahrt mit öffentl. Verkehrsmitteln möglich:
☐ Ja ☒ Nein

Zufahrt mit dem PKW:
Autobahn Kufstein Süd - B 171 Richt. Kirchbichl/Wörgl - P auf Anhöhe (Kufsteinerwald)

Größe/Kletterfläche: 569 m²
Größe/Grundfläche: 100 m²
Dachbereich: 100 m²
Boulderbereich: 50 m²
Wandhöhe: 19,3 m
max. Kletterlänge: 25 m

Schwierigkeiten der Routen: von 5 bis 9-/9
Anzahl der Routen: 60 Stück
Vorstieg möglich: ☒ Ja ☐ Nein
Toprope-Seile vorhanden: ☐ Ja ☒ Nein

Hersteller Kletterwand:
Art Rock, Entre Prises

Hersteller Griffe:
Art Rock, Entre Prises

Zugang nur für AV-Mitglieder:
☐ Ja ☒ Nein

Wandbetreuung vorhanden:
☐ Ja ☒ Nein

Leihausrüstung:
☐ Ja ☒ Nein

Übernachtungsmöglichkeiten:
☐ Ja ☒ Nein

Weitere Angebote:
Kinderkurse:	☒ Ja	☐ Nein
Anfängerkurse:	☒ Ja	☐ Nein
Fortgeschrittenenkurse:	☒ Ja	☐ Nein
Klettershop:	☐ Ja	☒ Nein
Restaurant od. Bistro:	☐ Ja	☒ Nein
Sauna:	☐ Ja	☒ Nein
Dampfbad:	☐ Ja	☒ Nein
Solarium:	☐ Ja	☒ Nein
Squash:	☐ Ja	☒ Nein
Badminton:	☐ Ja	☒ Nein
Streetball:	☐ Ja	☒ Nein
Fitness:	☐ Ja	☒ Nein
Aerobic:	☐ Ja	☒ Nein
Tennis:	☐ Ja	☒ Nein
Billard:	☐ Ja	☒ Nein
Tischfußball:	☐ Ja	☒ Nein

Sonstiges:
Im Winter Eisklettern möglich

A - 20

Name der Anlage: KLETTERWAND DER BERGWACHT ELLMAU

Anschrift: Im Ellmauer Kaiserbad Freizeit
u. Erholungszentrum GmbH
PLZ/Ort: A-6352 Ellmau/Tirol
Tel./Fax: Tel.: +43 (0) 53 58/38 11
Fax: +43 (0) 53 58/38 12-20
E-Mail: -
Internet: -

Ansprechpartner: Hubert Praschberger

Öffnungszeiten: tgl. 10.00 - 21.00 h
(Öffnungszeiten Kaiserbad)

Eintrittspreise: öS 60,- (öS 30,-)

Zufahrt mit öffentl. Verkehrsmitteln möglich:
☐ Ja ☒ Nein

Zufahrt mit dem PKW:
k.A.

Größe/Kletterfläche:	110 m²
Größe/Grundfläche:	30 m²
Dachbereich:	25 m²
Boulderbereich:	- m²
Wandhöhe:	8 m
max. Kletterlänge:	15 m

Schwierigkeiten der Routen: von 3 bis 9
Anzahl der Routen: 15 Stück
Vorstieg möglich: ☒ Ja ☐ Nein
Toprope-Seile vorhanden: ☐ Ja ☒ Nein

Hersteller Kletterwand:
Eigenbau

Hersteller Griffe:
Art Rock, Entre Prises

Zugang nur für AV-Mitglieder:
☐ Ja ☒ Nein

Wandbetreuung vorhanden:
☒ Ja ☐ Nein

Leihausrüstung:
☐ Ja ☒ Nein

Übernachtungsmöglichkeiten:
☒ Ja ☐ Nein

Weitere Angebote:

Kinderkurse:	☒ Ja	☐ Nein
Anfängerkurse:	☒ Ja	☐ Nein
Fortgeschrittenenkurse:	☒ Ja	☐ Nein
Klettershop:	☐ Ja	☒ Nein
Restaurant od. Bistro:	☒ Ja	☐ Nein
Sauna:	☒ Ja	☐ Nein
Dampfbad:	☒ Ja	☐ Nein
Solarium:	☒ Ja	☐ Nein
Squash:	☒ Ja	☐ Nein
Badminton:	☒ Ja	☐ Nein
Streetball:	☐ Ja	☒ Nein
Fitness:	☒ Ja	☐ Nein
Aerobic:	☒ Ja	☐ Nein
Tennis:	☒ Ja	☐ Nein
Billard:	☐ Ja	☒ Nein
Tischfußball:	☒ Ja	☐ Nein

Sonstiges:
Inline Skate Park, Hallenbad, Freibad

A - 21

Name der Anlage: **KLETTERHALLE IMST**

Anschrift: Am Raun 25

PLZ/Ort: A-6460 Imst
Tel./Fax: Tel.: +43 (0) 54 12/6 26 52
Fax: +43 (0) 54 12/6 26 52-4
E-Mail: -
Internet: -

**Ansprech-
partner:** Rudi Tagwerker

Öffnungszeiten: Mo. - Fr. 14.00 - 22.00 h, Sa. 14.00 - 20.00 h, So. 10.00 - 18.00 h
13.6. - 31.8.: Mo., Mi., Fr. 18.00 - 22.00 h

Eintrittspreise: öS 150,-/öS 100,- (öS 120,-/öS 60,-)

Zufahrt mit öffentl. Verkehrsmitteln möglich:
☐ Ja   ☒ Nein

Zufahrt mit dem PKW:
Ausf. „Imst" - Sportzentrum

Größe/Kletterfläche: 640 m²
Größe/Grundfläche: 800 m²
Dachbereich: 200 m²
Boulderbereich: 150 m²
Wandhöhe: 18 m
max. Kletterlänge: 28 m

Schwierigkeiten der Routen: von 2 bis 11-
Anzahl der Routen: 90 Stück
Vorstieg möglich: ☒ Ja   ☐ Nein
Toprope-Seile vorhanden: ☒ Ja   ☐ Nein

Hersteller Kletterwand:
Sint Roc, Red Rooster, Entre Prises, Pyramide, Art Rock

Hersteller Griffe:
verschiedene

Zugang nur für AV-Mitglieder:
☐ Ja   ☒ Nein

Wandbetreuung vorhanden:
☒ Ja   ☐ Nein

Leihausrüstung:
☒ Ja   ☐ Nein

Übernachtungsmöglichkeiten:
☐ Ja   ☒ Nein

Weitere Angebote:
Kinderkurse: ☐ Ja   ☒ Nein
Anfängerkurse: ☐ Ja   ☒ Nein
Fortgeschrittenenkurse: ☐ Ja   ☒ Nein
Klettershop: ☐ Ja   ☒ Nein
Restaurant od. Bistro: ☒ Ja   ☐ Nein
Sauna: ☐ Ja   ☒ Nein
Dampfbad: ☐ Ja   ☒ Nein
Solarium: ☐ Ja   ☒ Nein
Squash: ☒ Ja   ☐ Nein
Badminton: ☐ Ja   ☒ Nein
Streetball: ☐ Ja   ☒ Nein
Fitness: ☐ Ja   ☒ Nein
Aerobic: ☐ Ja   ☒ Nein
Tennis: ☒ Ja   ☐ Nein
Billard: ☒ Ja   ☐ Nein
Tischfußball: ☒ Ja   ☐ Nein

Sonstiges:

A - 2 2

Name der Anlage: ÖAV KLETTERHALLE DORNBIRN

Anschrift: Messestraße Halle 3

PLZ/Ort: A-6850 Dornbirn
Tel./Fax: Tel.: +43 (0) 55 73/8 27 46

E-Mail: Top30Klettertechnik@aon.at
Internet: www.Top30.com

Ansprechpartner: Wolfgang Vogl

Öffnungszeiten: Di., Mi., Do. 16.00 - 22.00 h, Fr. 14.00 - 22.00 h, Sa., So. 10.00 - 17.00 h

Eintrittspreise: öS 140,-/öS 110,- (öS 70,-/öS 50,-)

Zufahrt mit öffentl. Verkehrsmitteln möglich:
☒ Ja ☐ Nein

Zufahrt mit dem PKW:
A 14 Bregenz Richt. Feldkirch - Ausf. „Dornbirn-Süd" - Richt. Stadtmitte Dornbirn - Messegelände - Halle 3 (Eingang über Sporthalle)

Größe/Kletterfläche: 500 m²
Größe/Grundfläche: 500 m²
Dachbereich: 10 m²
Boulderbereich: 45 m²
Wandhöhe: 11,2 m
max. Kletterlänge: 25-30 m

Schwierigkeiten der Routen: von 4 bis 10
Anzahl der Routen: 50/55 Stück
Vorstieg möglich: ☒ Ja ☐ Nein
Toprope-Seile vorhanden: ☒ Ja ☐ Nein

Hersteller Kletterwand:
TOP 30

Hersteller Griffe:
verschiedene

Zugang nur für AV-Mitglieder:
☐ Ja ☒ Nein

Wandbetreuung vorhanden:
☒ Ja ☐ Nein

Leihausrüstung:
☒ Ja ☐ Nein

Übernachtungsmöglichkeiten:
☐ Ja ☒ Nein

Weitere Angebote:
Kinderkurse: ☒ Ja ☐ Nein
Anfängerkurse: ☒ Ja ☐ Nein
Fortgeschrittenenkurse: ☒ Ja ☐ Nein
Klettershop: ☒ Ja ☐ Nein
Restaurant od. Bistro: ☒ Ja ☐ Nein
Sauna: ☐ Ja ☒ Nein
Dampfbad: ☐ Ja ☒ Nein
Solarium: ☐ Ja ☒ Nein
Squash: ☐ Ja ☒ Nein
Badminton: ☐ Ja ☒ Nein
Streetball: ☐ Ja ☒ Nein
Fitness: ☐ Ja ☒ Nein
Aerobic: ☐ Ja ☒ Nein
Tennis: ☐ Ja ☒ Nein
Billard: ☐ Ja ☒ Nein
Tischfußball: ☐ Ja ☒ Nein

Sonstiges:
Kinderturm, Abseilpodest, Kletterturm

Österreich

- **Wandmontagen**
- **Kletterwände**
- **Routenbau**
- **Wartung**

Wolfgang Vogl
Am Bächle 5
6912 Hörbranz
Tel./Fax 05573/82746

Renato Sorlini
Tel./Fax 05332/73061
GSM: 0664/3400579

A - 23

Name der Anlage: MEHRZWECKHALLE

Anschrift: Landstraße 28 a

PLZ/Ort: A-6911 Lochau
Tel./Fax: Tel.: +43 (0) 55 74/4 69 51
Fax: +43 (0) 55 74/4 21 68 20
E-Mail: -
Internet: -

Ansprechpartner: Franz Hehle

Öffnungszeiten: Nach Vereinbarung

Eintrittspreise: Nach Vereinbarung

Zufahrt mit öffentl. Verkehrsmitteln möglich:
☒ Ja   ☐ Nein

Zufahrt mit dem PKW:
k.A.

Größe/Kletterfläche:	105 m²
Größe/Grundfläche:	48 m²
Dachbereich:	15 m²
Boulderbereich:	k.A.
Wandhöhe:	5,2 m
max. Kletterlänge:	12 m

Schwierigkeiten der Routen: von 4 bis 9
Anzahl der Routen: 6 Stück
Vorstieg möglich: ☒ Ja   ☐ Nein
Toprope-Seile vorhanden: ☐ Ja   ☒ Nein

Hersteller Kletterwand:
TOP 30

Hersteller Griffe:
TOP 30

Zugang nur für AV-Mitglieder:
☐ Ja   ☒ Nein

Wandbetreuung vorhanden:
☐ Ja   ☒ Nein

Leihausrüstung:
☒ Ja   ☐ Nein

Übernachtungsmöglichkeiten:
☐ Ja   ☒ Nein

Weitere Angebote:

Kinderkurse:	☐ Ja	☒ Nein
Anfängerkurse:	☐ Ja	☒ Nein
Fortgeschrittenenkurse:	☐ Ja	☒ Nein
Klettershop:	☐ Ja	☒ Nein
Restaurant od. Bistro:	☐ Ja	☒ Nein
Sauna:	☐ Ja	☒ Nein
Dampfbad:	☐ Ja	☒ Nein
Solarium:	☐ Ja	☒ Nein
Squash:	☐ Ja	☒ Nein
Badminton:	☐ Ja	☒ Nein
Streetball:	☐ Ja	☒ Nein
Fitness:	☐ Ja	☒ Nein
Aerobic:	☐ Ja	☒ Nein
Tennis:	☐ Ja	☒ Nein
Billard:	☐ Ja	☒ Nein
Tischfußball:	☐ Ja	☒ Nein

Sonstiges:
Kraftraum

A - 24

Name der Anlage: SCHULSPORTHALLE FELDBACH

Anschrift: Ringstraße 23

PLZ/Ort: A-8330 Feldbach
Tel./Fax: Tel.: +43 (0) 31 52/74 39
Fax: +43 (0) 31 52/74 39
E-Mail: fam.gangl.@netway.at
Internet: -

Ansprechpartner: Helmut Gangl

Öffnungszeiten: Mo., Fr. 13.15 - 21.00 h

Eintrittspreise: k.A.

Zufahrt mit öffentl. Verkehrsmitteln möglich:
☐ Ja ☒ Nein

Zufahrt mit dem PKW:
k.A.

Größe/Kletterfläche: 100 m²
Größe/Grundfläche: 80 m²
Dachbereich: 30 m²
Boulderbereich: 30 m²
Wandhöhe: 9,5 m
max. Kletterlänge: 11 m

Schwierigkeiten der Routen: von 4 bis k.A.
Anzahl der Routen: 6-9 Stück
Vorstieg möglich: ☒ Ja ☐ Nein
Toprope-Seile vorhanden: ☐ Ja ☒ Nein

Hersteller Kletterwand:
Art Rock

Hersteller Griffe:
verschiedene

Zugang nur für AV-Mitglieder:
☒ Ja ☐ Nein

Wandbetreuung vorhanden:
☐ Ja ☒ Nein

Leihausrüstung:
☒ Ja ☐ Nein

Übernachtungsmöglichkeiten:
☒ Ja ☐ Nein

Weitere Angebote:
Kinderkurse:	☒ Ja	☐ Nein
Anfängerkurse:	☒ Ja	☐ Nein
Fortgeschrittenenkurse:	☒ Ja	☐ Nein
Klettershop:	☐ Ja	☒ Nein
Restaurant od. Bistro:	☒ Ja	☐ Nein
Sauna:	☒ Ja	☐ Nein
Dampfbad:	☐ Ja	☒ Nein
Solarium:	☒ Ja	☐ Nein
Squash:	☐ Ja	☒ Nein
Badminton:	☒ Ja	☐ Nein
Streetball:	☐ Ja	☒ Nein
Fitness:	☒ Ja	☐ Nein
Aerobic:	☒ Ja	☐ Nein
Tennis:	☒ Ja	☐ Nein
Billard:	☒ Ja	☐ Nein
Tischfußball:	☒ Ja	☐ Nein

Sonstiges:

A-25

Name der Anlage: KLETTERHALLE HS-SCHILLERSTRASSE

Anschrift: Schillerstraße 11

PLZ/Ort: A-8600 Bruck/Mur
Tel./Fax: -

E-Mail: -
Internet: -

Ansprechpartner: Hannes Ploder (Tel.:+43 (0) 6 64/2 12 60 87)

Öffnungszeiten: Di., Do., Fr. 17.00 - 21.00 h,
Sa. 16.00 - 21.00 h

Eintrittspreise: öS 90,- (öS 60,-) Mitglieder erhalten Ermäßigung

Zufahrt mit öffentl. Verkehrsmitteln möglich:
☒ Ja ☐ Nein

Zufahrt mit dem PKW:
S 36 Bruck/Mur - Stadtpfarrkirche - P

Größe/Kletterfläche: 250 m²
Größe/Grundfläche: 100 m²
Dachbereich: k.A.
Boulderbereich: 60 m²
Wandhöhe: 17 m
max. Kletterlänge: 20 m

Schwierigkeiten der Routen: von 4 bis 9
Anzahl der Routen: 10 Stück
Vorstieg möglich: ☒ Ja ☐ Nein
Toprope-Seile vorhanden: ☐ Ja ☒ Nein

Hersteller Kletterwand:
Flash Sport

Hersteller Griffe:
Ergo Grip

Zugang nur für AV-Mitglieder:
☐ Ja ☒ Nein

Wandbetreuung vorhanden:
☒ Ja ☐ Nein

Leihausrüstung:
☐ Ja ☒ Nein

Übernachtungsmöglichkeiten:
☐ Ja ☒ Nein

Weitere Angebote:
Kinderkurse:	☒ Ja	☐ Nein
Anfängerkurse:	☒ Ja	☐ Nein
Fortgeschrittenenkurse:	☒ Ja	☐ Nein
Klettershop:	☐ Ja	☒ Nein
Restaurant od. Bistro:	☐ Ja	☒ Nein
Sauna:	☐ Ja	☒ Nein
Dampfbad:	☐ Ja	☒ Nein
Solarium:	☐ Ja	☒ Nein
Squash:	☐ Ja	☒ Nein
Badminton:	☐ Ja	☒ Nein
Streetball:	☐ Ja	☒ Nein
Fitness:	☐ Ja	☒ Nein
Aerobic:	☐ Ja	☒ Nein
Tennis:	☐ Ja	☒ Nein
Billard:	☐ Ja	☒ Nein
Tischfußball:	☐ Ja	☒ Nein

Sonstiges:

Es gibt Zeitschriften, die sind einfach von gestern.

Topnews von ganz oben lesen Sie in rotpunkt.

Topnews aus der Szene, die neuesten Klettergebiete, Tips aus der Praxis und vieles mehr rund um den Klettersport finden Sie in rotpunkt.

ROTPUNKT VERLAG
GmbH & Co. KG

Medien für Aktive

Tel: 07 11 / 95 79 75-0
www.rotpunkt.de

A - 26

Name der Anlage: SPORT-AKTIV JUDENBURG

Anschrift: Waltersdorfer Straße 25

PLZ/Ort: A-8750 Judenburg
Tel./Fax: Tel.: +43 (0) 35 72/8 69 50

E-Mail: -
Internet: -

Ansprechpartner: Gerhard Moitzi

Öffnungszeiten: Mo., Di., Do., Fr. 15.00 - 22.00 h, Mi., Sa. 9.00 - 22.00h, So. 9.00 - 20.00 h

Eintrittspreise: öS 150,- (öS 70,-)

Zufahrt mit öffentl. Verkehrsmitteln möglich:
☒ Ja   ☐ Nein

Zufahrt mit dem PKW:
Autobahn Ausf. „Judenburg-Ost", Bundesstr. Richt. Judenburg - nach der Tankstelle, vor der Bahnunterführung re. abbiegen - ca. 200 m bis zur Halle

---

Größe/Kletterfläche: 570 m²
Größe/Grundfläche: 320 m²
Dachbereich: 150 m²
Boulderbereich: 65 m²
Wandhöhe: 17 m
max. Kletterlänge: 30 m

Schwierigkeiten der Routen: von 3 bis 9+/10-
Anzahl der Routen: 70 Stück
Vorstieg möglich: ☒ Ja ☐ Nein
Toprope-Seile vorhanden: ☒ Ja ☐ Nein

Hersteller Kletterwand:
Art Rock, Entre Prises

Hersteller Griffe:
Art Rock, Entre Prises, Canyon

Zugang nur für AV-Mitglieder:
☐ Ja   ☒ Nein

Wandbetreuung vorhanden:
☒ Ja   ☐ Nein

Leihausrüstung:
☒ Ja   ☐ Nein

Übernachtungsmöglichkeiten:
☒ Ja   ☐ Nein

Weitere Angebote:
Kinderkurse:	☒ Ja	☐ Nein
Anfängerkurse:	☒ Ja	☐ Nein
Fortgeschrittenenkurse:	☒ Ja	☐ Nein
Klettershop:	☒ Ja	☐ Nein
Restaurant od. Bistro:	☒ Ja	☐ Nein
Sauna:	☐ Ja	☒ Nein
Dampfbad:	☐ Ja	☒ Nein
Solarium:	☐ Ja	☒ Nein
Squash:	☐ Ja	☒ Nein
Badminton:	☒ Ja	☐ Nein
Streetball:	☐ Ja	☒ Nein
Fitness:	☐ Ja	☒ Nein
Aerobic:	☐ Ja	☒ Nein
Tennis:	☒ Ja	☐ Nein
Billard:	☐ Ja	☒ Nein
Tischfußball:	☐ Ja	☒ Nein

Sonstiges:

Kletterwände - Griffe

ART ROCK Kletterwände GmbH
Austraße 25
A 6200 Jenbach
Telefon: +43 5244 64 6 17
Telefax: +43 5244 64 6 17 45
e-mail: sport.art-rock@tirol.com
www.art-rock.com

- Trainingsboards
- Griffe & Tritte
- Systemtraining
- Strukturen
- Kletterwände

Katalog bestellen!

Thomas Meier
Hofmark1 • D - 92224 Amberg
Tel./ Fax: ++49 (0)9621 - 42580

ww.tds-climbingsystems.de

TDS TRAINING DESIGN SYSTEM

A - 27

Name der Anlage: **KLETTERZENTRUM PALTENTAL**

Anschrift: Hauptplatz

PLZ/Ort: A-8786 Rottenmann
Tel./Fax: -

E-Mail: -
Internet: -

Ansprechpartner: Dieter Gassner (Tel.:+43 (0) 6 64/4 11 33 85)

Öffnungszeiten: Schlüsselausgabe tägl. von 8.00 - 20.00 h im Backstubencafe „Schnuerl", Hauptstr. 43.
Eintrittspreise: von öS 150,- bis öS 450,-

Zufahrt mit öffentl. Verkehrsmitteln möglich:
☒ Ja   ☐ Nein

Zufahrt mit dem PKW:
Stadtzentrum - Hauptplatz

Größe/Kletterfläche: 70 m²
Größe/Grundfläche: k.A.
Dachbereich: 25 m²
Boulderbereich: 25 m²
Wandhöhe: 6,5 m
max. Kletterlänge: 15 m

Schwierigkeiten der Routen: von 3 bis 8+
Anzahl der Routen: 7-8 Stück
Vorstieg möglich: ☒ Ja ☐ Nein
Toprope-Seile vorhanden: ☒ Ja ☐ Nein

Hersteller Kletterwand:
Art Rock

Hersteller Griffe:
Art Rock

Zugang nur für AV-Mitglieder:
☐ Ja   ☒ Nein

Wandbetreuung vorhanden:
☒ Ja   ☐ Nein

Leihausrüstung:
☒ Ja   ☐ Nein

Übernachtungsmöglichkeiten:
☒ Ja   ☐ Nein

Weitere Angebote:
Kinderkurse:	☒ Ja	☐ Nein
Anfängerkurse:	☒ Ja	☐ Nein
Fortgeschrittenenkurse:	☐ Ja	☒ Nein
Klettershop:	☐ Ja	☒ Nein
Restaurant od. Bistro:	☐ Ja	☒ Nein
Sauna:	☐ Ja	☒ Nein
Dampfbad:	☐ Ja	☒ Nein
Solarium:	☐ Ja	☒ Nein
Squash:	☐ Ja	☒ Nein
Badminton:	☐ Ja	☒ Nein
Streetball:	☐ Ja	☒ Nein
Fitness:	☐ Ja	☒ Nein
Aerobic:	☐ Ja	☒ Nein
Tennis:	☐ Ja	☒ Nein
Billard:	☐ Ja	☒ Nein
Tischfußball:	☐ Ja	☒ Nein

Sonstiges:
Heimlokal, Getränke

A - 28

Name der Anlage: WM-HALLE MURAU

Anschrift: Bundesstr. 13a

PLZ/Ort: A-8850 Murau
Tel./Fax: Tel.: +43 (0) 35 32/2060
Fax: +43 (0) 35 32/25 62-3
E-Mail: -
Internet: -

**Ansprech-
partner:** Adolf Siebenhofer/Reinhold Siebenhofer

Öffnungszeiten: Di., Fr. 18.00 - 21.00 h, bzw. nach Bedarf

Eintrittspreise: öS 50,-/4 h (öS 12,-/4 h)

Zufahrt mit öffentl. Verkehrsmitteln möglich:
☒ Ja   ☐ Nein

Zufahrt mit dem PKW:
Von Richt. Scheifling kommend kurz nach der Ampel (beim Hallenbad) li.

Größe/Kletterfläche: 70 m²
Größe/Grundfläche: k.A.
Dachbereich: - m²
Boulderbereich: 8 m²
Wandhöhe: 8,5 m
max. Kletterlänge: k.A.

Schwierigkeiten der Routen: k.A.
Anzahl der Routen: k.A.
Vorstieg möglich: ☒ Ja ☐ Nein
Toprope-Seile vorhanden: ☒ Ja ☐ Nein

Hersteller Kletterwand:
Art Rock

Hersteller Griffe:
Art Rock

Zugang nur für AV-Mitglieder:
☐ Ja   ☒ Nein

Wandbetreuung vorhanden:
☒ Ja   ☐ Nein

Leihausrüstung:
☒ Ja   ☐ Nein

Übernachtungsmöglichkeiten:
☐ Ja   ☒ Nein

Weitere Angebote:
Kinderkurse:	☐ Ja	☒ Nein
Anfängerkurse:	☐ Ja	☒ Nein
Fortgeschrittenenkurse:	☐ Ja	☒ Nein
Klettershop:	☐ Ja	☒ Nein
Restaurant od. Bistro:	☒ Ja	☐ Nein
Sauna:	☒ Ja	☐ Nein
Dampfbad:	☐ Ja	☒ Nein
Solarium:	☒ Ja	☐ Nein
Squash:	☐ Ja	☒ Nein
Badminton:	☐ Ja	☒ Nein
Streetball:	☐ Ja	☒ Nein
Fitness:	☐ Ja	☒ Nein
Aerobic:	☐ Ja	☒ Nein
Tennis:	☐ Ja	☒ Nein
Billard:	☐ Ja	☒ Nein
Tischfußball:	☐ Ja	☒ Nein

Sonstiges:

A-29

Name der Anlage: FREE SOLO (Boulderanlage)

Anschrift: Viktringer Ring 13
PLZ/Ort: A-9020 Klagenfurt
Tel./Fax: Tel.: +43 (0) 4 63/51 30 56
Fax: +43 (0) 4 63/59 81 18
E-Mail: alpenverein@carinthia.com
Internet: http://members.carinthia.com/alpenverein

Ansprechpartner: ÖAV Sektion Klagenfurt

Öffnungszeiten: Anfang Okt. - Mitte Mai: Mo. - Sa. 17.00 - 21.00 h, sonst nach Vereinbarung
Eintrittspreise: öS 140,- AV-Mitglieder erhalten Ermäßigung

Zufahrt mit öffentl. Verkehrsmitteln möglich:
☒ Ja   ☐ Nein

Zufahrt mit dem PKW:
k.A

Größe/Kletterfläche: k.A.
Größe/Grundfläche: k.A.
Dachbereich: k.A.
Boulderbereich: 70 m²
Wandhöhe: 3,5 m
max. Kletterlänge: - m

Schwierigkeiten der Routen: von 4 bis 10
Anzahl der Routen: k.A.
Vorstieg möglich: ☐ Ja ☒ Nein
Toprope-Seile vorhanden: ☐ Ja ☒ Nein

Hersteller Kletterwand:
Flash

Hersteller Griffe:
Flash

Zugang nur für AV-Mitglieder:
☐ Ja   ☒ Nein

Wandbetreuung vorhanden:
☒ Ja   ☐ Nein

Leihausrüstung:
☒ Ja   ☐ Nein

Übernachtungsmöglichkeiten:
☐ Ja   ☒ Nein

Weitere Angebote:

Kinderkurse:	☒ Ja	☐ Nein
Anfängerkurse:	☒ Ja	☐ Nein
Fortgeschrittenenkurse:	☒ Ja	☐ Nein
Klettershop:	☐ Ja	☒ Nein
Restaurant od. Bistro:	☐ Ja	☒ Nein
Sauna:	☐ Ja	☒ Nein
Dampfbad:	☐ Ja	☒ Nein
Solarium:	☐ Ja	☒ Nein
Squash:	☐ Ja	☒ Nein
Badminton:	☐ Ja	☒ Nein
Streetball:	☐ Ja	☒ Nein
Fitness:	☐ Ja	☒ Nein
Aerobic:	☐ Ja	☒ Nein
Tennis:	☐ Ja	☒ Nein
Billard:	☐ Ja	☒ Nein
Tischfußball:	☐ Ja	☒ Nein

Sonstiges:

A - 30

Name der Anlage: INDOOR CLIMBING VILLACH

Anschrift: St. Martiner Straße 11
PLZ/Ort: A-9500 Villach
Tel./Fax: +43 (0) 42 42/5 63 03

E-Mail: -
Internet: -

Ansprechpartner: Herr Egarter, Herr Neumann

Öffnungszeiten: 1.11. - 30.4.: Di. - Fr. 17.00 - 21.00 h, Sa., So., Feiert. 14.00 - 18.00 h, sonst nach Vereinbarung
Eintrittspreise: öS 120,- (öS 100,-)

Zufahrt mit öffentl. Verkehrsmitteln möglich:
☒ Ja ☐ Nein

Zufahrt mit dem PKW:
A 10 Ausf. „Ossiacher See" - B 94 Richt. Villach - nach 2,5 km re. B 100 Richt. Spittal - nach 600 m re. Richt. Villach - Zentrum Villach (3 Ampeln, Unterführung, 1. Ampel, Draubrücke) - 2. Ampel nach Draubrücke re. - nächste Ampel re. (Tirolerstraße) - 200 m re. St. Martin-Str.- 300 m li. Mehrzweckhalle

---

Größe/Kletterfläche: 162 m²
Größe/Grundfläche: 300 m²
Dachbereich: 8 m²
Boulderbereich: 16 m²
Wandhöhe: 8,9 m
max. Kletterlänge: 15 m

Schwierigkeiten der Routen: von 4 bis 9+
Anzahl der Routen: 20/30 Stück
Vorstieg möglich: ☒ Ja ☐ Nein
Toprope-Seile vorhanden: ☒ Ja ☐ Nein

Hersteller Kletterwand:
Art Rock

Hersteller Griffe:
verschiedene

Zugang nur für AV-Mitglieder:
☐ Ja ☒ Nein

Wandbetreuung vorhanden:
☒ Ja ☐ Nein

Leihausrüstung:
☒ Ja ☐ Nein

Übernachtungsmöglichkeiten:
☐ Ja ☒ Nein

Weitere Angebote:
Kinderkurse:	☒ Ja	☐ Nein
Anfängerkurse:	☒ Ja	☐ Nein
Fortgeschrittenenkurse:	☒ Ja	☐ Nein
Klettershop:	☐ Ja	☒ Nein
Restaurant od. Bistro:	☐ Ja	☒ Nein
Sauna:	☐ Ja	☒ Nein
Dampfbad:	☐ Ja	☒ Nein
Solarium:	☐ Ja	☒ Nein
Squash:	☐ Ja	☒ Nein
Badminton:	☐ Ja	☒ Nein
Streetball:	☐ Ja	☒ Nein
Fitness:	☐ Ja	☒ Nein
Aerobic:	☐ Ja	☒ Nein
Tennis:	☐ Ja	☒ Nein
Billard:	☐ Ja	☒ Nein
Tischfußball:	☐ Ja	☒ Nein

Sonstiges:

Alphabetische Auflistung

A

ACTIVE GARDEN	D-79
ALOIS-BÖCK-TURNHALLE	D-116
ALOYS-HENHÖFER-SCHULE	D-94
ALPINZENTRUM RUDOLFSHÜTTE	A-16
AP 'N DAUN	CH-20
APAO FITNESS UND FREIZEITLAND	D-32
aquaMONTE	D-97
ARANEA KLETTERZENTRUM	CH-25
a.R.3 MERZHAUSER NORDWAND	D-100
ARS VIVENDI	D-38
AV-KLETTERTURM ESTERHAZYPARK	A-5
AV-KLETTERWAND IM TENNIS- UND SQUASHZENTRUM	A-11

B

BERGSPORTSCHULE RÖHN	D-30
BERGSTADT HOTEL	D-55
BERGSTEIGERHAUS GANZ	D-119
BIG WALL KLETTERCENTRUM MÜNSTERLAND	D-46
BLOCK 37	CH-26
BOULDERHALLE DER NATRURFREUNDE WIEN	A-8
BOULDERHALLE ST. ERHARD	CH-18
BOULDERRAUM DER SEKT. FREILASSING	D-118
BRASCHEL-STEIN	D-4
BRONX ROCK	D-48
BUGAGELÄNDE MAGDEBURG	D-33

C

CANYON-KLETTERHALLE	D-86
CHIMPANZODROME	D-47
CITY TOWER	D-147
CITYROCK	D-68
CLIMAX FREIZEITPARK	D-135
CLIMB IN	D-111
CLIMBER TREFF	CH-21
CLIMBING CITY CLIMBING	A-4
CLIMBOX	CH-8
COSMO SPORTS	D-34

D

DAV FRIEDRICHSHAFEN	D-136
DAV KLETTERHALLE PRIEN	D-115
DAV KLETTERHALLE VOLKSSCHULE ITTLING	D-157
DAV KLETTERKELLER COBURG	D-161
DAV SEKTIONSWAND GUNZENHAUSEN	D-154
DAV-ANLAGE RÖTHENBACH	D-151
DAV-KLETTERANLAGE THALKIRCHEN	D-107
DAV-KLETTERANLAGE THALKIRCHEN	D-108
DAV-KLETTERHALLE BEI 1860 BREMEN	D-23
DAV-KLETTERWAND JENA	D-5
DAV-KLETTERWAND WUPPERTAL	D-36
DAV-ROSENHEIM	D-114
DER SPORTKREISEL	D-125
DÉVERS	CH-4
DIEMTIGTAL	CH-9

E

EIGERNORD KLETTERCENTER	D-99
EISSPORTZENTRUM OBERSTDORF	D-131
EMKA	D-81
ENGELHORN SPORTS	D-65
1. ALLGÄUER SPORTKLETTERCLUB	D-130
EURO EDDY'S FAMILY FUN CENTER	D-28
EXTREM - DAS KLETTERZENTRUM	D-64

F

FAMILY-FITNESS	D-31
FASSADEN-KLETTERWAND BERGHOTEL HINTERSTODER	A-13
FITNESSCENTER PIKAL	A-7
FITNESSPARK GYMNASION	D-83
FITNESSPOINT SPORTPALAST	D-140
FORUM SUMISWALD	CH-7
FREE SOLO	A-29
FREIZEIT GYM BENNY	D-128
FREIZEITANLAGE ZIMMERSCHLAG	D-76
FREIZEIT-TREFF HÜLSER STRASSE	D-45
FUN & SPORT CENTER	D-21
FUNTASTIC-SPORTS	D-156

A - K

G
GIBS BIEL	CH-2
GRÜNWALDER FREIZEITPARK	D-110
GYMNASIUM EGGENFELDEN	D-122

H
HANNE-JUNG-KLETTERHALLE	D-153
HANS-LORENSER-SPORTZENTRUM	D-143
HAUPTTURNHALLE ZITTAU	D-3
HEAVENS GATE	D-109
HOHENZOLLERNBRÜCKE	D-54

I
imPULSIV FREIZEITCENTER WEIL AM RHEIN	D-102
imPULSIV SPORTCENTER EMMENDINGEN	D-101
imPULSIV SPORTCENTER KARLSRUHE	D-93
IN DER FABRIK/WASGAU KLETTERSCHULE	D-95
INDOOR CLIMBING VILLACH	A-30
INDOOR-KLETTERGARTEN	CH-23
INDOOR-KLETTERHALLE ST. GALLEN	CH-28
INFORM-SPORTSTUDIO-PFAFFENHOFEN	D-124
INTERSPORT EISERT	D-152

J
JAHNSPORTHALLE	D-6
JAHN-TURNHALLE	D-145
JAHNTURNHALLE	D-158

K
KANDI-TURM	D-53
KLETTER- U. ALPINZENTRUM DAV SEKTION DUISBURG	D-44
KLETTERANLAGE DAV SAULGAU	D-141
KLETTERANLAGE NORDSTERN	D-40
KLETTERANLAGE WALDAU	D-71
KLETTERCENTER DAV AUGSBURG	D-126
KLETTERCENTER ROTPUNKT	A-9
KLETTERGARTEN JAKOBSWAND	D-67
KLETTERHALLE DAV BURGHAUSEN	D-123
KLETTERHALLE DAV PEISSENBERG	D-113
KLETTERHALLE DER ACADEMIA ENGIADINA	CH-22
KLETTERHALLE DES TSV 1846 NÜRNBERG	D-148
KLETTERHALLE HASLITAL	CH-11
KLETTERHALLE HS-SCHILLERSTRASSE	A-25
KLETTERHALLE HÜTTENWEG	D-9
KLETTERHALLE IM ESV MÜNCHEN	D-106
KLETTERHALLE IM SPORTTREFF 2000	D-163
KLETTERHALLE IMST	A-21
KLETTERHALLE LAUFEN	CH-15
KLETTERHALLE ROLLERPALAST	CH-17
KLETTERHALLE TÖLZ	D-120
KLETTERHALLE VERTIKAL	D-88
KLETTERHALLE ZIEGELSTRASSE	D-15
KLETTER-MAX	D-37
KLETTERN UNTERM DACH	D-2
KLETTERPÜTT	D-39
KLETTERSCHULE TORRE GRANDE	D-84
KLETTERSKULPTUR INNKRAFTWERK	A-19
KLETTERSTUDIO GEISELWIND	D-160
KLETTERTRAININGSZENTRUM DES ÖSTERR. TOURISTENKLUBS	A-1
KLETTERTURM „EGA"	D-165
KLETTERTURM BAUSCHHEIM/RÜSSELSHEIM	D-61
KLETTERTURM DAV KRUMBACH	D-127
KLETTERTURM IM SPORTJUGENDCLUB PENZLAUER BERG	D-7
KLETTERTURM MARZAHN	D-10
KLETTERTURM REINICKENDORF	D-13
KLETTERWAND DAV SEKTION AMBERG	D-155
KLETTERWAND DER BERGWACHT ELLMAU	A-20
KLETTERWAND DES TUS METZINGEN	D-82
KLETTERWAND HIRSLEN	CH-24
KLETTERWAND IM FRITZ-PETERS-HAUS	D-58
KLETTERWELT TRIFTHOF	D-112
KLETTERZENTRUM GASWERK	CH-27
KLETTERZENTRUM PALTENTAL	A-27
KLETTERZENTRUM SEKTION AUSTRIA	A-3

Alphabetische Auflistung

L
LANDIHALLE	CH-14

M
MAGNET	CH-5
MATCHPOINT-SPORTZENTRUM	D-150
MEHRZWECKHALLE	A-23
MERIDIAN-EPPENDORF	D-18
MERZSCHULE	D-69
MONTANA-KLETTERHALLE	D-87
MONTE BALKON	D-12
MONTE PINNOW	D-22
MT. KÖPENICK	D-8
MTV BEWEGUNGSZENTRUM / OUTDOOR KLETTERHOF	D-80
MTV MÜNCHEN	D-104
MUR D'ESCALADE BAULMES	CH-1

N
NECKARHALLE	D-98
NÖ LANDESSPORTSCHULE	A-10

O
OEAV KLETTERHALLE DORNBIRN	A-22
ÖAV KLETTERHALLE KUFSTEIN	A-18
ÖAV-KLETTERHALLE JÄGERHOF	A-12
ÖGV-KLETTERZENTRUM	A-6
OPEN AIREA	D-41

P
PETER DI CARLO-WAND	D-85
PHOENIX-FREIZEITPARK	D-56
PINK POWER	D-75
PLAYCASTEL/FUNDOME	A-17
PLAYSTATION FUNPARK	A-15
PLEASURE-CENTER	CH-19
PROTEUS	D-103

R
RACING-SPORT	CH-6
RATIOPHARM-HALLE	D-144
RED ROOSTER KLETTERHALLE AMTZELL	D-139
REIT- UND SPORTZENTRUM	CH-10
REMS-MURR-SPORTCENTER	D-73
RHEIN-NAHE SPORT + FITNESSCENTER	D-52
ROLLING ROCK	CH-16
RÜGEN - TIET UN WEIL	D-16

S
SATORI	D-14
SCHULSPORTHALLE FELDBACH	A-24
SCHULSPORTHALLE NYMPHENBURG	D-105
SHAPE SPORT	D-19
SIEBEN-SEEN-SPORTPARK SCHWERIN	D-17
SILO CLIMBING FEHMARN	D-20
SKATE- UND KLETTERHALLE RUHPOLDING	D-117
SPORT SCHECK - HANNOVER	D-24
SPORT- U. FITNESSCENTER SONNENSCHEIN	D-29
SPORT-AKTIV JUDENBURG	A-26
SPORTALM SCHEIDEGG	D-137
SPORTCENTER HEINZ SCHÄFER	D-162
SPORTCENTER OLYMPICA	CH-12
SPORTHALLE DER UNI HILDESHEIM	D-25
SPORTHALLE ENSDORF	D-63
SPORTHALLE FRIEDBERG	D-164
SPORTHALLE NEUBULACH	D-92
SPORTHALLE SCHOCHKASERNE	D-121
SPORTHALLE SÜD-WEST	D-42
SPORTHAUS REISCHMANN	D-138
SPORTHOTEL ARAMIS	D-78
SPORT-LIVE	D-43
SPORTPARK VFL SINDELFINGEN	D-77
SPORTPARK WALTENHOFEN	D-129
SPORTPARK WEST „THE WALL"	D-35

L - Z

SPORT-SCHECK BIELEFELD	D-26
SPORT-TREFF	D-132
SPORT-TREFF	D-51
SPORTTREFF ZIHL AG	CH-3
SPORTZENTRUM NÜRNBERG	D-149
SQUASH & FITNESS TREFF	D-142
SQUASH INN	D-59
SQUASH PARK FREIZEIT 2000	D-146
STADIONHALLE MEMMINGEN	D-133

T

TENNIS FREIZEITCENTER	D-134
TENNIS- UND SPORTZENTRUM	D-89
T-HALL	D-57
TIME TO CLIMB-BOULDERHÖHLE/ KLETTERANLAGE NOTOUR	D-62
TIVOLI ROCK	D-49
TOM`S BERGSPORTLADEN	D-91
TOP FIT MULTISPORTANLAGE	D-66
TRAININGSCENTER EDELWEISS	A-2
TRANS-GLOBE	D-27
TRIFTBACHHALLE	CH-13
TSV BEWEGUNGSLANDSCHAFT	D-72
TURNHALLE ANDORF	A-14
TURNHALLE DÖRFLAS	D-159
TVK FUN SPORTS ZENTRUM	D-74
TV-ROCK-KLETTERANLAGE	D-60

U

UHLANDHALLE	D-96

V

VITADROM	D-70

W

WALTER-WITZENMANN-HAUS	D-90
WM-HALLE MURAU	A-28
WUHLETALWÄCHTER	D-11

X

XXL „DIE WAND"	D-1

Z

ZELTE WEBER	D-50